이 책에 쏟아진 찬사

스타트업에서 관리직을 제안받는 사람들은 대부분 아무런 준비가 되어 있지 않다. 이런 초보 관리자들을 위해 줄리 주오는 이 책에서 팀원과 회사를 성공으로 이끄는 기술을 제대로 가르쳐준다.

— 샘 올트먼(오픈AI 공동창립자이자 CEO)

내가 인스타그램에서 팀을 관리하기 시작했을 때 이 책이 있었으면 얼마나 좋았을까! 팀장 승진 전에 반드시 읽어야 할 책이다.

— 마이크 크리거(인스타그램 공동창립자)

처음으로 관리자가 됐는가? 살짝 겁이 나는가? 겁먹을 필요 없다. 줄리 주오가 당신을 도와주러 이 책을 냈으니까. 줄리 주오는 우리 시대 가장 주목받는 스타트업에서 얼떨결에 관리자가 됐지만 모두가 인정하는 리더로 성장했다. 그리고 이제는 당신도 그렇게 성장할 수 있도록 도움의 손길을 건넨다. 주오는 목적, 사람, 프로세스를 리더십의 3대 요소로 규정하고 관리자로서 성공하려면 중점적으로 해야 할 일이 무엇인지 친절히 일러준다. 단언컨대 바람직한 관리자로 나아가려면 어떻게 해야 하는지 알려주는 완벽한 안내서다.

— 다니엘 핑크(세계적인 미래학자, 《드라이브》 저자)

초고속으로 성장하는 기업에서 어느 날 갑자기 관리자가 된 후 어쩔 줄 몰라 하는 사람을 수없이 봤다. 이제부터는 그들에게 이 책을 선물로 주려고 한다. 초보 관리자뿐 아니라 나처럼 경력이 오래된 관리자도 당장 활용할 수 있을 만큼 유익하고 현실적인 조언이 담겨 있다.

— 에번 윌리엄스(트위터 공동창립자)

《팀장의 탄생》은 관리자로 변신 중인 사람들이 알아야 할 많은 것들을 쉽게 설명해주는 훌륭한 지침서다. 앞으로 우리 슬랙에서는 신임 관리자에게 이 책을 필독서로 지급할 예정이다. 이 책을 통해 신임 관리자의 새로운 전형이 확립되길 기대한다.

— 스튜어트 버터필드(슬랙 공동창립자 겸 CEO)

줄리 주오는 관리자의 역할을 간단명료하게 정리하는, 아주 힘든 일을 해냈다. 초보 관리자가 겪는 어색하고, 우습고, 어려운 순간을 이야기하며 독자를 흥미진진한 여정으로 끌어당긴다. 팀이 최고의 성과를 거둘 수 있도록 영향력을 발휘하는 방법을 분명하고도 상세하게 알려준다. 초보 관리자라면 그 길을 힘차게 출발하는 방법을, 경험 많은 관리자라면 레벨업하는 방법을 배울 수 있을 것이다.

— 로건 그린(리프트 공동창립자)

여전히 많은 조직에서 통용되고 있으나 이제는 여러 면에서 시대에 뒤떨어진 '피터 드러커 식' 관리법을 타파할 반가운 책이다. 코칭, 채용, 회의, 관계, 언어는 물론이고 더 나은 인간이 되는 법까지 모든 면에서 관리자에게 필요한 현실적인 조언을 건넨다. 초보 관리자와 노련한 관리자를 막론하고 기술의 발전으로 무한한 커뮤니케이션이 가능해졌지만 정작 팀원들의 관심을 붙잡기는 어려운 이 시대에

새로운 비즈니스 원칙을 알고 싶어 끙끙 앓고 있는 사람이라면 이 책이 효과적인 처방전이 될 것이다.

— 존 마에다(마이크로소프트 디자인 및 AI 부문 부사장)

처음 관리자가 되면 보통 두 가지 생각이 든다. 첫째, 절대로 나를 고생시킨 그 나쁜 관리자처럼 되고 싶진 않다. 둘째, 어떻게 해야 그 나쁜 관리자처럼 안 되는지 모르겠다. 이제 현실적인 관점에서 그 방법을 알려주는 책이 나왔다. 이 책의 현명한 조언을 따라 목적, 사람, 프로세스를 다루는 요령을 터득하면 처음부터 탁월한 관리자의 경지를 향해 달려갈 수 있을 것이다.

— 마이클 번게이 스태니어(《좋은 리더가 되고 싶습니까?》 저자)

줄리 주오는 마치 가볍게 커피를 마시면서 꼭 필요한 조언을 해주는 친구 같은 느낌을 준다. 이 책에서 그녀는 전문 용어를 남발하지 않고 쉬운 말로 자신 있는 리더가 되어 팀의 성과를 극대화하는 법을 상세히 알려준다.

— 니르 이얄(《초집중》 저자)

나는 기업가이자 CEO로서 시중의 경영서란 경영서는 다 읽었지만 이 책이야말로 앞으로 우리 팀의 번영을 위해 수시로 참고해야 할 훌륭한 지침서인 듯하다. 이 책은 스타트업과 글로벌 초거대기업, 아니, 그 사이에 있는 기업들까지 포함해 모든 기업이 받아들여야 할 리더십 선언문이다.

— 브릿 모린(라이프스타일 미디어 브릿+코 창립자)

줄리 주오는 초고속으로 성장하는 실리콘밸리 스타트업에서 누구보다 빠르게 관리자가 되는 법을 터득한 사람이다. 그렇게 힘들게 습득한 관리의 핵심이 이 책에 고스란히 담겨 있다. 그녀는 예리한 통찰력으로 조직의 생리를 꿰뚫어보고 자신의 성공과 실패담을 포함한 생생한 사례를 들어 현실에서 이론이 어떻게 작용하는지 똑똑히 보여준다.

— 그레첸 루빈(《나는 오늘부터 달라지기로 결심했다》 저자)

줄리 주오는 지성, 유머 감각, 자기 성찰, 팀과 자신을 개선하기 위한 끊임없는 노력으로 메타 인턴에서 부사장으로 차근차근 올라간 인물이다. 이 책은 최고위 관리직에 오르기까지 모든 전략을 담은 비밀 노트다. 임원과 신입 사원을 막론하고 이 책을 읽지 않는다면 크게 후회할 것이다.

— 제이크 냅(《스프린트》, 《메이크 타임》 저자)

팀장의 탄생

THE MAKING OF A MANAGER

팀장의 탄생

실리콘밸리식 팀장 수업

줄리 주오 지음
김고명 옮김

THE MAKING OF A MANAGER

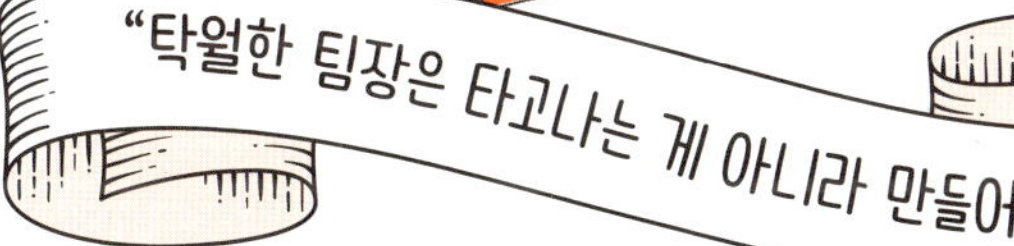

WHAT TO DO WHEN EVERYONE LOOKS TO YOU

더퀘스트

팀장은 수많은 회의에 참석하거나 직접 회의를 주관한다. 모두의 시간을 낭비하지 않도록 좋은 회의 문화를 만들 필요가 있다. 참석자들에게 사안을 검토할 시간을 충분히 제공하고, 회의 중에는 발언 시간을 공평하게 보장하며, 솔직한 피드백을 요청하는 습관을 만들어야 한다. 때로는 팀장이 없어도 팀원들끼리 적절한 결론을 내릴 것 같으면 굳이 회의에 참석하지 않아도 된다.

채용은 더 나은 팀, 회사, 인생을 만들 방법을 고민하고 알아가는 과정이다. 면접만으로 그 사람의 모든 것을 알 수는 없지만 지원자의 직무 경험을 검토하고, 미리 질문을 준비하는 작업은 꼭 필요하다. 관리자나 상급 직원의 채용은 팀에 큰 영향을 끼치므로 공통된 가치를 공유하는 사람인지 알아보고 평판을 검토하면서 장기적 관점에서 신중하게 선택해야 한다.

강한 팀은 모든 팀원이 공통된 목표를 위해 일할 때 만들어진다. 성과를 내는 팀을 만들고 싶다면 팀원들에게 업무 목적을 설명하고 그 일이 팀의 최상위 비전과 어떻게 연결되는지 알려줘야 한다. 업무 우선순위와 책임자를 명확히 정하고 장기적 비전을 제시한 후 역으로 단기적 비전을 설정해 팀원들이 하는 모든 업무가 비전과 연관되어 있음을 알리는 것이 중요하다.

빠르게 성장하는 팀을 맡고 있다면 하위 관리자를 채용하거나 팀원 중에서 하위 관리자를 뽑게 될 가능성이 크고, 결국 팀장은 실무진들과 거리가 벌어질 수밖에 없다. 그러면 당신이 알지 못하는 사이에 의사결정이 이뤄지고 업무 수행 방식이 이전과는 달라질 것이다. 팀이 커지고 있다면 하위 관리자에게 적절한 책임과 권한을 넘겨야 한다. 팀의 규모가 커지고 업무 범위가 넓어질수록 팀장은 그들과 함께 성장해야 함을 잊지 말아야 한다.

문화는 의사결정과 행동 방식을 설명하는 기준이다. 팀 내에 중요하게 생각하는 가치가 있다면 그 가치가 뿌리내릴 수 있도록 해야 한다. 팀의 가치와 부합되는 행동에 보상하는 체계 역시 중요하다. 성공과 실패는 어떤 결정 몇 번만으로 이뤄지는 것이 아니라 오랜 시간에 걸쳐 반복되는 팀장과 팀원들의 작은 선택과 행동으로 만들어짐을 기억해야 한다.

조직이나 시장이 하락 국면에 있을 때는 팀원들의 불안과 동요가 커진다. 이때 팀장은 '현실 직시'와 '투명한 소통'을 염두에 둬야 한다. 불필요한 낙관론이나 과도한 공포는 피하면서 경영진에게서 내려온 상황을 공유하고, 단기에 성과가 나지 않는 프로젝트 대신 생존에 꼭 필요한 프로젝트에 집중하여 자원을 재배분한다. 마지막으로, 하락기를 학습과 혁신의 기회로 전환해 미래의 반등을 준비해야 한다.

탁월한 팀장은 타고나는 게 아니라 만들어진다

미신
현실
TRIAL OF SELF-DOUBT
MEETINGS
CONSTRUCTIVE FEEDBACK

O

GREAT MANAGERS ARE MADE, NOT BORN

지금으로부터 10년 전, 처음 관리직을 제의받았던 때가 기억난다. 상사와의 면담 중에 튀어나온 무척이나 갑작스런 제안이었다. 조깅을 하다가 보물 상자에 걸려 넘어진 것처럼 전혀 예상치 못한 일이었다. '이거 흥미진진한데?'라는 생각이 가장 먼저 들었다.

나는 상사와 10인용 회의실에서 단둘이 대각선으로 마주보고 앉아 있었다. 상사의 설명은 이랬다. "우리 팀이 성장 중이라서 매니저(실리콘밸리 기업의 관리직은 보통 매니저로 시작해 디렉터, 부사장으로 이어진다.—옮긴이)가 한 명 더 필요한데 자기가 팀원들하고 두루두루 잘 지내잖아. 어때?"

그때 나는 겨우 스물다섯이었고 스타트업에서 일하고 있었다. 관리직에 대해 내가 아는 것이라곤 딱 두 가지였다. '회의'와 '승진'! 그러니까 지금 나 승진시켜준다는 거지? 그때의 느낌은 말하자면 짜릿한 모험과 보람찬 성취의 세계로 들어가는 출발점 앞에 선 듯한 기분이었다. 이런 반가운 제안을 거부하고 싶지 않았다. 그래서 좋다고 했다.

회의실을 나오니 그제야 상사가 한 말에 생각이 미쳤다. '내가 팀원들하고 두루두루 잘 지낸댔지.' 하지만 관리자의 자질이 그것만은 아닐 게 분명했다. 또 뭐가 있을까? 이제부터 알아보기로 했다.

* * *

매니저가 되고 처음으로 팀원을 면담했던 때가 기억난다. 약속 시간보다 5분 늦게 허겁지겁 도착했다. '시작이 안 좋네'라는 생각이 들었다. 앞서 상사와 만났던 그 회의실 유리문 너머에서 팀원은 스마트폰에 시선을 고정하고 있었다. 하루 전만 해도 우리는 통로를 사이에 두고 나란히 앉아서 각자 할 일을 하면서도 틈틈이 속사포처럼 디자인에 대한 피드백을 주고받던 동료 사이였다. 그런데 인사 발령이 나고 이제는 팀원과 매니저 사이가 되어 있었다.

속으로 '나 긴장 안 했어. 이야기는 잘 풀릴 거야'라고 생각했다. 무슨 말이 오갈지는 나도 알 수 없었다. 그저 평소처럼, 어제와 그저께처럼 얘기할 수 있기만 바랄 뿐이었다. 혹시 저쪽에서 내가 매니저라는 사실을 '반기진' 않아도 최소한 쿨하게 받아들여줬으면 하는 마음으로 말이다.

'나 긴장 안 했어. 잘될 거야… 나 긴장 안 했어. 잘될 거야….'

그렇게 혼자 주문을 외우며 회의실로 들어섰다. 폰에서 시선을 떼고 나를 흘긋 올려다보던 그의 표정을 나는 영영 잊지 못할 것이다. 그는 초등학생 사촌의 생일 파티에 억지로 끌려온 중학생처럼 잔뜩 뿔이 나 있었다. 나는 최대한 침착한 목소리로 인사를 건넸다. "안녕. 저기, 어… 요즘 그… 무슨 프로젝트 하고 있죠?"

그의 얼굴에 험악한 표정이 아주 자리를 깔고 찰싹 달라붙어 있었다. 내 얼굴에 송골송골 땀방울이 맺히고 귀에 홧홧한 피가 쏠리는 것을 느낄 수 있었다. 나는 디자이너로서 그보다 유능하지 않았다. 더 똑똑하거나 경험이 많지도 않았다. 그의 표정만 봐도 내가 매니저라는 사실을 '쿨하게' 받아들이길 바라는 기대 따위는 접어야만 했다. 그의 속내가 매직으로 큼지막하게 쓴 글씨처럼 뚜렷하게 전달됐다. '너 지금 뭐 알고 까부는 거냐?'

그때는 나도 그의 생각이 100퍼센트 옳다고 생각했다.

* * *

내가 페이스북(현 메타)의 디자인 부문 부사장을 거쳐 스타트업을 설립한 과정은 결코 평범하지 않았다. 나는 콩나물시루 같던 상하이 주택가에서 어린 시절을 보내다가 찜통 같은 미국 휴스턴의 교외로 이민을 왔다. 〈스타워즈〉, 마이클 잭슨, 〈ET〉가 이곳 사람들에게 어떤 의미인지 전혀 모르는 아이였다. '실리콘밸리'라는 말을 몇 번 듣긴 했지만 문자 그대로 실리콘 골짜기를 말하는 줄 알았다. 어느 산골짜기에 초콜릿처럼 납작하게 생긴 실리콘 칩을 찍어내는 공장들이 가지런히 늘어선 풍경을 떠올렸다. 그때 누가 내게 디자이너가 무슨 일을 하냐고 물었으면 "예쁜 옷을 만들죠."라고 대답했을 것이다.

그런 나도 일찍부터 확실히 아는 게 하나 있었으니 바로 내가 뭔가를 그리고 만드는 것을 엄청나게 좋아한다는 사실이었다. 중학교 때는 쉬는 시간만 되면 친한 친구와 서로 열심히 공책에 그린 그림을 돌려봤다. 고등학교 때는 HTML이라는 신기술을 영접해서 그리기와 만들기라는 우리의 취미를 그럴싸하게 발전시켰다. 우리가 그린 그림을 전시하는 웹사이트를 만든 것이다. 봄 방학 때는 인터넷에서 찾은 최신 포토샵 강좌('현실적인 피부색 만드는 법')를 따라 하거나, 새로 터득한 자바스크립트 기술(마우스를 가져다대면 불빛이 들어오는 링크)을 자랑하기 위해 웹사이트를 수정하느라 시간 가는 줄 몰랐다.

스탠퍼드대에 들어간 나는 컴퓨터공학을 공부하고 싶었다. 그래서 알고리듬과 데이터베이스 수업을 들으면서 전통의 강호 마이크로소프트와 떠오르는 이단아 구글을 목표로 취업 준비를 했다. 나와 같은 수업을 들은 선배들이 대거 입사한 회사들이었다. 그런데 2학년이 되자 교내에 새로운 바람이 불었다. 우리는 복도와 식당에서 침을 튀겨가며 말했다. "야, 야! 그 사이트 얘기 들었어? 같은 수업 듣는 훈남 사진도 볼 수 있고, 기숙사 룸메이트가 좋아하는 밴드도 알 수 있고, 친구 '담벼락'에 우리끼리만 아는 메시지도 남길 수 있대!"

나는 그 사이트에 꽂혔다. 페이스북은 그때껏 한번도 경험해보지 못한 사이트였다. 그것은 하나의 생명체 같았고 우리의 대학 생활이 온라인으로 확장되어 서로를 지금까지와는 완전히 다른 역동적인 방식으로 알아갈 수 있게 하는 것 같았다.

페이스북의 설립자가 하버드대 중퇴생들이라는 말만 들었지 스타트업에 대해서는 문외한이나 다름없었던 나는 4학년이 돼서야 실리콘밸리 스타트업에 대한 수업을 들었다. 그러자 좀 알 것 같았다. '아, 저기는 꿈 하나 믿고 배고파도 우직하게 밀고 나가는 사람들이 포기할 만하면 짠 하고 나타나는 벤처 캐피털리스트의 도움을 조금씩 받아가며 미래를 만들어가는 곳이구나. 영리한 두뇌와 불굴의 의지와 절묘한 타이밍이 똘똘 뭉쳐서 혁신을 만들어내는 곳이구나'라는 것을 말이다.

어차피 언젠가 스타트업에 합류할 거라면 잃을 것 하나 없는 청춘일 때 하는 게 어때? 어차피 그럴 거라면 내가 매일 애용하는 제품을 만드는 곳에 들어가는 게 어때? 안 그래도 6개월 전에 페이스북에 입사한 친구 웨인 창Wayne Chang이 말끝마다 자기네 회사를 찬양하고 있었다. "일단 와서 한번 봐봐. 인턴이라도 하면서 우리 회사가 어떤 곳인지 직접 겪어 보라니까."

나는 그의 조언을 받아들여 면접을 봤다. 그리고 얼마 후 벽화가 그려진 페이스북 로비에 사내 최초의 엔지니어링 인턴으로 입성했다. 당시는 회사라고 해봐야 코딱지만 했다. 뉴스피드는 아직 구상되기도 전이었고, 고등학생과 대학생을 빼면 우리 서비스를 아는 사람도 별로 없었다. 소셜 네트워크 시장에서 페이스북은 1억 5,000만 명의 사용자를 거느린 거인 마이스페이스MySpace에 비하면 난쟁이나 다름없었다.

그러나 몸집은 작을지언정 꿈은 원대했다. 우리는 밤새 다프트 펑크Daft Punk의 음악을 쩌렁쩌렁 틀어놓고 미친 듯이 코드를 짰다. 그러면서 "언젠간 마이스페이스를 뛰어넘을 거야."라고 말하고는 꿈도 야무지다는 생각에 피식 웃곤 했다. 그래도 "언젠가 우리가 세상을 하나로 연결할 거야."라는 다짐은 잊지 않았다.

두 달 정도의 인턴 생활을 마친 후 나는 정식 직원이 되기로 했다. 동료인 루시 상비Ruchi Sanghvi(전 페이스북 엔지니어, 이후 드롭박스의 부사장을 역임했다.—편집자)가 디자이너들 사이에 껴서 같이 화면을 구성하는 일을 하면 어떻겠냐고 제안했다. 내가 취미로 그림을 그리면서 포토샵을 배웠으니까 가능하지 않겠냐면서. 그때 내 생각은 이랬다. '응? 웹사이트 디자인 같은 것도 정식 업무로 쳐주는 거야? 나야 좋지!'

우리는 스타트업이었으니까 내가 불쑥 새로운 기능을 위한 디자인을 제안해도 이상하게 생각하는 사람이 아무도 없었다. 당시 우리는 한 사람이 여러 가지 직무를 맡고 있었다. 그래서 어떤 문제가 보이면 바로 코드를 짜고 픽셀을 건드리며 해법을 찾았다. 그러니까 나의 다양한 직무에 '디자이너'가 추가된 것은 어떤 치밀한 계획에 의해서가 아니라 순전히 우연이었다.

그로부터 3년이 지나 앞에서 말한 대로 상사와 운명적인 대화를 한 후에 내 역할은 다시 한 번 바뀌었다. 디자인팀은 내가 입사했을 때의 두 배 정도 되는 규모로 성장해 있었다. 나는 그동안 초고속으로 성장하는 스타트업에서 잘 버텨냈으니까 나름 변화에 잘 적응하는 사람이라고 생각했다. 처음이고, 낯선 것과 씨름하는 것쯤이야 익숙했다.

한데 새롭게 주어진 관리직이 내게 요구하는 것은 미처 예상치 못한 수준이었다. 예를 들어 내가 관리해야 할 사람들 중에는 제품 디자이너들이 있었는데, 입사하기 전만 해도 나는 그런 분야가 있는 줄도 몰랐다. 그리고 사람들이 자기 일을 충실히 수행하면서 팀워크도 발휘하도록 '관리'하는 일은 사용자 인터페이스를 만들고 코드를 짜는 일과는 차원이 달랐다. 처음 몇 달, 아니, 몇 년 동안은 모든 게 낯설고 불편했다.

처음으로 면접관이 되어 지원자를 대면했을 때가 생각난다. 질문을 던지고, 대화의 방향을 정하고, 합격, 불합격의 결정도 내가 하는 것이니 분명 내가 우위에 있었음에도 45분 내내 손이 바들바들 떨렸다. 혹시 저 지원자가 내 질문을 한심하다고 생각하면 어쩌지? 지금 내가 꼭 사기꾼처럼 느껴지는데 저 사람도 나를 그렇게 생각하는 거 아니야? 나 같은 걸 관리자로 뒀다고 우리 팀원들이 등신으로 보이면 어떡해?

처음으로 나쁜 소식을 전했을 때도 생각난다. 우리 팀이 흥미로운 프로젝트에 돌입하고서 그 잠재력에 대해 들떠서 이야기하고 있던 때였다. 팀원 두 명이 그 프로젝트의 책임자가 되고 싶다는 의견을 전해왔다. 둘 중 한 명에게는 안 된다고 해야 했다. 집에서 거울을 보며 그 사람에게 할 말을 연습하는데 온갖 불길한 생각이 떠올랐다. 내가 잘 결정한 걸까? 내가 한 사람의 꿈을 완전히 짓밟아버리는 건 아닐까? 대뜸 회사를 때려치우겠다는 식으로 나오면 어쩌지?

처음으로 많은 사람 앞에 발표자로 나섰을 때가 생각난다. 페이스북의 첫 번째 콘퍼런스에서였다. 푹신한 쿠션이 곳곳에 놓여 있고 네온사인이 번쩍이는 그곳에서 나는 우리 팀의 작업물을 소개하는 역할을 맡았다. 그 정도 규모의 공개 행사는 회사 역사상 처음이었던 만큼 발표를 앞두고 몇 주 전부터 시시콜콜한 부분까지 고민하고 또 고민했다. 절대로 망치면 안 되는데 그 많은 사람들 앞에서 말할 생각을 하니 겁부터 났다. 회사 사람들이 도와주겠다고 해서 예행연습을 하는데도 심장이 벌렁거려서 진땀을 쏙 뺐다.

처음으로 관리자가 되고서 폭풍 같은 시기를 보낼 때 주로 느꼈던 감정은 세 가지였다. 두려움, 의심 그리고 '지금 이런 기분이 드는 게 정상이야?'라는 감정. 남들은 다 잘하고 있는 것처럼 보였다. 게다가 다들 쉽게 하고 있는 것만 같았다. 반대로 나는 관리자로 사는 게 쉽다고 생각한 적이 단 한 번도 없었다. 그건 지금도 마찬가지다.

관리자의 길에 들어선 지 10년쯤 되자 처음에 내가 맡았던 작은 디자인팀은 어느새 규모가 크게 확장되어 있었다. 우리는 20억 명이 넘는 사람들이 휴대전화에서 파란 'f' 아이콘을 누를 때마다 보게 되는 경험을 책임졌다. 사람들이 생각을 공유하고, 근황을 알리고, 대화하고, 엄지손가락을 치켜세우고, 커뮤니티를 만드는 과정을 세밀한 부분까지 분석하며 고심했다. 우리가 맡은 일을 잘하면 벨기에, 케냐, 인도, 아르헨티나 등 전 세계 사람들이 서로 더 가까워진 느낌을 받을 수 있었다.

페이스북에서 14년쯤 일한 후 나는 관리의 출발선으로 돌아가 회사를 차리기로 했다. 그래서 전 세계 기업이 데이터를 기반으로 더 민첩하고 더 현명하게 의사결정을 내리도록 돕는다는 목표 아래 '선다이얼Sundial' 이라는 회사를 설립했다. 팬데믹으로 극심한 불황이 불어닥친 상황에서 스타트업을 차리고 어엿한 회사로 성장시키는 과정에서 나는 매일같이 이 관리라는 것이 얼마나 역동적인 행위인지, 그리고 아직도 배워야 할 것이 얼마나 많은지 깨달았다.

내가 관리에 매력을 느끼는 이유는 디자인과 데이터 분석에 매력을 느끼는 이유와 별반 다르지 않다. 간단히 말하자면 타인을 돕기 위한 인간미 넘치는 행위이기 때문이다.

나는 아직도 내가 관리의 전문가라고 생각하지는 않는다. 많은 것을 좌충우돌하며 배웠고 내 딴에는 어떻게든 잘하려고 했음에도 수많은 실수를 저질렀다. 하지만 원래 모든 일이 다 그렇다. 일단 부딪혀보는 거다. 그러면서 뭐가 좋은 방법이고 나쁜 방법인지 깨닫는다. 교훈을 머리에 새긴다. 발전한다. 그리고 그걸 반복하고 또 반복한다.

그간 도움도 많이 받았다. 훌륭한 리더십 훈련 프로그램의 도움을 받았고(그중에서 최고를 꼽으라면 '결정적 순간의 대화Crucial Conversations'였다), 지금도 반복해서 읽는 책(《하이 아웃풋 매니지먼트》, 《비즈니스 의식혁명Concious Business》 등)의 도움을 받았으며, 무엇보다도 같이 일하는 사람들에게서 큰 도움을 받았다. 그들은 지혜로운 말과 생각을 아낌없이 들려주며 내가 더 나은 사람이 되고자 노력하게 만들었다. 마크 저커버그Mark Zuckerberg, 셰릴 샌드버그Sheryl Sandberg를 포함해 많은 사람과 함께 일할 수 있었던 게 얼마나 감사한지 모른다.

발전을 위한 노력의 일환으로 블로그도 시작했다. 일주일에 한 번씩 차분히 앉아서 머릿속에서 마구잡이로 오가는 생각을 정리하면 좋을 것 같았다. 블로그 이름은 '거울 나라에서 보낸 시간The Year of the Looking Glass'으로 정했다.《거울 나라의 앨리스》에 나오는 구절처럼 "오늘 아침에 일어났을 때는 내가 누구인지 알았는데 그 후로 내가 여러 번 변한 것 같아요."라는 게 내 심정이었기 때문이다. 먼 훗날에 블로그를 다시 보면서 '이런 걸로 고생했구나. 이런 걸 배웠구나'라고 그 시절을 회상하는 모습을 상상해봤다.

그렇게 사람들이 내 글을 읽기 시작했다. 그들은 내 글을 친구와 동료에게 보냈다. 행사장에 가면 처음 보는 사람들이 다가와서 내 글에 대한 이야기를 꺼냈다. 고생담을 자세히 써줘서 고맙다고 했다. 그들 중 다수는 이제 막 관리자가 된 사람들이었다. 개중에는 관리자가 된 지는 좀 됐지만 내가 겪었던 것과 비슷한 성장통을 겪고 있는 사람들도 있었다. 그런가 하면 아직 관리자가 되진 않았으나 그 길이 과연 자신에게 맞는 길인지 궁금해 하는 사람들도 있었다.

그리고 고맙다는 인사는 언제부턴가 "책을 쓰세요."라는 권유로 바뀌었다. 처음에는 그냥 웃어넘겼다. 아직 배워야 할 게 많았다. 먼 미래에 은퇴할 때쯤 돼서 벽난로 옆 안락의자에 앉아 그동안 내가 깨달은 것들을 써내려 가는 상상은 해봤지만 지금은 너무 이르다는 생각이었다.

친구에게 그런 말을 했더니 무슨 소리냐는 표정을 지었다. "그때 가서 풋내기 시절이 기억이나 나겠어? 뭘 해도 낯설고 힘들고 돌아버릴 것 같았을 때가 기억나겠냐고. 까마득한 옛날이 돼버리잖아." 듣고 보니 일리가 있었다. 시중에 CEO와 리더십 전문가가 관리에 대해 쓴 책은 이미 수두룩했다. 기업의 임원이 더 나은 관리자가 되고자 최신 조직 관리 이론이나 비즈니스 트렌드에 대해 알고 싶다면 얼마든지 자료를 구할 수 있다. 하지만 대부분의 '관리자'는 CEO나 임원이 아니다. 관리자는 대부분 CEO나 임원보다 작은 집단을 운영하고 개중에는 직접 운영하지 않는 사람도 있다. 대부분이 〈포브스〉나 〈포춘〉에 대문짝만하게 소개되지 않는다. 하지만 그들 역시 관리자로서 똑같은 목적을 갖고 있다. 사람들이 공통된 목표를 달성하도록 돕는 것이다. 그중에는 교사나 교장도 있고, 주장이나 감독도 있고, 행정가나 기획가도 있을 것이다.

내 이야기는 준비도 없이 별안간 관리자가 된 사람들, 팀원들을 어떻게 도와주는 게 최선인지 몰라 고민인 사람들, 빠르게 성장 중인 팀을 관리하는 사람들은 물론이고 단순히 관리직에 흥미가 있는 사람들에게도 도움이 될 것 같았다. 하긴, 나도 얼마 전까지는 그들 중 한 명이었으니까.

팀을 운영하는 게 어려운 이유는 결국 사람을 관리하는 일이기 때문이다. 사람은 누구나 다면적이고 복합적인 존재다. 인간이 획일화될 수 없는 것처럼 사람들이 모인 집단을 관리하는 데도 획일화된 비법이 있을 수 없다. 하지만 팀을 이뤄 협력하는 것이 세계가 발전하는 방식임에는 틀림없다. 우리는 혼자일 때보다 함께일 때 더 원대하고 야심 찬 일을 이룰 수 있다. 그렇게 힘을 합쳐 승리하고 혁신하고 성공한다. 눈부신 업적은 모두 그렇게 달성되었다.

나는 탁월한 관리자는 태어나지 않고 만들어진다고 굳게 믿는다. 당신이 누구이든 간에 굳이 이 책을 읽을 정도로 열심인 사람이라면 이미 탁월한 관리자가 될 자격을 갖췄다. 이 책을 통해 독자 여러분이 날마다 요긴하게 쓸 수 있는 노하우를 많이 알아갈 수 있길 바란다. 더 나아가 이 책이 관리의 이치whys of management를 이해하는 데 도움이 되면 좋겠다. '왜'를 알아야 '어떻게'를 효과적으로 실행할 수 있기 때문이다. 애초에 관리자는 왜 존재하는가? 팀원과 일대일 면담을 왜 해야 하는가? 왜 지원자 A가 아닌 지원자 B를 채용해야 하는가? 왜 수많은 관리자가 똑같은 실수를 저지르는가?

이 책에서 말하는 일화와 견해 중에는 빠르게 성장하는 기술 스타트업이라는, 내가 일했던 환경에 국한된 부분이 분명 있다. 예를 들어 당신은 사람을 뽑을 일이 무척 드문 관리자일지 모른다. 회의가 업무에서 큰 비중을 차지하지 않을 수도 있다. 설령 그렇다고 해도 관리자의 일과에는 피드백 주기, 건전한 문화 조성하기, 미래에 대비하기 등 공통된 부분이 많다. 그러므로 바라건대, 이 책이 책장에 꽂아놓고 언제 어떤 순서로든 읽어도 좋은 책, 관리자로서 당신의 역할을 불현듯 새로운 시각으로 보게 될 때마다 다시 읽어볼 만한 지침서가 되면 좋겠다.

나는 기본적으로 제품을 만드는 사람이지만 이 책에서는 유용한 기술을 만드는 방법에 대해 말하지 않는다. 훌륭한 디자인이나 탁월한 전략에 대한 고찰이 담겨 있지도 않다. 이 책은 어디까지나 정식으로 관리자 교육을 받은 적 없는 사람이 어엿한 관리자로 성장하기까지의 이야기다. 내가 초보 관리자로서 몇 년간 두려움, 의심, '지금 내가 이런 게 정상이야?'를 달고 살던 시절에 이런 책이 있었다면 얼마나 좋았을까. 그래서 당신이 많은 것을 두려워하고 의심하는 게 지극히 정상이고 결국에는 당신도 나처럼 해법을 찾게 될 것임을 말해주고 싶어서 이 책을 썼다.

자, 그러면 준비 됐는가? 이제 출발해보자.

TRIAL OF SELF-DOUBT
MEETINGS
CONSTRUCTIVE FEEDBACK
CHAPTER 1

관리란 대체 무엇인가

나쁜 예
레모네이드
착한 가격

좋은 예
레몬愛이드
SML $1
MED $2
LAR $3
#LEMONS

○

WHAT IS MANAGEMENT?

대학교 4학년 5월에 처음으로 일을 시작했을 때, 나는 내가 뭘 모르는지 몰랐다. 페이스북이 대학생과 고등학생을 위한 소셜 네트워크니까 어떤 면에서는 내가 회사에 꼭 필요한 인재라고 생각했다. 갓 대학을 졸업한 나만큼 걔들을 잘 아는 사람이 어디 있겠어? 세상이 주목할 만한 일을 하고 싶은 마음이 간절했던 나는 그 무엇도 거칠 것이 없었다. 그도 그럴 게 나는 어떤 주의나 관행에도 얽매이지 않았고 참담한 실패를 경험해본 적도 없었다. 더욱이 대학 4년 동안 이를 악물고 시험공부를 하고, 수없이 많은 리포트를 쓰고, 밤을 새워가며 코딩을 했으니 고된 일은 내 친구나 다름없었다.

하지만 막상 일을 해보니까 내 약점이 보였다. 무엇보다 경험의 부족이 가장 큰 약점이었다. 대부분의 스타트업이 그렇듯이 우리도 서열을 만들고 따지기보다는 해야 할 일이 있으면 누가 됐든 알아서 하는 분위기였다. 처음에는 공식적으로 나를 관리하는 매니저가 없었고 입사한 지 1년쯤 됐을 때 책임 디자이너 중 한 명인 레베카가 그 역할을 맡게 됐다. 그전에는 다들 서로 필요할 때마다 도와주는 느슨한 조직이었다. 그러다 입사한 지 3년쯤 됐을 때 별안간 내가 매니저의 자리에 올랐다.

그때 나는 배워야 할 게 많았다. 지금 와서 돌아보면 어쩌면 그렇게

'관리'에 대해 무지했을까 싶다. 물론 나도 다른 사람들처럼 좋은 관리자와 나쁜 관리자에 대해서 보고 듣고 경험한 게 있긴 했다. 〈007〉 시리즈의 M, 《크리스마스 캐럴》의 스크루지, 〈스타트렉〉의 장 뤽 피카드, 〈악마는 프라다를 입는다〉의 미란다 프리슬리 등 미디어에서 많은 관리자를 접했다. 그도 그럴 것이 관리자가 무슨 새로운 종족은 아니지 않은가? 웬만한 사람은 다 자기 위에 관리자를 두기 마련이다. IT 전문가와 증권중개인이셨던 나의 부모님 역시 저녁 식사 때마다 그날 상사의 언행에 대해 어린 내게 이야기하시곤 했다. 내가 고등학생과 대학생을 가르칠 때도 교수법에 대해 조언해준 관리자들이 있었다. 하지만 아직 관리자가 되기 전이었을 때 누가 관리자의 본분이 무엇이냐고 물었다면 나는 이렇게 대답했을 것이다.

- **관리자의 본분은:**
  - 면담과 회의를 통해 팀원이 문제를 해결할 수 있도록 돕기
  - 잘되는 것과 잘 안 되는 것에 대한 피드백 주기
  - 승진과 해고 대상자 정하기

그로부터 3년 후 매니저 생활을 어느 정도 해본 나는 한결 현명해져 있었다. 그때 똑같은 질문을 받았다면 아마 이런 대답이 나왔을 것이다.

- **관리자의 본분은:**
  - 팀워크가 좋은 팀 구축
  - 팀원이 커리어 목표를 달성할 수 있도록 돕기

– 순조로운 업무 처리를 위한 프로세스 만들기

예전에는 기초적이고 통상적인 활동(회의, 피드백)만을 생각했다면 이제는 좀 더 장기적인 차원(팀워크 강화, 커리어 지원)을 생각한다는 게 다른 점이었다. 하지만 이것도 정답은 아니다. 물론 위의 목록이나 아래의 목록이나 모두 탁월한 관리자들이 하는 일이긴 하다.

그러나 이는 단순히 그들의 '행동'을 나열한 것에 불과하다. 만약 누가 "축구 선수의 본분이 무엇입니까?"라고 묻는다면 훈련에 참가하고, 공을 패스하고, 슛을 날리는 것이라고 대답해도 될까? 물론 안 된다. 그런 행동이 왜 중요한지 말해야 한다. "축구 선수의 본분은 경기에서 이기는 것"이라고 말이다. 그렇다면 관리자의 본분은 무엇일까? 그것을 모르고서는 좋은 관리자가 되는 법을 알 수 없다. 그게 바로 이번 장의 주제다.

관리자의 본분을 한 문장으로 정의한다면

레모네이드를 사랑하는 당신이 레모네이드 장사가 좋은 사업 아이템이라고 생각해 레모네이드 노점을 연다고 해보자.

처음에 해야 할 일은 고민할 것도 없다. 마트에 가서 레몬을 잔뜩 사온다. 레몬즙을 짜서 설탕을 팍팍 치고 물을 붓는다. 접이식 테이블, 등받이 의자, 주전자, 아이스박스, 컵을 마련한다. 아담한 칠판에 분필로 맛있는(그리고 저렴한!) 레모네이드를 판다고 적는다. 목 좋은 곳에 매대를 놓고 지나가는 사람들에게 시원한 레모네이드 한 잔 어떠냐고 싹싹하게 묻는다.

혼자일 때는 복잡할 게 없다. 레몬즙을 짜는 것도, 마트와 매대를 오가는 것도, 주전자와 아이스박스를 나르는 것도 모두 당신 몫이다. 칠판에 쓴 글씨가 볼품없어도 당신 탓이다. 레모네이드가 너무 달거나 시큼해도 당신 탓이다. 모든 게 당신의 결정에 달렸다.

근데 어라? 여름 기온이 급상승하더니 별안간 레모네이드 열풍이 부는 게 아닌가! 한 잔을 팔면 10명이 줄을 서서 제발 그 정신이 번쩍 들고 옛 추억이 떠오르는 주스 좀 마시게 해달라고 아우성이다. 혼자서는 감당이 안 돼서 동네 친구 헨리와 일라이자에게 도움을 요청한다. 일당을 섭섭잖게 쳐주겠다니까 둘 다 흔쾌히 수락한다.

축하합니다! 이제 당신은 관리자가 되었습니다!

'내가 걔들 고용해서 돈 주는 CEO, 보스니까 당연히 관리자지, 뭔 뻔한 소리를 해!'라고 생각할지도 모른다. 하지만 헨리와 일라이자를 고용했다고 당신을 관리자라고 부르는 게 아니다. 관리자라는 지위는 누구를 고용하고 말고와는 전혀 상관이 없다. 모든 일을 '혼자서' 처리하지 않기로 한 시점부터 당신은 관리자가 된 거다.

이제 일손이 세 배로 늘었으니 그만큼 레모네이드를 빨리 만들어서 팔 수 있다. 한 명이 음료를 만들고 한 명이 돈을 받으면 된다. 교대로 일하면 가게를 몇 시간은 더 열어둘 수도 있다. 어쩌면 더 싼 재료를 구하러 돌아다닐 여유도 생길지 모른다.

그 대신 당신은 사업에 대한 지배력을 조금 잃었다. 이제 당신이 모든 결정을 내리진 않는다. 일이 틀어졌을 때 당신이 원인 제공자가 아닐 수 있다. 예를 들어 손님들의 인상이 팍 구겨지는 이유는 일라이자가 설탕을 깜빡했기 때문이다. 손님이 줄어든 것은 헨리가 험악한 표정을 짓고 있는 탓이다. 당신은 그 정도 위험은 감수할 수 있다고 판단했다. 왜? 레모네이드가 좋아서 레모네이드를 판다는 초심은 그대로이기 때문이다. 당신은 아직도 많은 사람이 이 기막힌 음료의 맛을 모르고 있는데 이제 일라이자와 헨리까지 합류했으니 성공 가능성이 더 커졌다고 믿는다.

이처럼 혼자일 때보다 여럿이 팀을 이뤘을 때 더 많은 것을 성취할 수 있다는 믿음, 그리고 내가 모든 것을 다 잘 알고 처리해야 할 필요가 없다는 깨달음이 바로 관리의 핵심이다. 진정한 관리자의 본분은 '여러 사람이 협력하는 집단에서 더 좋은 성과를 도출하는 것'이다. 이 간단한 정의에서 모든 것이 시작된다.

탁월한 관리자 vs 평범한 관리자

예전의 나는 어떤 사람이 탁월한 관리자인지 판단하려면 운전면허 시험처럼 일련의 '테스트'에 합격하는지를 보면 된다고 생각했다. 주변에서 평판이 좋은가? 전략상 중요한 문제를 해결할 수 있는가? 기막힌 프레젠테이션 실력을 갖추고 있는가? 하루에 중요한 업무를 20가지씩 처리할 수 있는가? 카페에서 줄 서서 기다리는 틈을 이용해 이메일에 답장을 할 수 있는가? 긴장된 상황을 풀 수 있는 협상 능력이 있는가? 발군의 영업력을 자랑하는가? 기타 등등.

모두 관리자에게 있으면 좋은 자질이고 이 중에서 일부는 뒤에서 또 이야기할 것이다. 하지만 이렇게 복잡한 잣대를 들이밀어야만 누가 탁월한 관리자인지 알 수 있는 것은 아니다. 여러 사람이 협력하는 집단에서 더 좋은 성과를 도출하는 게 관리자의 본분이라고 한다면 탁월한 관리자가 이끄는 팀은 꾸준히 남다른 성과를 낼 것이다. 레모네이드 장사를 예로 든다면 탁월한 관리자를 둔 팀은 평범한 관리자를 둔 팀보다 높은 수익률을 보일 것이고 나쁜 관리자를 둔 팀은 밑천을 까먹을 것이다.

아이들을 가르치는 교육을 예로 든다면 탁월한 관리자를 둔 팀은 평범한 관리자를 둔 팀보다 학생들을 미래 사회에 더 잘 대비시킬 것이다. 만약 나쁜 관리자를 둔 팀이라면 학생들에게 가르쳐야 할 기술과 지식을 제대로 전수하지 못할 것이다. 디자인의 경우, 탁월한 관리자를 둔 팀은 꾸준히 감탄할 만한 콘셉트를 제시할 테고, 평범한 관리자를 둔 팀은 무난한 작업물을 낼 것이며, 나쁜 관리자를 둔 팀은 번번이 '내가 해도 이거보단 잘하겠다' 싶은 결과를 내놓을 것이다.

인텔의 설립자이자 CEO로서 당대 최고의 관리자였던 앤디 그로브Andy Grove는 어떤 것을 평가할 때 "단순히 '행위'를 볼 게 아니라 '결과물'을 봐야 한다."며 "영업사원을 평가하려면 고객과 얼마나 많이 연락하고 만났는지(행위)가 아니라 얼마나 많은 계약을 성사시켰는지(결과물)를 따지는 게 당연하다."고 썼다.[1] 관리자 본인이 아무리 똑똑하고 인기 있고 부지런해봐야 팀이 뻔한 성과만 내는 팀으로 찍히면 유감스럽게도 '탁월한 관리자'라는 평을 들을 수 없다.

물론 항상 정확한 평가가 내려지지는 않는다. 예를 들어 탁월한 관리자가 전혀 연고가 없는 팀에 부임한다면 적응하는 데 시간이 걸릴 수 있는 만큼 초반에는 성과가 시원찮을 수 있다. 반대로 무능한 관리자가 유능한 팀을 넘겨받거나 직원들에게 야근을 밥 먹듯이 시키면 한두 분기 정도는 놀라운 성과가 나올 수도 있다. 하지만 시간이 지나면 진실이 드러나는 법이다. 유능한 인재는 자신을 홀대하는 상사나 존경심이 생기지 않는 상사 밑에서 몇 년이나 참고 버티지 않는다. 그리고 유능한 관리자는 쇄신을 단행할 권한만 준다면 형편없는 성과를 내던 팀을 환골탈태시킨다.

나는 메타의 최고제품책임자 크리스 콕스Chris Cox 밑에서 오랫동안 일했다. 초반에 그에게 어떤 식으로 관리자를 평가하는지 물어본 기억이 난다. 그는 빙긋 웃으며 "간단해요."라고 답했다. 그가 우리 팀을 평가하는 기준은 크게 두 가지였는데 하나는 성과였다. 우리 팀이 가치 있고 사용하기 쉽고 완성도 있는 디자인 작업물을 만들어내는가? 다른 하나는 우리 팀의 강점과 만족도였다. 내가 팀원을 잘 뽑아서 성장시키고 있는가? 우리 팀원들이 즐겁게 잘 협력하고 있는가? 첫 번째 기준은 우리의 현재 성과를, 두 번째 기준은 우리가 앞으로 뛰어난 성과를 낼 준비를 하고 있는지를 보는 것이었다.

나는 이후로 내 밑의 관리자를 평가할 때 크리스의 평가법을 쓰고 있다. 관리자로서 직무를 훌륭히 수행하려면 장기적인 안목이 있어야 하고 탁월함을 널리 인정받아야 한다. 아무리 상황이 나쁘고 아무리 많은 일에 치인다고 해도 관리자로서 가장 중요한 임무는 팀원들이 최고의 성과를 내도록 돕는 것임을 잊지 말아야 한다.

관리자가 종일 생각하는 것 세 가지

그렇다면 관리자는 사람들이 최고의 성과를 내도록 어떻게 도울 수 있을까? 처음 매니저가 됐을 때 나는 매일 해야 하는 일부터 챙겼다. 회의와 면담을 준비하고, 팀원에게 방해가 되는 요소를 없애고, 다음달 계획을 세우는 것이었다.

위의 질문을 40년간 탐구한 사람이 있다. 팀 연구의 대가인 리차드 해크만Richard Hackman이다. 그는 병원, 교향악단, 여객기 조종실에서 전문가들이 어떻게 협력하는지 관찰했다. 그래서 나온 결론 중 하나가 원활히 돌아가는 팀을 만들기가 생각보다 매우 어렵다는 것이었다. 그는 "연구를 해보면 많은 팀이 좋은 자원을 갖고서도 성과가 기대에 못 미친다는 것을 알 수 있다. 자원을 효과적으로 활용하지 못하고 팀원들이 의욕을 느끼지 못해 협력의 효과가 퇴색하기 때문이다."라고 말했다.[2] 해크만은 팀의 성공 가능성을 키우려면 진정한 의미의 팀(명확한 경계가 있고 구성원이 안정적으로 유지되는 팀) 구축, 명쾌한 방향성, 팀워크를 유발하는 구조, 팀원을 지원하는 환경, 전문가의 코칭, 이렇게 다섯 가지 요인이 충족돼야 한다고 봤다.[3]

내 생각도 비슷하다. 나는 관리자가 하루 동안 처리하는 수많은 업무를 '목적', '사람', '프로세스'라는 세 개의 바구니에 나눠 담을 수 있다고 생각한다.

가장 첫 번째로 담아야 할 '목적'은 팀이 성취하고자 하는 결과를 뜻하며 다른 말로 '왜'라고 할 수 있다. 하고 많은 일 중에서 왜 하필 '이

일'을 하려고 하는가? 왜 '이 사람들'과 함께 이 목표를 달성하는 데 시간과 에너지를 쏟아붓고 있는가? 우리 팀이 대박을 친다면 세상이 어떻게 달라질 것인가? '우리가 하는 일이 왜 중요한가'라는 물음에 모든 구성원이 비슷한 답을 갖고 있어야 한다. 팀의 목적이 존재하지 않거나 불분명하면 서로 기대하는 바가 달라서 갈등이 생길 소지가 있다.

예를 들어 당신이 레모네이드 가게를 주변의 골목골목으로, 이어서 전국으로 진출시키겠다는 포부를 갖고 있다고 해보자. 그런데 직원인 헨리는 이 가게가 동네 사랑방 같은 곳이 돼야 한다고 생각한다. 그래서 접이식 의자를 잔뜩 사고 레모네이드 외에 피자도 메뉴에 추가하려고 하는 등 당신이 보기에는 중요하지 않거나 쓸데없는 짓을 벌이려고 한다. 이렇게 불협화음이 나는 것을 막으려면 헨리를 포함해 팀 전체가 당신이 정말로 중요하게 여기는 것을 똑같이 중요하게 여기도록 만들어야 한다. 그렇다고 무작정 당신의 포부를 믿으라고 '강요'해서는 안 된다. 전국 진출이라는 야심 찬 계획이 헨리의 눈에는 한심하게 보인다면 그가 의욕적으로 돕겠다고 나설 리 없다. 이건 아니라며 당구대가 있는 피자 가게로 직장을 옮길지도 모른다.

관리자의 중요한 역할 중 첫 번째는 '팀 전체가 무엇이 성공인지 알고 그것을 달성하고자 노력하게 만드는 것'이다. 팀이 이루고자 하는 성공, 즉 목적은 '전화를 거는 모든 고객이 존중받는 느낌이 들게 한다'처럼 구체적인 형태일 수도 있고, '전 세계인을 더 가깝게 연결한다'처럼 광범위한 형태일 수도 있다. 팀의 목적이 무엇이든 간에 구성원 모두가 그것을 알고, 실현 가능성을 믿으려면 먼저 관리자 자신이 그것을 알고 믿어야 한다. 그런 상태에서 메일을 쓸 때, 목표를 세울 때, 팀원과 일대일로 면담할 때, 회의를 진행할 때 등 기회가 있을 때마다 그 목적을 설파해야 한다.

그다음으로 관리자가 중요하게 생각해야 하는 바구니는 '사람', 다른 말로 '누구'다. 팀원들이 성공할 준비가 되어 있는가, 필요한 능력을 갖추고 있는가, 뛰어난 성과를 낼 만큼 의욕적인가를 고민해야 한다. 팀원들이 업무를 처리할 능력이 안 되거나 능력은 되는데 환경이 받쳐주지 않는다면 문제가 생긴다. 만약에 일라이자가 당신의 조제 비법대로 레몬즙, 설탕, 물을 계량하지 못한다면, 헨리가 친절하게 손님을 맞을 성격이 안 된다면, 당신이 계획성이 없다면 어떻게 될까? 당연히 장사가 잘 안 될 것이다. 사람을 잘 관리하려면 신뢰 관계를 형성하고, 그들(그리고 자신)의 강점과 약점을 알고, 누구에게 무슨 일을 맡길지(필요하다면 어떤 사람을 채용하고 해고할지에 관해서도) 현명하게 판단하고, 각 사람이 최고의 기량을 발휘할 수 있도록 코칭해야 한다.

마지막 바구니는 '프로세스', 즉 팀이 '어떻게' 협력하느냐다. 팀원들이 아무리 날고 기는 능력자이고 팀의 최종 목표를 똑똑히 알고 있다고 해도 어떻게 협력을 해야 하는지 모르거나 팀의 가치관이 명확하지 않다면 간단한 일도 무지막지하게 복잡해진다. 누가 무엇을 언제까지 처리해야 하는가? 의사결정 시에는 어떤 원칙을 지켜야 하는가?

예를 들어 헨리는 마트에서 재료를 사오고 일라이자는 레모네이드를 만드는 업무를 담당한다고 해보자. 헨리는 언제 재료를 사러 가야 하는지 어떻게 알 수 있을까? 일라이자는 재료가 얼마나 남았는지 어떻게 알 수 있을까? 만약에 날이 더워서 갑자기 레몬이 다 떨어진다면? 미리 그럴 때를 대비해 계획을 세워놓지 않았다면 헨리와 일라이자가 서로 손발이 맞지 않아 시간만 낭비하고 그 후폭풍이 불어닥칠 것이다.

많은 사람이 '프로세스'라는 말에 알레르기 반응을 일으킨다. 나도 예전에는 그 말을 들으면 가슴이 답답했다. 내가 산더미 같은 서류와 온갖 시답잖은 일이 적힌 일정표 앞에서 허우적대는 모습이 그려졌다. 반대로 프로세스가 없는 세상에서는 불필요한 일은 하지 않고 무슨 일이든 '빠릿빠릿하게' 처리할 수 있을 것 같았다. 물론 그런 면이 없잖아 있긴 하다. 말했다시피 혼자 일할 때는 모든 결정을 혼자 내린다. 자기만 빠르게 생각하고 움직인다면 일의 처리도 빠르다. 그러나 팀으로 일할 때는 누가 무슨 일을 해야 하는지 정해야 하고, 그러려면 시간이 걸릴 수밖에 없다. 규모가 큰 팀일수록 시간이 더 많이 걸린다. 아무리 유능한 사람이라도 독심술은 부리지 못한다. 그런 이유로 공통된 가치관이 존재해야 한다. 그래야 일사불란하게 의사결정을 하고 문제에 대응할 수 있다. 특히 관리자라면 효율적인 회의 진행, 실수의 재발 방지, 향후 계획 수립, 건전한 문화 조성이라는 프로세스를 능수능란하게 처리할 수 있어야 한다.

탁월한 관리자는 목적(왜)과 사람(누구)과 프로세스(어떻게) 이 세 가지를 잘 관리해서 팀의 성과를 개선할 방법을 끊임없이 고민한다. 팀의 규모가 커지면 관리자의 실무 능력은 점점 그 중요성이 줄어들게 된다. 더 중요한 것은 팀원들의 역량을 최대한 끌어내 팀 전체의 역량을 '곱절'로 증가시키는 것, 다른 말로 멀티플라이어 효과multiplier effect를 내는 것이다. 이게 실전에서는 어떻게 나타날까?

내가 시간당 레모네이드 20잔을 팔 수 있다고 해보자. 헨리와 일라이자는 각각 시간당 15잔을 팔 수 있다. 일일 영업 시간은 네 시간이다. 내가 셋 중에서 레모네이드를 가장 잘 파니까 내가 판매대를 맡는 게 시간을 효과적으로 쓰는 것이라 생각할 수 있다. 나는 하루에 80잔을 팔고 헨리와 일라이자는 60잔을 판다. 내가 올리는 매상이 전체의 40퍼센트나 된다!

그런데 만일 내가 다른 일에 시간을 쓴다면? 내가 헨리와 일라이자에게 레모네이드를 잘 파는 요령을 가르친다고 해보자. ("미리 재료를 소분해 놔! 물을 따를 때는 한 번에 여러 잔씩 따라!") 만일 교육에 30시간이 걸렸다면 내가 레모네이드 600잔을 팔 수 있었을 시간이다. 매출을 많이 포기한 셈이다. 하지만 교육을 통해 헨리와 일라이자가 시간당 15잔이 아니라 16잔을 팔 수 있게 된다면 하루에 두 사람이 총 8잔을 더 팔게 된다. 판매량이 소폭 증가했을 뿐이지만 석 달도 안 돼서 내가 팔지 못했던 600잔이 채워진다. 그들이 1년 동안 일한다고 치면 내가 30시간 동안 레모네이드를 팔지 않고 교육을 한 결과로 2,000잔 이상이 추가로 판매된다!

내가 할 수 있는 일은 교육뿐만이 아니다. 만약에 이웃의 토비를 영입하기 위해 그 30시간을 쓴다면? 그는 표범에게 얼룩을 팔 수 있을 만큼 말발이 좋다. 토비가 전국으로 진출하겠다는 내 포부에 마음이 동해서 우리 팀에 합류했다고 치자. 그는 시간당 30잔이라는, 우리가 감히 넘보지 못할 판매량을 보여준다. 가게의 1년 매출이 2만 1,000잔 이상 늘어나는 것이다!

내가 레모네이드만 판다면 사업에 '덧셈' 효과만 줄 뿐 '곱셈' 효과는 생기지 않는다. 관리자보다는 개별기여자individual contributor(관리 책임 없이 실무에 매진하는 사람으로, 줄여서 'IC'라고도 한다.—옮긴이)에 가깝기 때문에 형편없는 관리자라는 평가를 받을 것이다. 내가 헨리와 일라이자를 교육하는 경우에는 레모네이드 판매량이 소폭 증가하므로 멀티플라이어 효과가 작게 발생한다. 방향성은 좋지만 대단하다고는 할 수 없는 결과다. 토비를 영입하는 경우에는 멀티플라이어 효과가 훨씬 크게 나타난다.

물론 이것은 아주 간단한 예에 불과하다. 현실에서는 A를 했을 때와 B를 했을 때 얻게 되는 결과를 그렇게 쉽게 계량화할 수 없다. 그래서 시간 활용의 우선순위를 정하는 방법에 대해 뒤에서 더 자세히 이야기할 예정이다. 하지만 무엇을 선택하든 성공의 원리는 동일하다.

관리자는 아무리 실무 능력이 출중하다고 해도 직접 실무를 보는 게 자신의 역할이라 생각하면 안 된다. 그래서는 팀의 성과가 크게 향상되지 않는다. 모름지기 관리자라면 팀의 목적, 사람, 프로세스를 개선함으로써 팀의 전체적인 성과에 최대한 멀티플라이어 효과를 내야 한다.

생존 모드에 놓여 있다면, 일단 살아남아라

목적, 사람, 프로세스를 개선하려면 시간과 에너지를 투자해야 한다. 레모네이드 가게의 사례에서 나는 교육이나 인재 영입을 통해 앞으로 팀의 판매량을 늘릴 수 있다고 믿었기 때문에 몇 잔의 매출을 포기했다. 그런데 이게 무조건 옳은 선택이라 할 수 있을까? 물론 아니다. 그것은 상황에 따라 다르다. 만약 가게를 열기 위해서 빚을 냈는데 2주 안에 갚지 않으면 이자가 10배로 뛴다고 하면 어떻게 해야 할까? 빚이 걷잡을 수 없이 불어나지 않도록 최대한 많은 레모네이드를 팔아 돈을 갚는 게 급선무다. 당장 가게가 망할지도 모르는데 몇 달, 몇 년 후를 계획한들 무슨 소용일까.

관리에 대한 조언은 대부분 장기적인 측면에 초점이 맞춰져 있다. 오늘 조금 아끼면 나중에 큰 보상으로 돌아온다고 한다. 하지만 조직에 급한 불이 붙었다면 이야기가 달라진다. 무슨 수를 써서든 일단 불부터 꺼야 한다.

1943년에 심리학자 에이브러햄 매슬로Abraham Maslow가 인간의 동기를 설명하기 위해 욕구단계설이라는 이름으로 잘 알려진 이론을 내놓았다.[4] 간단히 말하자면 욕구에도 순서가 있기 때문에 낮은 차원의 욕구를 충족시킨 후에야 높은 차원의 욕구를 충족시킬 수 있다는 내용이다. 예를 들어 당장 숨을 쉴 수 없다면 배고픔, 외로움, 실직 따위는 알 바 아니다. 얼굴이 새하얗게 질리기 시작하면 온 몸과 정신이 허파에 산소를 공급하는 데만 매달린다. 그렇다고 숨만 잘 쉴 수 있으면 다인가 하면 그렇지도 않다. 그다음으로 생존에 중요한 문제가 해결돼야 한다. 위장에 음식을 공급하는 것이다. 숨이 트이고 배가 부르고 주변 환경이 안전해지면 그제야 다음 단계로 관심을 돌릴 수 있다. 자신을 지원해주는 공동체의 일원이 되거나 뜻깊은 일을 하는 것(매슬로의 표현을 빌리자면 '자아실현') 등이다.

지금 당신이 더 좋은 관리자가 되기 위해 이 책을 읽고 있다는 얘기는 당신이 속한 조직이 당장 무너질 위기에 처하지는 않았다는 뜻일 테다. 혹시라도 위기 상황이라면 우선 하락기의 관리법을 다루는 11장을 읽어보기 바란다. 그런 다음 책을 내려놓고 전세를 역전시킬 방법을 모색해보자. 화끈한 승부수를 던지기 위한 전력을 모을 수 있는가? 팀원들과 머리를 맞대고 맥가이버처럼 현재 팀을 옥죄는 굴레를 끊을 묘수를 찾을 수 있는가? 두 팔을 걷어붙이고 죽기 살기로 고객을 찾아다니거나 레모네이드를 팔 수 있는가?

생존 모드에서는 수단과 방법을 가리지 말고 일단 살아남아야 한다. 그 후 팀이 욕구 단계 중 생존 단계를 넘어섰다면 비로소 미래 계획을 세우면서 몇 달, 몇 년 후에 더 많은 것을 성취하기 위해 오늘 할 일을 생각해볼 수 있을 것이다.

나는 탁월한 관리자가 될 만한 사람일까?

지금까지 살펴본 대로 관리란 여러 사람이 협력하는 집단에서 더 좋은 성과를 도출하는 행위다. 그런데 그게 내 길인지 어떻게 알 수 있을까? 앞에서 말했듯이 탁월한 관리자는 태어나는 게 아니라 만들어진다. 그런데 여기에는 한 가지 단서가 붙는다. 그 사람이 관리자의 일과를 '즐겨야' 한다는 점이다.

예전에 내 밑에 굉장히 유능한 디자이너가 있었다. 창의적이고 사려 깊은 데다 중요한 분야에서 경험이 풍부했다. 그쪽 팀원들은 중요한 결정을 해야 할 때면 당연하다는 듯이 그녀에게 조언을 구했다. 나는 '딱 매니저감이네!'라고 생각했다. 그래서 그 팀의 규모가 커졌을 때 매니저직을 제안했다. 그녀가 제안을 받아들였을 때 그녀가 더 큰 영향력을 발휘할 수 있게 만든 나 스스로가 대견스러워 어깨라도 두드려주고 싶었다. 그런데 1년쯤 지나서 그녀가 퇴사했다.

퇴사 의사를 밝히기 직전에 그녀가 한 말을 평생 못 잊을 것 같다. 그녀는 아침에 눈을 뜰 때마다 출근해서 사람들을 관리할 생각만 하면 가슴이 철렁한다고 했다. 그 말이 진심임을 알 수 있었다. 호기심과 지성으로 반짝이던 눈이 언제부턴가 총기를 잃고 흐리멍덩해져 있었다. 팀에 해결되지 않은 문제들이 산적했으나 그녀는 지칠 대로 지쳐서 해결할 힘이 없었다. 그녀가 매일 해야 하는 일은 좋아서 열정을 느끼는 일이 아니었다. 그녀는 기본적으로 '창조자'의 기질을 가진 사람이었다. 장시간 방해받지 않고 문제를 파고들어 자기 손으로 뭐든 눈에 보이는 것을 만들어내야 직성이 풀렸다. 그 일로 교훈을 얻은 나는 누가 관리직에 관심이 있다고 하면 구체적으로 무엇에 매력을 느끼는지 파악해서 과연 관리자의 일과와 맞아떨어지는지 따져본다.

당신이 관리자가 되고 싶은 이유는 훌륭한 관리자를 모셨기 때문일 수 있다. 다른 사람의 멘토가 되는 게 좋아서일 수도 있다. 커리어를 발전시키기 위해, 돈을 더 많이 벌기 위해, 더 강한 결정권을 행사하기 위해서일지도 모른다. 이런 이유 중에는 관리자의 직무와 잘 맞는 것도 있고 그렇지 않은 것도 있다. 자신이 과연 탁월한 관리자가 될 재목인지 궁금하다면 아래의 세 가지 질문을 생각해보면 좋겠다.

실무를 할 때보다 성과 달성에 더 매력을 느끼는가?

관리자는 팀의 성과로 평가를 받는 만큼 팀의 성공에 가장 도움이 되는 일을 해야 한다. 만일 팀원들에게 꼭 필요한 능력이 부족하다면 그들을 교육하거나 새로운 팀원을 뽑는 데 시간을 써야 한다. 혹시 다른 팀원들에게 폐를 끼치는 팀원이 있으면 못하게 막아야 한다. 팀원들이 무엇을 해야 할지 모를 때는 관리자가 계획을 세워야 한다. 이런 일은 해도 별로 티가 안 난다. 하지만 반드시 해야 하는 중요한 일이므로 아무도 안 하면 관리자가 나서서 해야 한다.

그래서 탁월한 관리자가 되려면 융통성이 필수다. 팀에는 목표가 바뀌고, 사람이 들어오거나 나가고, 프로세스가 발전하는 등 수시로 변화가 생긴다. 그러면 관리자가 매일 해야 하는 일도 같이 변한다. 만일 관리직이 잘 맞는 사람이라면 그렇게 할 일이 시시때때로 변하는 현실을 즐길 것이다(적어도 아주 싫어하진 않을 것이다). 하지만 절대 양보하기 싫을 만큼 좋아하는 업무가 있다면(진료, 수업, 코딩, 제품 디자인 등) 개인적인 목표와 팀에 절실히 필요한 것이 상충할 우려가 있다.

그래서 이 첫 번째 질문이 다음 두 질문보다 중요하다. 여기에 자신 있게 '그렇다'고 대답할 수 있다면 다른 자질은 좀 부족해도 괜찮다. 아닌 게 아니라 기업을 호령하는 리더들을 보면 저마다 강점과 기질이 제각각이지만 한 가지 공통점이 있다. 바로 조직의 성공을 최우선으로 여기고 조직에 필요한 리더가 되기 위해 변화를 마다하지 않는다는 점이다.

대화를 즐기는가?

'관리'는 '팀'과 떼어놓고 생각할 수 없는 만큼 관리자가 되면 당연히 팀원들과 많은 시간을 보내야만 한다. 각 팀원이 성공할 수 있도록 지원하는 게 관리자의 중요한 역할이다. 따라서 팀원들과 대화하고 경청하는 능력이 필수다.

관리자의 하루 중 70퍼센트가 면담과 회의에 쓰인다고 하면 어떤 생각이 드는가? 솔직히 70퍼센트까지는 안 갈 수도 있겠지만, 여하튼 이 말을 듣고 '그게 어때서?'라고 생각했다면 아마 사람을 만날 때 기운을 얻는 사람일 것이다. 반대로 '어우, 싫다'라고 생각했다면 관리자로서 하루하루를 보내는 게 고역이 될 공산이 크다. 꼭 외향적인 사람만 관리자가 될 수 있다는 말은 아니다. 나를 포함해 스티븐 스필버그Steven Spielberg, 엘리너 루스벨트Eleanor Roosevelt 등 내향적인 관리자도 얼마든지 존재한다.[5] 하지만 직장에서 장시간 방해받지 않고 조용히 집중할 수 있기를 바라는 사람이라면 관리직이 안 맞을 확률이 높다.

감정적으로 힘든 상황에서 안정감 있게 처신할 수 있는가?

관리의 핵심은 결국 사람인데 사람은 저마다 경험, 동기, 희망, 걱정거리, 별스러운 부분이 다르다. 그래서 관리자는 껄끄러운 대화를 해야 할 때가 적지 않다. 예를 들면 팀원에게 지금 성과가 기대에 못 미친다고 말해야 한다. 심지어는 면전에서 이제 그만 나오라고 통보해야 할 수도 있다. 그러면 상대방은 눈물을 글썽이면서 요즘 가족, 대인관계, 건강, 정신 문제 등 개인적으로 힘든 일이 있어 업무에 지장을 받고 있다고 하소연할지 모른다.

이렇게 불편한 상황을 누가 좋아할까마는, 그래도 누군가의 인생이 고비를 맞았을 때 남들보다 차분하게 챙겨주고 도와줄 수 있는 사람이 분명히 존재한다. 만약에 당신이 사람들이 어려울 때 기댈 수 있는 사람, 감정 기복이 심하지 않고 공감을 잘하는 사람, 긴장을 고조하지 않고 완화하는 사람으로 통한다면 관리자로서 온갖 감정이 들끓는 상황을 맞닥뜨리더라도 잘 처신할 수 있을 것이다.

다음은 이 밖에도 "왜 관리자가 되고 싶어요?"라는 질문에 흔히 나오는 대답이다. 이런 목표를 달성하는 데 반드시 관리직이 최선의 길이라고 할 수는 없다.

커리어를 발전시키고 싶어요

많은 사람이 '관리자가 되는 것'을 '승진'과 동일시해서 낭만적이고 눈부신 미래를 떠올린다. 더 영향력 있는 사람이 되고, 짜릿한 도전을 하고, 더 많은 보수와 인정을 받을 것이라 기대한다.

사실 많은 조직에서 관리자가 되지 않으면 커리어를 발전시키는 데 한계가 있다. CEO를 위시한 최고위 경영진은 모두 집단을 이끄는 사람들이다. 훗날 CEO나 부사장, 혹은 창업자가 되겠다는 포부가 있다면 관리자의 길로 들어서야 한다. 그리고 고객 지원이나 소매업 등 특정 직군에서는 실무 능력이 어느 정도 수준에 도달하면 그 후로는 점점 더 많은 사람을 관리하고 업무를 조율하는 법을 배워야만 성장이 가능하다.

하지만 꼭 관리자가 되지 않아도 출세할 수 있는 조직 역시 많다. 특히 출중한 능력이나 창의력을 갖춘 인재를 영입하고자 하는 조직이 그렇다. 심장외과전문의를 예로 들자면 다년간 환자를 진료하고 수술하며 실력을 갈고닦음으로써 초고난도의 수술을 집도하고 획기적인 수술법을 개척하는 명의가 되는 길도 있다. 꼭 병원장이 돼야만 더 많은 돈을 벌고 더 큰 영향력을 발휘하는 게 아니다. 실력이 좋은 의사도 병원장만큼 높이 평가받는다.

마찬가지로 요즘 기술 기업들을 보면 엔지니어링이나 디자인 같은 직군에서 어느 정도 직급이 올라가면 관리자나 개별기여자의 길 중 하나를 선택할 수 있는 곳이 많다. 어느 쪽으로 가든 영향력과 보수가 증가하고 최고위 경영진까지 올라갈 수 있다. 다시 말해 관리자가 되는 것은 '승진'이 아니라 '전직'에 가깝다. 실제로 실리콘밸리에서는 혼자서 평범한 엔지니어 10명의 몫을 하는 이른바 '10×엔지니어'가 많은 기업에서 러브콜을 받고 보수도 수십, 수백 명을 관리하는 디렉터나 부사장과 비슷한 수준이다.

만일 지금 있는 조직이 개별기여자로 성장하는 것을 지원해주는 곳이라면 관리자 말고 다른 선택지도 있으니 자신의 강점과 관심사를 고려했을 때 어느 쪽이 더 잘 맞는지 고민해보면 좋겠다.

마음껏 결정권을 휘두르고 싶어요

많은 사람이 자기 운명의 지배자가 될 날을 꿈꾼다. 남한테 명령을 받거나 억지로 비위 맞출 필요 없고 '안 돼'라든가 '틀렸어'라는 소리를 듣지 않아도 되는 인생을 원한다. 관리자가 완전한 결정권을 쥐고 배를 운항하는 선장이라 생각하고 그렇게 전권을 휘두를 수 있으면 속이 후련할 것 같다고 부러워한다.

그런데 관리자가 많은 결정을 내리는 것은 사실이지만 그런 결정은 반드시 팀의 이익에 부합해야 한다. 그렇지 않으면 신뢰를 잃고 무능력하다는 소리를 듣는다. 아무것도 책임지지 않고 무엇이든 마음대로 할 수 있는 리더는 없다. 오판을 하면 쏟아지는 비난을 감수해야 한다. 기업의 오너라면 자기가 일군 사업이 휘청이는 것을 목도해야 할 수도 있고, 주식회사의 CEO라면 이사회에서 해임 결정이 내려질 수도 있다.

나도 초보 관리자 때 제품 기획의 초기 단계에서 그런 일을 겪었다. 어느 날 차를 몰고 퇴근하는데 별안간 기발한 아이디어가 떠오르더니 머릿속에서 틀이 딱딱 잡혔다. 무엇을 강점으로 내세우면 될지, 어떤 식으로 경험이 구현될지, 사람들이 왜 그것을 좋아할지가 똑똑히 보였다. 신이 나서 집에 들어가자마자 종이에 아이디어를 스케치했다. 이튿날 팀 회의를 소집했다. 나는 팀원들에게 아이디어를 설명하고 내 스케치를 정식 기획안으로 발전시켜보라고 했다.

며칠 후 진행 상황을 확인하는데 뭔가 잘못됐다는 느낌이 왔다. 진척이 별로 되지 않았던 것이다. 팀원들이 내 스케치를 저마다 다르게 해석했고, 기획안의 핵심 내용을 두고 몇 시간이나 토론을 벌였지만 이렇다 할 결론이 나오지 않았다. 애초에 설명이 부실했던 것 같아서 내가 원하는 게 무엇인지 명확히 말했다. 또 한 주가 지났다. 유감스럽게도 역시 큰 발전이 없었다. 그제야 나는 근본적인 문제가 무엇인지 알 수 있었다. 팀원들은 아무도 내 아이디어를 신뢰하지 않았다. 성공 가능성이 희박하다고 봤다. 그러니 진전이 더디고 영혼 없는 결과물이 나올 수밖에 없었다. 그 일로 나는 풋내기 관리자로서 중요한 교훈을 얻었다. 최고의 성과를 내려면 일방적으로 지시하지 말고 사람들의 마음을 움직여야 한다는 사실을 말이다.

저한테 관리자 하라던데요

회사에 신입 직원들이 봄에 꽃 피듯 빠르게 늘어나면서 당신에게 관리직 제의가 들어왔을 수 있다. 혹은 당신의 상사가 직접 관리해야 하는 직원이 15명으로 불어나면서 자신을 지원해줄 관리자가 절실히 필요해졌을지도 모른다. 윗선에서 당신이 능력도 있고 신망도 두터워 관리자가 될 때가 됐다고 판단했을 수도 있다. 관리직을 제안받은 이유야 무엇이든 그간 관리직에 관심이 있었다면 절호의 기회가 찾아온 것이다. 하지만 이때는 의무의 함정에 빠지지 않게 주의해야 한다. '내가 해야 한다'와 '내가 할 수 있다'는 관리자가 되려는 이유로 불충분하다. 당신은 진심으로 관리자가 되고 싶은가?

사실 내가 이런 식으로 관리자가 됐다. 결과적으로는 잘 풀렸다. 관리자로 사는 게 진심으로 '즐겁기' 때문이다. 내가 위에서 말한 특급 디자이너에게 관리직을 제안했을 때도 상황이 비슷했다. 팀워크를 중요시하는 그녀는 팀원들을 실망시키고 싶지 않아서 제안을 수락했다. 하지만 결과적으로 자기에게 맞지 않는 옷을 입은 셈이 됐고 우리는 그녀의 퇴사라는 값비싼 대가를 치러야 했다.

관리자가 내 길이라는 확신이 없다면 다른 팀원의 멘토나 인턴의 사수가 되어 그런 역할이 자신에게 맞는지 가늠해볼 수 있다. 아니면 최근에 관리자가 된 사람에게 실제로 겪어보니 어떤지 물어봐도 좋다. 혹시 시험 삼아 관리자의 역할을 맡았는데 이게 아니다 싶더라도 괜찮다. 그럴 때는 상사에게 면담을 요청해 자신의 목표를 솔직히 말하고 관리자가 되지 않고도 커리어를 발전시킬 길을 찾을 수 있게 도와달라고 하면 된다.

관리자가 되거나 혹은 리더가 되거나

신입 사원 때 나는 '관리자'가 '리더'와 동의어인 줄 알았다. 어차피 관리자가 리드하고 리더가 관리하는 것이라 생각했기 때문이다. 그런데 그게 아니었다. '관리자'는 초등학교 교사, 심장외과전문의와 마찬가지로 특정한 직군을 말한다. 앞에서 말했다시피 관리자는 무슨무슨 일을 해야 하고 관리자의 성공 여부는 무엇으로 평가할 수 있다고 구체적으로 말할 수 있다. 반면에 '리더'는 타인을 이끌고 영향을 미칠 수 있는 사람을 통틀어 말한다. 사이먼 사이넥Simon Sinek은 《리더는 마지막에 먹는다》에서 "좋은 리더는 자신이 책임진 사람들을 지원하고 보호하기 위해 시간과 에너지를 쓰느라 스포트라이트를 받을 틈이 없다."며 그 대가로 "우리는 어떻게든 리더의 비전을 실현하기 위해 피와 땀과 눈물을 바친다."고 썼다.[6]

그런데 타인에게 영향을 미칠 줄 모르는 관리자는 팀의 성과를 크게 향상하지 못한다. 따라서 탁월한 관리자가 되려면 먼저 리더가 돼야 한다. 반대로 리더가 꼭 관리자여야 하는 것은 아니다. 리더십은 지위와 상관없이 발휘할 수 있다. 예를 들면 쇼핑몰에서 토네이도 경보가 쩌렁쩌렁 울릴 때 침착하게 손님들에게 대피로를 안내하는 점원은 리더라 할 만하다. 정책에 반대하는 여론을 확산하기 위해 집집마다 돌아다니며 이웃을 설득하는 열성 시민은 또 어떤가? 예나 지금이나 자녀에게 책임 있는 성인의 행동이 어떠해야 하는지 본을 보여주는 어머니와 아버지들은 리더가 아닌가?

당신이 속한 조직을 떠올려보면 아마 많은 리더가 보일 것이다. 고객의 중대한 불만 사항을 파악한 후 해법을 찾기 위해 여러 팀의 협력을 유도하는 개별기여자. 새로운 아이디어를 성공시키기 위해 여러 사람을 한데 모으는 팀원. 사내에서 많은 사람이 조언을 구하는 베테랑 직원.

누가 됐든 문제를 정확히 포착하고 그것을 해결하기 위해 사람들을 모을 수 있다면 그 사람은 리더다. 리더라는 지위는 직책과 무관하다. 누구나 살다 보면 리더가 될 때도 있고 리더의 인도를 받을 때도 있다. 이 책에는 관리자만 아니라 리더로 성장하기를 바라는 사람에게도 도움이 될 만한 내용이 많이 실려 있다. 그리고 탁월한 관리자가 되려면 자신은 물론이고 팀원들의 리더십도 키울 수 있어야 한다.

여기서 관리자와 리더의 중요한 차이점이 드러난다. 관리자의 자격은 조직이 누군가에게 부여할(혹은 빼앗을) 수 있지만 리더의 자격은 그렇지 않다. 리더의 자격은 스스로 획득해야 한다. 사람들이 '진심'으로 그 사람을 따라야 한다. 관리자가 돼도 아랫사람들의 신뢰나 존경을 받지 못하면 영향력이 제한된다. 나도 공식적으로 직함이 바뀌었다고 바로 '리더'가 되진 않았다. 내 자격을 의심하는 팀원들이 있어서 그들과 공고한 관계를 맺기까지 시간이 걸렸다.

처음으로 관리자가 됐다면 우선 소규모 팀을 잘 이끌기 위해 필요한 지식과 기술을 습득하면서 그 자리에 적응해야 한다. 팀원들과 신뢰가 쌓여야만 서로 협력해 그들이 더 좋은 성과를 내도록 인도할 수 있다.

TRIAL OF SELF-DOUBT
MEETINGS
CONSTRUCTIVE FEEDBACK
CHAPTER 2

팀장 승진 후 첫 3개월

나쁜 예
"안녕하세요.
새로 오셨나요?"
"네.
내가 누구냐 하면요….."
좋은 예
"안녕하세요.
새로 오셨나요?"
"네.
당신이 누구인지 궁금해요."

YOUR FIRST THREE MONTHS

우리 팀에 새 매니저가 생기면 나는 몇 달 후 이런 질문을 한다. "매니저로 있어 보니까 처음에 생각했던 것보다 어려운 건 뭐고 쉬운 건 뭐예요?"

첫 번째 질문에 어떤 매니저는 웃으면서 직장에서 흔히 들을 수 있는 말을 했다. "하루가 일주일 같아요." 사실 표현만 좀 다를 뿐 그런 대답을 제일 많이 듣는다. 배워야 할 게 너무 많아서 감당하기가 어렵다는 뜻이다. 생각보다 쉬운 부분에 대한 대답은 좀 더 다양하게 나왔다. 개별기여자에서 변신한 어떤 매니저는 이미 팀원들과 친분이 있고 그들이 무슨 일을 하는지도 잘 알고 있어서 다행이라고 했다. 경력직으로 들어온 매니저는 자기가 '쪼렙' 같은 질문을 해도 다들 답을 잘해줘서 힘이 된댔다.

어떤 경로를 거쳐서든 관리자가 됐다면 축하받을 일이다. 누군가(아마도 한 명이 아니라 여러 사람일 것이다) 당신을 팀을 이끌 만한 재목으로 인정했다는 뜻이기 때문이다. 안 그랬으면 당신은 지금 이 책을 읽고 있지도 않을 것이다. 아마도 당신은 다음의 네 가지 코스 중 하나를 밟았을 것이다.

- **수습생:** 상사가 이끄는 팀이 성장해서 그중 일부를 맡게 됐다.
- **개척자:** 새로운 집단을 만든 사람 중 한 명으로서 그 집단의 성장을 책임지게 됐다.
- **신규 부임자:** 원래 속해 있던 조직이나 새로운 조직에서 기존에 존재하던 팀의 관리자로 부임했다.
- **후계자:** 기존의 관리자가 물러나면서 그 자리를 물려받았다.

코스에 따라 처음 3개월 동안 경험할 쉽고 어려운 일이 다를 수 있다. 이제부터 각각의 모험 코스에서 흔히 벌어지는 상황에 대해 알아보자.

수습생, 내부자의 장점을 최대한 활용하라

팀이 커지면 새로운 관리자가 생길 여지도 커진다. 내 경우가 그랬다. 우리 팀이 두 배로 커지자 리더였던 레베카가 자신을 보조해줄 매니저의 필요성을 느꼈다.

수습생의 유리한 점

당신이 수습생 관리자라면 다음과 같은 세 가지 유리한 점이 있다. 첫째, 일반적으로 가장 쉽게 관리자로 전환하는 코스라는 점이다. 당신의 상사가 팀을 쭉 관리해왔고 모든 팀원을 잘 알기 때문에 다른 코스를 밟을 때보다 상사에게 많은 도움을 받을 수 있다. 레베카는 내가 매니저가 되자 "이 사람들을 팀원으로 데려가면 좋을 것 같아."라면서 명단을 건네줬다. 지금 생각해보면 나를 관리자로 잘 키워보겠다고 단단히 마음먹었던 것 같다. 내가 잘 관리할 수 있을 것 같은 소수의 팀원을 맡기고 내가 감을 잡을 수 있게 배려했다(예를 들면 첫 일대일 면담에서 나를 탐탁지 않게 여겼던 팀원과 끈끈한 관계를 맺을 수 있도록 도와줬다).

처음 몇 달 동안 레베카는 든든한 버팀목이었다. 어떻게 응해야 할지 모를 요청이나 아직 대처하기 어려운 상황에 직면했을 때 코치로서 나를 이끌어줬다. 수습생으로 관리자가 된 경우에는 이렇게 상사와 함께 초반 계획을 세워야 한다. 이때는 이런 것을 물어보면 좋다.

- 초반에 제가 책임져야 하는 범위가 어느 정도일까요? 그게 차차 어떻게 변할까요?
- 제가 관리자가 된 게 다른 사람들에게 어떻게 알려지나요?
- 제가 관리하게 될 사람들에 대해 무엇을 알아야 하죠?
- 제가 팀의 목표나 프로세스에서 어떤 부분에 특히 더 주목하고 힘을 써야 하나요?
- 처음 3~6개월이 지난 후에 무엇을 기준으로 제가 관리자로 안착했다고 할 수 있을까요?
- 앞으로 우리 둘 사이에서 서로의 업무 현황에 대한 의견이나 정보는 어떻게 주고받죠?

둘째, 무엇이 통하고, 통하지 않는지 알고 있다. 당신은 팀에서 회의는 어떻게 진행되고 의사결정은 어떻게 이뤄지고 각 팀원은 어떤 사람인지 등 팀의 사정을 직접 겪어서 알기 때문에 이미 관리자로서 상당한 정보를 확보하고 있다. 그렇다면 관리자로서 일을 시작하기 전에 잠시 시간을 내서 현재 팀에서 자랑할 만한 점을 목록으로 정리해보면 좋겠다. 예를 들면 팀원들의 친목이 좋다, 효율적인 프로세스가 확립되어 있다, 팀 전체가 꼼꼼하고 우수한 업무 처리로 정평이 나 있다 등등이다. 그다음으로는 개선이 필요한 부분을 목록으로 만들어보자. 마감일에 대한 정보 공유가 잘 안 된다, 우선순위가 너무 자주 바뀐다, 주간 회의가 쓸데없이 길다 등등.

이렇게 두 가지 목록이 만들어지면 무엇을 바꾸고 무엇을 바꾸지 말아야 할지 가닥이 잡힌다. 멀쩡한 것을 굳이 고칠 필요도 없지만 '원래 이렇게 하던 거야'라며 과거로 가는 타임머신에 갇혀서도 안 된다. 그런 걸 깨라고 관리자의 직무가 주어진 것이니 말이다. 어떤 부분을 개선했을 때 가장 좋은 효과를 볼 수 있을지 숙고해보면 팀에서 멀티플라이어로 활약할 방법이 보일 것이다.

셋째, 내부자니까 빨리 적응할 수 있다. 외부에서 온 관리자와 달리 당신은 이미 팀을 잘 안다. 팀이 어떻게 돌아가는지는 물론이고 팀의 목표가 무엇이고 지금 어떤 프로젝트가 진행 중인지도 꿰고 있다. 그래서 굳이 팀에 대해 오래 관찰하고 배울 필요가 없다. 다른 코스를 밟을 때보다 훨씬 빨리 팀에 쓸모 있는 관리자로 거듭날 수 있다.

수습생일 때 주의할 점

모든 일에는 득과 실이 존재한다. 수습생 관리자일 때는 다음의 두 가지를 주의해야 한다. 첫째, 동료였던 사람들과 새로운 관계를 형성하는 데 어색해질 수 있다. 전에는 당신도 팀의 개별기여자였다. 그러나 지금은 대장이다. 그러다 보니 팀원들과의 관계가 달라진 것 같은 느낌을 받을 수 있다. 처음 관리자가 됐을 때 나는 다음과 같은 부분이 힘들었는데, 특히 내가 친구라고 여겼던 팀원들을 대할 때 어려움을 많이 느꼈다.

- **코치 역할:** 이제 당신은 예전에 동료였던 사람들의 커리어 목표가 무엇인지, 어떤 성격의 프로젝트가 그들의 강점과 관심사에 잘 맞는지, 그들에게 어떤 도움이 필요한지, 그들이 얼마나 기대에 부응하고 있는지를 알아야 한다. 얼마 전까지만 해도 동료였던 사람에게 "1년 후에는 무엇을 하고 있었으면 좋겠어요?", "자신의 강점이 뭐라고 생각해요?" 같은 질문을 하는 게 나는 참 어색하고 때로는 불편하기까지 했다. 특히 전에는 그런 얘기를 진지하게 한 적이 없는 사람이라면 더욱 그랬다. 하지만 어색하다고 어물쩍 넘어가면 안 된다. 팀원이 무엇에 관심이 있는지 파악하자. 지금 잘하고 있는 것과 좀 더 노력해야 할 것에 대한 피드백을 주자(4장에서 자세히 이야기할 것이다). 당신이 그들의 목표 달성을 돕는 코치라고 생각하자.
- **껄끄러운 대화:** 관리자가 되기 전에 동료 관계에서 피드백을 줄 때는 비판을 하더라도 "저기, 그냥 내 생각인데 이렇게 하는 건 어때요?"처럼 제안의 형태로 말했다. 어차피 결정은 당사자의 몫이라고 생각했기 때문이다. 관리자가 된 후에는 그런 태도를 바꿔야 하는데 잘 바뀌지 않았다. 팀장과 팀원의 관계는 동료 관계와 다르다. 이제 당신은 팀의 성과에 책임을 져야 하고 그것은 팀 내에서 내려지는 모든 결정과 관련이 있다. 성과를 내는 데 방해가 되는 요소가 있다면 빙빙 돌리지 말고 단칼에 처리해야 한다. 그러기 위해 팀원에게 껄끄러운 피드백을 주거나 힘든 결정을 내려야

할 수도 있다. 팀의 성과가 자신에게 달렸다는 사실을 빨리 받아들여야 그런 말을 꺼내기가 쉬워진다.

- **사람들이 예전과 다르게 대하거나 정보 공유를 꺼리는 것:** 관리자가 된 후 예전에는 내게 뭐든 스스럼없이 말했던 사람들이 언제 그랬냐는 듯이 말을 아끼는 태도에 적잖이 충격을 받았다. 힘들고 짜증나는 일이 있거나 다른 팀원과 의견 충돌이 있어도 다 말하지 않았다. 자기들끼리 뭔가 열을 올리며 얘기를 하고 있다가도 내가 지나가면 말을 멈추고 멋쩍은 표정을 지었다. 그러니 팀원들 사이에서 무슨 일이 벌어지고 있는지 정확히 알기가 어려웠다. 하지만 시간이 흐르면서 그게 정상이라는 것을 깨달았다. 팀원들은 내게 폐를 끼치거나 안 좋은 인상을 줄까 봐 조심스러웠던 것이다. 서로 신뢰하는 관계를 만들기 위해 내 쪽에서 더 노력해야 했다.

두 번째 주의할 점은 개별기여자와 관리자의 역할 사이에서 균형을 잡기가 어렵다는 점이다. 수습생 관리자가 처음부터 큰 팀을 맡는 경우는 드물다. 보통은 인원이 몇 안 되는 팀으로 시작해서 차차 규모가 커진다. 그래서 대부분의 수습생 관리자는 초반에 개별기여자로서 실무도 처리해야 한다. 다른 사람들을 지원하면서 틈틈이 레모네이드도 팔아야 한다는 뜻이다. 나는 이게 좋은 배합이라고 생각했다. 디자인 업무에서 손을 떼면 점점 실무 감각을 잃어서 결국에는 유능한 리더로 활약하기가 어려워질 것 같았기 때문이다. 그러다가 내가 더는 개별기여자로 존재하면 안 되는데도 계속 그 일을 하는 실수를 저질렀다(대부분의 수습생 관리자가 겪는 일이다).

우리 팀이 예닐곱 명으로 늘어났을 때로 기억하는데 나는 여전히 복잡한 프로젝트의 리드 디자이너로서 일주일 중 많은 시간을 쓰고 있었다. 그 와중에 관리자로서 책임져야 할 부분도 계속 늘어나고 있었다. 그래서 어떤 팀원에게 각별히 더 신경을 써야 한다거나 그 주간에 여러 건의 검토 일정이 잡히는 등 특별한 일이 생기면 내가 맡은 프로젝트에 충분히 시간을 들일 수가 없었다. 당연히 작업물의 완성도가 떨어지면서 다른 사람들의 업무에 지장을 초래했고, 동시에 잡으려던 두 마리 토끼가 야속하게 자꾸만 더 멀어졌다.

결국에 가서는 매니저와 디자이너의 역할을 다 하려고 하면 이도 저도 안 되니까 하나를 포기해야 한다는 사실을 알았다. 이 교훈을 꼭 나처럼 직접 고생을 해가면서 배울 필요는 없다. 팀이 4~5명 규모가 되면 관리자로서 팀원들을 관리하는 데 최선을 다할 수 있도록 개별기여자로서 처리하는 업무를 계획적으로 줄여나가야 한다.

개척자, 원하는 팀을 조직하라

당신이 선구적으로 도전했던 일이 이제는 팀 단위의 활동으로 발전했다. 성장은 일이 순조롭게 진행되고 있다는 증거이니 자신의 성취에 자부심을 갖자! 당신은 창고에서 시작해 현재는 풀타임 직원 10명을 둔 스타트업의 창립자일 수도 있고, 조직에 처음으로 기용된 재무 전문가로서 본격적으로 재무팀을 만들고 있는 중일 수도 있다. 이처럼 팀이 성장할 때는 다음과 같은 점을 염두에 둬야 한다.

개척자의 유리한 점

첫째, 직접 키운 팀이니까 무엇이 필요한지 잘 안다. 당신이 시초이자 원조다. 당신의 주도로 현재 팀의 업무가 정의됐으니 그 업무에 필요한 것도 제일 잘 안다. 이제는 거기서 한 걸음 더 나아갈 때다. 팀이 성공하려면 당신의 머릿속에 있는 유익한 정보와 노하우를 모두 파헤쳐서 팀원들에게 전수해야 한다. 신생팀인 만큼 초반에는 팀원들과 함께 팀의 목표, 가치관, 프로세스를 정립해야 한다. 이때는 관리자로서 다음과 같은 것들을 생각해보면 좋겠다.

- 나는 어떤 식으로 의사결정을 하는가?
- 내가 일이 잘 처리됐다고 보는 기준은 무엇인가?
- 나 혼자였을 때 특별히 신경 썼던 부분은 무엇인가?
- 이 업무 분야에서 쉬운 것과 어려운 것은 무엇인가?
- 팀이 성장 중인 현재 새롭게 필요한 프로세스는 무엇인가?

둘째, 자신이 원하는 팀을 만들 수 있다. 개척자의 특권 중 하나는 같이 일할 사람을 선택할 수 있고 일하는 방식도 직접 결정할 수 있다는 것이다. 기존의 팀을 인수하는 형태가 아닌 완전히 새로운 팀을 만드는 것이기 때문이다. 어떤 사람을 선발하고 어떤 문화를 조성할지 신중하게 결정하자. 이런 것들을 생각해볼 필요가 있다.

- 팀원에게 바라는 자질은 무엇인가?
- 나의 단점을 보완하려면 팀에 어떤 능력이 필요한가?

- 1년 후에 이 팀이 어떤 모습으로 어떤 역할을 하고 있기를 원하는가?
- 내 역할과 책임은 앞으로 어떻게 달라질 것인가?

개척자일 때 주의할 점

첫째, 지원을 많이 못 받을 수 있다. 개척자의 삶은 고독한 모험의 연속이다. 회사에 하나뿐인 디자이너가 사용자 경험user experience, UX팀을 만들라는 지시를 받았다고 해보자. 이때 다른 디자이너를 뽑아서 교육하는 문제와 관련해 누구와 상의할 수 있을까? 회사에 디자이너라고는 자기가 유일한데 말이다! 개척자는 계속해서 새롭고 낯선 환경에 혼자 덩그러니 떨어져 있는 것 같은 느낌을 받는다. 그렇다고 아예 도움을 받을 수 없다는 말은 아니다.

설사 조직에서 같은 일을 하는 관리자가 아무도 없다고 해도 두 부류에게 도움을 요청할 수 있다. 하나는 같은 조직 내에서 당신이 하는 업무와는 다르지만 비슷한 업무를 하는 관리자이고, 또 다른 하나는 다른 조직에서 당신과 같은 업무를 하는 관리자다. 메타에서는 항상 엔지니어링 부문이 디자인 부문보다 몇 배는 규모가 컸다. 나는 새로운 문제에 봉착할 때마다, 이를테면 주간 회의의 효율성이 떨어졌을 때나 팀원이 앞으로 커리어를 어떻게 개발해야 할지 좀 더 명확히 알고 싶을 때 엔지니어링 쪽의 친한 관리자들에게 비슷한 상황을 겪어본 적 있는지 물었다. 그러면 열에 여덟 번쯤은 "당연히 겪어봤죠. 3년 전에 우리가 딱 그 정도 규모였을 때 그런 문제가 있었는데 그때 뭘 알게 됐냐면 말이죠…." 같은 대답이 돌아왔다.

다른 조직에서 비슷한 업무를 맡고 있는 리더들의 모임도 든든한 지원군이 된다. 처음으로 회사를 설립했을 때 나는 기업가 인생의 여러 단계에 있는 사람들을 만나 투자 유치, 초기 아이디어 검증, 인재 영입 등에 관해 조언을 구했다. 디자인팀을 이끌 때는 구글, 에어비앤비, 아마존 같은 기업의 디자인 부문 관리자들과 자주 만나서 커피를 마시며 우리 업계의 공통된 고충이나 주요 트렌드에 대해 의견을 나눴다. 업무상 아주 구체적인 부분까지 이야기하진 않았지만 내가 하는 일을 잘 아는 사람들과 대화를 나누다 보면 늘 값진 깨달음을 얻곤 했다.

둘째, 개별기여자와 관리자의 역할 사이에서 균형을 잡기가 어렵다. 이는 '수습생' 단락에서 이미 이야기한 내용이다. 개척자 관리자 역시 초반에 개별기여자로서 실무도 처리해야 하기에 비슷한 문제에 직면하게 된다. 하지만 언제나 두 마리 토끼를 다 잡을 수는 없는 법이다.

신규 부임자, 새로운 정체성을 만들어라

자신이 몸담지 않았던 팀에 새로운 리더로 부름받았다면 이는 자랑할 만한 일이다! 아마도 당신은 이미 관리자 경험이 있을 것이다. 어떤 조직이든 아직 검증되지 않은 인물을 기존 팀의 관리자로 세우는 일은 거의 없으니까 말이다. 하지만 관리직이 처음은 아니더라도 유념해야 할 부분이 있다.

신규 부임자의 유리한 점

첫째, 처음에는 봐준다. 새로 부임했을 때의 가장 큰 장점은 다들 아직 팀에 익숙하지 않다는 것을 아니까 보통 3개월 정도 적응기를 준다는 점이다. 아무도 처음 온 관리자가 팀원들의 업무 현황이나 팀의 전략 등을 다 알 것이라고 기대하지 않는다. 실수를 해도 눈감아주고 모르는 게 있으면 선뜻 알려준다. 그러니 아직 뉴페이스 딱지가 붙어 있을 때 최대한 많은 사람에게 최대한 많은 것을 물어보자. 반대로 '감이 잡힐 때'까지 사람들의 눈길을 끌지 않고 조용히 있고 싶은 마음이 있을 수도 있겠지만, 빨리 팀에 적응하고 싶다면 적극적인 탐색이 필수다. 어떤 사람과 긴밀한 협업이 필요할 것 같다면 서로 친분을 쌓고 그 사람이 무엇을 중요하게 여기는지 파악할 수 있도록 일대일 면담을 시도해보자. 어떤 사람과 함께 일하게 될지 잘 모르겠다면 상사에게 당신이 먼저 다가가야 할 사람의 명단을 부탁하자.

남들은 다 아는 걸 혼자만 모르는 것 같아도 질문을 부끄러워하지 말자. ("처음이라 그런데 IC가 뭐의 약자예요?") 이런 질문이 다른 사람에게 도움이 되기도 한다. 우리가 새로운 디자인을 정식으로 도입하는 계획을 두고 열띤 토론을 벌이고 있을 때 새로 온 매니저가 불쑥 끼어들었다. "저기, 제가 아직 잘 몰라서 묻는 거니까 이해해주셨으면 좋겠는데, 우리가 이 디자인을 도입해서 얻으려고 하는 게 뭔지 누가 좀 설명해줄 수 있나요?"

그 질문을 받고 참석자들은 잠시 토론을 멈추고 열기를 식혔다. 세세한 부분에 매달리다 보니 깜빡 잊고 있었는데 일단 모든 사람이 큰 목표를 알게 하는 게 먼저였다. 토론을 마치고 연차가 많은 누군가가 감탄을

섞어 말했다. "나는 나무만 봤지 숲은 못 보고 있었는데요, 아까 매니저의 그 질문이 정곡을 찔렀어요."

둘째, 백지 상태에서 시작한다. 혹시 전에 있던 곳에서 우유부단하거나 고집불통인 사람으로 통하진 않았는가? 이제 새로운 곳에 왔으니 새로운 관계를 맺고 새로운 정체성을 만들 기회가 생겼다. 이는 팀원들도 마찬가지다. 팀원 중에는 자신이 간절히 원하던 관리자/팀원 관계를 형성할 기회가 생겼다고 좋아하는 사람이 있을 것이다. 누구를 만날 때든 마음을 열고 호기심을 발휘하자.

신규 부임자였던 내 친구는 자신이 맡게 될 팀의 팀원 중 한 명을 '평균 이하'라고 평하는 말을 누군가로부터 전해 들었다. 그 말을 해준 사람에게 고맙다고는 했지만 자기가 직접 겪어보기 전에는 섣불리 판단하지 않기로 했다. 이후 6개월 동안 그녀와 손발이 척척 맞는 사이가 된 그 팀원은 그녀의 코칭을 받으며 날로 성장하더니 1년도 안 되어 팀의 주역으로 승진했다. 백지 상태일 때는 누가 뭐라고 하든 모든 사람을 일단 믿고 긍정적으로 보는 게 좋다. 다른 사람들도 당신을 그렇게 봐주면 금상첨화일 것이다. 그리고 사람들, 특히 팀원들에게 당신이 어떤 관계를 맺고 싶고 어떤 관리자가 되고 싶은지 솔직하게 말하자. 그런 말은 어떤 패턴이나 습관이 형성되기 전에 하는 게 더 수월하다. 초반에 팀원들과 일대일 면담을 할 때 다음과 같은 질문을 통해 그들이 생각하는 '이상적인 관리자상'을 알아보자.

- 전임 관리자와 어떤 이야기를 할 때 가장 도움이 됐나요?
- 어떤 식으로 지원을 받고 싶어요?

- 좋은 성과를 냈을 때 어떤 식으로 인정받고 싶나요?
- 어떤 종류의 피드백이 가장 유익하다고 생각해요?
- 우리가 어떤 관계를 맺어야 좋은 관계라고 할 수 있을까요?

신규 부임자일 때 주의할 점

첫째, 적응에 시간이 걸린다. 아무리 유능한 사람이라 해도 새로 부임한 팀이 어떻게 돌아가는지 알려면 시간이 걸리기 마련이다. 이것은 이직을 했을 때뿐만 아니라 사내에서 자리가 바뀌었을 때도 마찬가지다. 신규 부임자들은 흔히 자기 능력을 증명하기 위해 틈만 나면 의견을 피력하려고 하는데 사실 이는 크게 잘못된 행동이다. 그런 태도는 역풍을 맞는다. 처음 온 사람이 잘 알지도 못하면서 아는 척하느라고 다른 사람들 시간을 낭비하는 것만큼 성가신 일도 없다.

처음 몇 달 동안은 묻고 듣고 배우는 게 우선이다. 새로 온 관리자들이 내게 하는 말을 들어보면 그들이 가장 먼저 파악하기 원하는 것은 여기서 무엇이 '정상'으로 통하는지다. 그러려면 상사와 함께 구체적인 시나리오를 살펴볼 필요가 있다. 이때는 다음과 같은 질문이 도움이 된다.

- 여기서는 어떻게 일을 처리해야 무난하거나 형편없다는 말을 듣지 않고 탁월하다는 평가를 받나요? 예를 좀 들어주시겠어요?
- X프로젝트나 Y회의가 어땠다고 생각하세요? 그 이유는 뭔가요?
- 일전에 이러저러한 일이 있었는데 그게 정상인가요, 아니면 제가 신경을 더 써야 하나요?
- 혹시 밤잠을 설치게 하는 고민이 있으신가요? 왜 그런 고민을 하시죠?

– 일의 우선순위는 어떻게 정하세요?

둘째, 새로운 관계를 형성하기 위해 노력해야 한다. 신규 부임자는 팀에 새로 왔으니까 원점에서 신뢰를 쌓아 올려야 한다. 많은 사람의 얼굴과 이름을 기억해야 함은 물론이고 왠지 자기 혼자 겉도는 듯한 소외감을 느낄 수도 있다. 팀원들은 서로 잘 아는 사이지만 당신은 아직 그 정도로 편한 관계가 아니다. 특히 사람들이 당신에게 완전히 마음을 열지 않은 것처럼 느껴지면 심리적 부담이 더욱 커진다.

이럴 때 내 친구가 쓰는 방법은 그 문제를 대놓고 말하는 것이다. "아무래도 내가 새로 온 사람이다 보니까 지금은 대하기도 어렵고 이런 얘기를 해도 되나 싶을 때도 있을 거예요. 차차 신뢰를 얻으면 나아지겠죠. 내가 먼저 솔직한 얘기를 꺼낼게요. 내 인생 최대의 실수가 뭐였냐 하면…." 나는 이 방식이 마음에 쏙 든다. 흔히 '말하지 말고 보여주라'고 하는데 아주 좋은 본보기다. 다짜고짜 자기 약점을 드러내는 것만큼 서로 간에 무슨 얘기를 해도 좋다는 인식을 만드는 데 효과적인 방법이 있을까? 좋은 관계는 하루아침에 만들어지지 않는다. 다음 장에서 신뢰에 필요한 요소들을 더 자세히 알아볼 것이다.

셋째, 팀의 상황을 정확히 꿰고 있지 않다. 관리직 제의를 수락했을 때는 팀의 성격, 업무 내용, 제반 여건을 정확히 알지 못했을 것이다. 막상 와보니 생각했던 것과 딴판이고 예상치 못한 문제가 불거질 수 있다. 이때는 상사에게 무엇이 잘 되고 무엇이 잘 안 되고 있는지 솔직히 말하고 상사가 어느 정도의 적응력을 기대하는지 파악해야 한다.

언젠가 새로 온 관리자가 내게 생각보다 다른 관리자들과 소통이 힘들어 뭔가 결정을 할 때 자기 의견이 잘 반영되지 않는다고 털어놓았다. 그가 먼저 나서서 문제를 보고했기 때문에 동료들과 허심탄회하게 대화하는 자리를 마련할 수 있었다. 동료 관리자들은 그의 고충을 들은 후 의사결정 과정에서 그의 의견을 듣기 위해 좀 더 신경을 썼고, 그에게 효과적으로 커뮤니케이션하는 방법에 대해서도 유익한 조언을 해줬다. 그러자 일주일도 안 돼서 문제가 해결되고 그도 훨씬 순조롭게 조직에 적응해나갔다.

후임자, 과거에서 벗어나 자기 강점에 집중하라

후임자는 수습생과 비슷하지만 한 가지 큰 차이점이 있다. 팀의 일부를 맡는 수습생과 달리 후임자는 기존의 관리자가 물러났기 때문에 팀 전체를 떠안아야 한다. 대부분의 후임자가 관리직 경험이 있다고는 해도 책임의 범위가 대폭 증가하기 때문에 전임자의 빈자리가 크게 느껴질 수 있다. 그래서 후임자는 수습생과 유리한 점은 비슷하지만(무엇이 통하고 통하지 않는지 알며 내부자이기 때문에 빨리 적응할 수 있다) 주의할 점은 현저히 다르다.

후임자일 때 주의할 점

첫째, 동료였던 사람들과 새로운 관계를 형성하는 게 어색할 수 있다. 이는 '수습생' 단락에서 이미 이야기한 내용이니 넘어가도록 하겠다.

중요한 것은 둘째, 책임이 커짐에 따라 중압감이 들 수 있다는 점이다. 적지 않은 후임자가 분에 넘치는 자리에 앉은 듯한 기분을 느낀다. 얼마 전까지만 해도 상사가 하던 일을 맡게 됐으니 당연하다. 다들 관리자가 되면 감당할 게 많을 줄은 알았어도 이렇게 많을 줄은 몰랐다며 놀라곤 한다. 언젠가 후임자로 관리자가 된 직원이 놀란 얼굴로 말했다. "전임 팀장님이 우리 팀원들 고생하지 말라고 다른 팀의 요구 사항 쳐낸다고 얼마나 고생하셨는지 이제야 알겠어요. 요즘 맨날 여기서 치이고 저기서 치이니까 팀장님이 안 보이는 데서 정말 많은 일을 하셨구나 싶다니까요."

이럴 때는 자신을 너무 다그치지 말고 상사와 주변 사람들에게 도움을 요청하자(5장 참조). 적응하는 데 시간이 좀 걸릴 것 같다고 팀원들에게 솔직히 말하는 것도 방법이다. 내 친구는 초반에 이런 말을 제일 많이 했다고 한다. "전임 팀장님을 따라가려면 아직 멀었습니다. 저도 최선을 다하겠지만 그런다고 모든 게 순조롭진 않을 거예요. 그래서 당분간은 여러분이 좀 이해하고 도와주시길 바랍니다." 이런 식으로 분명하게 입장을 밝히면 다른 사람들도 당신의 사정을 이해하고 새로운 자리에 잘 적응하도록 도움의 손길을 내밀 것이다.

셋째, 전임 관리자의 판박이가 돼야 한다는 압박감을 느낀다. 기존의 방식이 당신과 팀원들의 기억에 선명히 새겨져 있다 보니 관리자로서 현 상태를 유지해야 한다는 착각에 빠지기 쉽다. 당신은 전임 관리자와 엄연히 다른 사람인데도 모든 팀원이 전임 관리자와 같은 모습을 기대하고 있다는 생각이 들 수 있다. 하지만 변화가 없으면 발전도 없다. 그러니 굳이 과거에 얽매일 필요가 없다고 자신감을 가져보자. 이때 알아두면 좋은 명언이 있다. “너 자신으로 살아라. 남의 삶은 이미 남의 것이니까.” 다른 사람의 이상에 맞추려고 하기보다는 자신의 강점을 살려서 자신이 바라는 리더가 되려고 할 때 성공할 가능성이 훨씬 크다.

우리 팀에서 수년간 관리자로 많은 사랑을 받았던 로빈 모리스Robyn Morris가 다른 뜻을 이루고자 회사를 떠났을 때의 일이다. 나는 그의 후임자가 된 관리자를 만나서 다들 로빈을 그리워하고 그의 빈자리가 너무 크게 느껴진다는 이야기를 주고받았다. 그녀가 내게 말했다. “누가 로빈을 대신할 수 있겠어요. 하지만 괜찮아요. 우리가 그 공백을 채울 수 있도록 성장하면 되니까요.” 아니나 다를까, 그 팀은 1년 후 눈부신 성과를 냈다. 그리고 그녀를 비롯한 관리자들이 어엿한 리더로 발전하는 모습도 볼 수 있었다.

* * *

초보 관리자로서 처음 3개월은 폭풍 같은 과도기다. 이 시기가 지나면 이제 관리자의 일과가 슬슬 익숙해질 것이다. 새로운 업무가 손에 익고 새로운 관계가 구축되며, 어쩌면 팀원들을 가장 효과적으로 돕는 방법이 무엇인지 서서히 가닥이 잡히는 때인지도 모르겠다. 하지만 항상 시간이 약이 되는 건 아니다. 새로운 학교에 온 전학생 같은 기분이 몇 달, 어쩌면 몇 년까지 이어질 수도 있다. 초보 관리자들이 내게 많이 묻는다. “얼마나 더 있어야 이제 감 좀 잡았다 싶을까요?” 그러면 나는 툭 까놓고 말해준다. “나는 3년쯤 걸렸어요.”라고.

이제부터 팀원 코칭, 팀원 영입, 회의 운영, 내면의 불안감 해소 등 관리자가 해야 할 중요한 일에 대해 하나씩 알아볼 것이다. 앞으로 나올 이야기, 원칙, 경험은 모두 당신이 처음 90일을 잘 보내고 원하는 관리자의 모습이 되도록 나아가는 데 많은 도움이 될 것이다.

TRIAL OF SELF-DOUBT
MEETINGS
CONSTRUCTIVE FEEDBACK
CHAPTER 3

작은 팀을 어떻게 이끌까?

좋은 예

"오늘 일대일 면담에서
내가 얘기하고 싶은 건 두 가지인데
우선은 당신이
얘기하고 싶은 것부터 들어보죠."

LEADING A SMALL TEAM

내가 처음으로 관리자가 되어 팀원이 여덟 명쯤 되는 디자인팀을 맡았을 때 우리는 '합평회'라는 이름의 주간회의를 만들었다. 장장 90분간 진행되는 회의였음에도 일주일 중 가장 좋아하는 시간이었다. 합평회 시간이 되면 커다란 스크린이 있는 회의실에 팀 전체가 모여 앉았다. 순서(시계방향 혹은 반시계방향)를 정한 후 원하는 사람부터 발표를 시작했다. 케이블과 노트북을 연결하면 스크린에 발표자의 최신 작업물이 떴다.

발표하는 디자이너가 현재 어떤 문제로 고민 중이고 지금까지 어떤 해법이 나왔는지 설명하면 다들 향후 새로운 제품이나 기능으로 발전할 수 있는 그 작업물을 구석구석 뜯어봤다. 우리가 평범한 사용자라면 어느 날 갑자기 그 디자인이 선사하는 새로운 경험을 하게 됐을 때 무엇이 가장 먼저 눈에 들어올까? 무엇이 명쾌하고 무엇이 헷갈릴까? 어떻게 하면 더 나은 결과물이 나올까?

간략한 소개가 끝나면 합평이 시작됐다. 누구나 질문, 지적, 제안을 할 수 있었다. "지금 해결하려고 하는 문제가 정말로 중요한 건가요?" 같은 거시적 차원의 발언도 좋고, "격자 형태로 항목을 보여주는 게 좋을까요, 목록 형태가 나을까요?" 같은 미시적 차원의 발언도 좋았다.

팀원들은 토론을 벌이며 사용자 경험을 개선하기 위해 검토해볼 만한 아이디어를 제시했다. 유사한 사례를 거론하고 배울 점을 찾았다. 다른 디자이너가 진행 중인 프로젝트와의 접점을 모색했다. 다 함께 머리를 맞대고 솔직한 생각을 주고받으며 창의적인 방안을 도출한다면 합평은 성공이었다. 그 결과로 발표자는 앞으로 해야 할 일의 가닥을 잡을 수 있었다. 이런 식으로 한 명씩 돌아가며 모든 사람이 발표하고 피드백을 받았다.

이 합평회는 내가 소규모 팀을 관리하면서 느꼈던 장점을 여실히 보여준다. 로마가 하루아침에 건설되지 않은 것처럼 관리자가 된다고 하루아침에 많은 사람 앞에서 10개년 계획을 발표할 수는 없다. 보통은 소수의 인원을 관리하는 것부터 시작한다. 그들과 신뢰를 쌓으면서 관리자의 역할에 대해 점점 더 깊이 알게 된다. 작은 팀은 팀원끼리 서로를 잘 알고 피자 두 판이면 모두 배를 채울 수 있다.

신임 관리자는 작은 팀을 관리함으로써 건전한 관리자/팀원 관계를 형성하고 서로 돕는 환경을 만드는 능력, 곧 관리자로서 필수 능력을 습득한다. 이게 바로 이 장에서 말할 내용이기도 하다.

모든 것은 결국 사람이 하는 일이다

관리자의 본분은 목적, 사람, 프로세스에 영향을 미쳐 '여러 사람이 협력하는 집단에서 더 좋은 성과를 도출하는 것'이다. 팀이 작으면 일단 공통된 목적의식을 유지하기 쉽다. 팀 전체가 한 테이블에 앉을 수 있으니 웬만해서는 같은 말을 서로 다르게 이해하지 않는다. 그렇다면 남는 것은 사람과 프로세스인데, 이 중에서 사람이 훨씬 중요하다.

무엇이 사람에게 뛰어난 성과를 내도록 만드는가? 복잡하게 생각해야 할 것 같지만 사실은 그렇지 않다. 이제는 고전의 반열에 오른《하이아웃풋 매니지먼트》에서 앤디 그로브는 이 질문을 이렇게 뒤집을 수 있다고 했다. 무엇이 뛰어난 성과의 걸림돌이 되는가?[1] 답은 딱 두 가지다. 뛰어난 성과를 내는 '방법'을 모르는 것과 방법은 알지만 거기에 '의욕'을 느끼지 못하는 것이다.

한 걸음 더 들어가보자. 왜 뛰어난 성과를 내는 방법을 모를까? 업무에 필요한 능력을 갖추지 못했기 때문이다. 집에 페인트칠을 해야 하는데 세무사를 불렀다면 곳곳에 얼룩이 생기는 게 당연하다. 계산기와 엑셀이 익숙한 사람에게 유능한 페인트공과 같은 능력을 기대하면 안 된다. 이렇게 팀원에게 필요한 능력이 부족할 때 관리자가 할 수 있는 일은 둘 중 하나다. 그 능력을 갖출 수 있게 도와주거나 이미 그 능력을 가진 사람을 영입하거나.

그렇다면 뛰어난 성과를 내려는 의욕을 느끼지 못하는 이유는 무엇일까? 첫째, 뛰어남의 기준이 구체적으로 무엇인지 모르기 때문이다. 둘째, 직무가 열정이나 포부를 자극하지 않기 때문이다. 다시 말해 능력은 되지만 차라리 다른 일을 하고 싶은 것이다. 아니면 더 노력해봤자 달라질 게 없다고 생각할 수도 있다. 더 잘해도 보상이 없고 현상 유지만 해도 불이익이 없다면 뭐 하러 사서 고생을 하겠는가.

성과 부진을 해결하기 위해서는 먼저 그 뒤에 있는 사람 문제를 진단해야 한다. 성과가 부진한 이유가 능력이 부족해서인가, 의욕이 부족해서인가? 복잡하게 생각할 필요 없다. 팀원과 대화해보면 금방 답이 나온다. 먼저 서로 기대하는 바가 일치하는지 보자. 당신과 팀원이 생각하는 '뛰어난 성과'의 의미가 동일한가? 다음으로는 의욕이 있는지 보자. 그래도 의문이 풀리지 않으면 혹시 능력 문제가 아닌지 따져봐야 한다.

물론 솔직하고 건설적인 대화를 나눌 수 있을 때만 가능한 일이다. 팀의 업무와 규모를 떠나서 관리자와 팀원이 함께 문제를 진단하고 해결할 수 있어야 팀이 성공한다. 그러자면 무엇보다 필요한 것이 바로 탄탄한 신뢰 관계다.

가장 중요한 요소는 신뢰

"사람이 사람을 못 믿으면 사람답게 살 수 없다." 작가 안톤 체호프가 남긴 말이다.[2] 이 말은 친구, 부부, 동업자 등 모든 관계에 적용되고 관리자와 팀원 관계에도 예외가 아니다. 뻔한 말 아니냐고? 그런데 생각만큼 실천이 쉽지 않다. 특히 둘 사이에서 칼자루를 쥔 쪽에게 더 어렵다. 누가 뭐라고 해도 당신은 팀원의 상사다. 팀원이 당신에게 발휘하는 영향력보다 당신이 팀원에게 발휘하는 영향력이 더 크다. 따라서 신뢰 관계를 형성해야 할 책임도 당신이 더 많이 가지고 있다.

당신과 상사의 관계를 생각해보자. 지금 일이 잘 안 풀리고 있다. 그럼 어깨를 축 늘어뜨리고 상사를 찾아가 뭐라고 말하겠는가? 당신도 사회 초년생 때의 나와 같다면 그 답은 아마 '아무 말도 하지 않는다'일 것이다. 나는 상사에게 일이 잘 안 돼서 힘들다고 말하는 게 꺼림칙했다. 나를 믿은 게 잘못이라는 인상을 주고 싶지 않았다. 만약에 해야 할 일이 너무 많아서 그중 하나가 말썽이어도 "지금 좀 정신이 없긴 한데 걱정 마세요. 괜찮아질 거예요."라는 식으로 둘러댔다. 밤낮없이 일하느라 스트레스는 10점 만점에 11점을 찍었으면서 말이다.

상사에게 잘 보이고 싶은 마음은 누구나 마찬가지다. 불평꾼, 실패자, 문제아로 찍히고 싶은 사람은 아무도 없다. 한데 팀원이 속사정을 말해주지 않으면 당신이 관리자로서 도와주고 싶어도 도와줄 수가 없다. 호미로 막을 것을 가래로 막아야 하는 사태가 발생할 수 있다. 팀원의 불만은 수면 아래에서 끓다가 어느 날 갑자기 사표를 내는 식으로 폭발하곤 한다. 이럴 때 팀원은 십중팔구 회사만 아니라 당신과도 인연을 끊는다.

그렇게 어느날 갑자기 뒤통수를 맞지 않으려면 관계의 밑바탕에 신뢰가 깔려 있어야 한다. 그래야 팀원이 상사가 자신을 진심으로 아낀다고 생각해서 뭐든 솔직하게 말할 수 있다. 다음의 조건을 만족한다면 팀원과 신뢰 관계가 형성됐다고 볼 수 있다.

첫째, 팀원이 수시로 고충을 털어놓는다. 팀원이 실수, 문제, 걱정거리를 말한다면 당신을 신뢰한다는 강력한 증거다. 그런 팀원은 업무가 잘 안 풀리면 지체 없이 당신에게 알려 함께 해법을 모색한다. 다른 사람과 협조가 잘 안 되면 당신이 그 말을 건너건너 듣기 전에 직접 말한다. 밤잠을 설치게 하는 고민이 있으면 숨기지 않는다. 한 동료 관리자는 팀원과의 관계가 얼마나 건전한지 간단히 평가하는 방법이 있다고 했다. 요즘 어떠냐고 물었을 때 몇 주 연속으로 '좋아요'라는 대답이 돌아온다면 절대로 그냥 넘기지 말아야 한다는 것이다. 정말로 세상이 무지갯빛으로 빛나서가 아니라 우중충한 현실을 자세히 이야기하고 싶지 않아서 대충 그렇게 둘러댄 것일 가능성이 높다고 덧붙였다.

둘째, 팀원과 수시로 비판적인 피드백을 주고받고 그것을 기분 나쁘게 여기지 않는다. 팀원의 작업물이 썩 마음에 들지 않을 때 기탄없이 말하는가? 그리고 팀원도 당신이 실수를 저질렀다고 생각하면 솔직하게 말하는가? 나는 이에 대해 페이스북 AR/VR 부문 부사장인 마크 랩킨Mark Rabkin에게서 마음에 쏙 드는 조언을 들었다. 일대일 면담 때 무조건 조금은 어색한 기분이 들게 하라는 것이었다.[3] 왜일까? 원래 중요하고 의미 있는 대화는 모두 조금은 어색하기 때문이다. 실수를 거론하고, 갈등을 직시하고, 심각한 고민이나 은근한 바람을 이야기하기란 원래 쉽지 않은 법이다. 하지만 그런 것 없이 서로 듣기 좋은 소리만 해서는 끈끈한 관계가 절대 만들어지지 않는다.

아무리 말주변이 좋은 사람이라고 해도 "지금 잘하고 있는데 몰라주시잖아요.", "지난주에 ○○○라고 하셨는데, 제가 하는 프로젝트에 대해 잘 모르셔서 그런 것 같아요."와 같은 내용을 전하려고 하면 어색함이 안 생기려야 안 생길 수가 없다. 하지만 이런 문제는 반드시 짚고 넘어가야 하며 서로 간에 신뢰가 쌓여 있다면 대화가 조금은 수월해진다.

이런 상황을 생각해보자. 당신의 친한 친구가 옷가게에서 초록색 바탕에 노란색 줄무늬가 있는 스웨터를 걸쳐봤는데 영 안 어울린다. 친구가 "어때?"라고 묻는다. 당신은 "애벌레 같아."라고 대답한다. 친구가 기분 나빠 하면 어쩌나 하는 걱정은 전혀 하지 않는다. 워낙 허물없는 사이라서 친구를 위하는 마음으로 이야기한다는 사실을 그 친구도 잘 알기 때문이다. 하지만 똑같은 말을 초면인 사람에게 하려고 한다면 한 번 더 생각해봐야 할 것이다. 둘 사이에 친분이 전혀 없어서 기분이 상할 수 있기 때문이다. 이렇듯 서로의 허물을 특별한 의도 없이 비판할 수 있을 만큼 신뢰가 쌓이려면 두 사람이 의미 있는 시간을 많이 보내야 한다.

셋째, 팀원이 다음번에도 나의 팀원이 되기를 원한다. 팀원이 미래에도 당신을 상사로 모실 의향이 있다면 둘의 관계가 무척 끈끈하다는 증거다. 관리자가 새로운 자리로 옮겼을 때 기존의 팀원들이 따라간다면 그의 리더십은 괜찮다고 판단할 수 있다. 일부 기업에서는 팀의 건전성을 평가하기 위해 익명으로 팀원들에게 "현재의 관리자와 다시 일할 의향이 있습니까?"라고 묻는다. 혹시 회사에 그런 절차가 공식적으로 존재하지 않는다면 혼자서라도 한번 생각해보면 좋을 것 같다.

팀원들이 미래에 다시 당신의 팀원이 되길 원할지 생각해보자. 자신 있게 그렇다고 대답할 수 없다면 그 사람은 다시 당신 밑에서 일하기를 원치 않을 것이라고 봐도 무방하다("우리가 서로 사랑하는 게 맞나?"라는 생각이 든다면 사랑하고 있지 않을 가능성이 큰 것과 같은 이치다). 아니면 팀원에게 "이상적인 관리자의 자질이 무엇이라고 생각하죠?"라고 묻고 당신이 그 답변에 얼마나 부합하는지 따져보는 방법도 있다("다음번에도 나와 같이 일할 생각 있어요?"라고 단도직입적으로 묻는다면 어색한 기분이 들게 하라는 조건은 충족되지만 진심 어린 대답은 듣기 어려울 것이다).

상사이기 전에 인간으로 교감한다

언젠가 내 밑의 관리자에게 비판적인 피드백을 전달한 적이 있다. 그는 유능한 사람이었지만 팀원들에게 들으니 아주 사소한 것까지 간섭하는 스타일이라고 했다. 팀원들은 그가 사사건건 잔소리를 늘어놓지 않고 그냥 좀 믿어주기를 원했다. 내가 그 말을 하자 그는 기가 팍 죽었다. 말은 안 해도 속으로 자신을 못난 놈이라 꾸짖고 지난 몇 주 동안 팀원들과 나눈 대화를 전부 들춰보면서 구체적으로 어떤 말이 팀원들에게 그런 인상을 줬는지 생각하고 있는 것 같았다.

나도 예전에 똑같은 피드백을 받아봤기 때문에 그의 심정이 어떤지 이해가 갔다. 그는 자기가 볼 때 그 원인이 무엇이고 자신이 어떤 점을 간과했는지 말하기 시작했다. 내가 말했다. "나도 그 마음 잘 알아요." 그는 무슨 심오한 말이라도 들은 것처럼 말을 멈췄다. 그러고는 "아신다고요?"라고 되물었다. 나는 "알죠. 나도 그럴 때가 있거든요."라고 대답했다. 안 그래도 그 전날 구체적인 피드백을 준답시고 누군가에게 아주 사소한 부분까지 간섭해버린 일이 있었기에 그 이야기를 해줬다. 그러자 그는 마음이 좀 놓인다는 표정으로 말했다. "좋은 말씀 감사합니다. 정말 큰 도움이 됐어요."

그의 그런 반응에 나는 깜짝 놀랐다. 내 말에 딱히 도움이 될 만한 구석이 없었기 때문이다. 문제를 해결할 구체적인 방법에 대해서는 단 한 마디도 하지 않았다. 그저 나도 같은 문제를 겪을 때가 있다는 말이 전부였다. 이 일은 오랫동안 내 기억에 남았다. 나는 멋진 조언을 줄줄 늘어놓으며 그의 마음을 움직인 게 아니었다. 그의 마음을 움직인 것은 잠시나마 우리 사이에 형성된 공감대였다. 그 순간에 나는 그의 머리 위에 있는 사람이 아니라 그와 똑같이 관리직의 출렁이는 파도를 열심히 헤쳐나가는 또 한 사람의 관리자였다. 그래서 우리는 직급을 떠나 서로에게 동질감을 느꼈고, 그 후로는 어떤 주제로든 더 편하게 대화하는 사이가 됐다.

팀원에게 신뢰를 얻는 방법은 다른 모든 사람에게 신뢰를 얻는 방법과 크게 다르지 않다. 다음의 네 가지 태도를 꼭 기억하자.

팀원을 아끼고 존중한다

몇 년 전에 관리자를 위한 교육 행사에 참석한 적이 있는데, 그때 강사로 나선 모 기업의 임원은 관리자로서 눈부신 이력을 자랑하는 사람이었다. 그는 오랫동안 관리자로 있으면서 부하 직원이 경쟁사의 스카우트 제안을 받아들인 적이 단 한 번도 없다고 했다. 그 비결이 뭘까? 그는 이렇게 말했다. "오늘 다른 건 몰라도 이거 하나는 배워 가세요. 관리는 상대를 진심으로 아껴주는 겁니다." 팀원을 진정으로 아끼고 존중하지 않으면 다 티가 난다. 그냥 하는 말이 아니라 팀원들이 정말로 다 안다. 보디랭귀지를 통해 무의식중에 전달되는 수많은 미세신호를 모두 통제할 수 있을 만큼 어마어마한 연기력을 가진 사람은 드물다. 상대방이 성공할 수 있다고 진심으로 믿지도 않으면서 강한 신뢰를 표현하기란 애초에 불가능한 법이다.

팀원을 아끼는 방식에서 몇 가지 주의해야 할 점이 있다. 처음 관리자가 됐을 때 나는 의견 충돌 상황에서 팀원의 편을 들어주는 게 팀원을 아끼는 행동이라고 생각했다. 누가 팀원에게 비판적인 피드백을 주면 얼른 팀원을 두둔하며 든든한 지원군이 돼줘야 하는 줄 알았다. 하지만 실제로 겪어보니 누군가를 무조건 싸고돌면서 잘못을 덮어주는 게 그 사람을 아끼고 지원하는 행동은 아니었다. 지금껏 내가 성공할 수 있도록 누구보다 큰 도움을 줬던 사람들(부모님, 친한 친구, 상사 등)은 내가 잘못한 게 있으면 어떠어떠해서 잘못했다고 따끔하게 말해주는 사람들이었다(어머니는 내가 어렸을 때 맨날 아침으로 아이스크림을 먹겠다고 떼를 써도 끝까지 안 된다고 한 덕분에 지금 내가 건강한 식습관을 유지하고 있다고 잊을 만하면 한 번씩 말씀하신다).

팀원을 아낀다는 것은 팀원이 직장에서 성공하고 보람을 느끼도록 최선을 다해 돕는다는 뜻이다. 그러자면 팀원이 무엇에 관심이 있고 무엇을 좋아하는지 알기 위해 노력해야 한다. 그리고 회사 생활과 사생활이 완전히 분리될 수는 없다는 것 또한 알아야 한다. 때로는 사적인 일이 공적인 일로 번져도 이해해줄 필요가 있다.

또 하나 주의할 점은 성과를 떠나서 팀원을 한 명의 인간으로서 있는 그대로 존중해야 한다는 것이다. 팀의 기둥과 같은 사람에게 지원을 아끼는 관리자는 지금껏 본 적이 없다. 기막힌 성과를 내는데 어떻게 안 예뻐하겠는가. 문제는 그 팀원의 성과가 주춤할 때다. 만약 팀원의 입장에서 성과에 따라 지원받고 존중받는 정도가 달라진다고 느낀다면 일이 순조롭게 풀리지 않을 때 솔직하게 문제를 말하기가 어렵다. 반대로 당신이 어떤 상황에서도 자신을 아껴주고 설령 실패를 하더라도 그 마음이 변치 않을 것이라 믿는다면 진솔함으로 보답할 것이다.

우리 회사의 공동창립자 찬드라 나라야난Chandra Narayanan을 볼 때 무엇보다 존경스러운 부분은 인간관계에 깊은 정성을 기울이는 태도다. 그는 일부러 시간을 내서 이전에 자신이 관리했던 사람들을 자주 만난다. 이제 다양한 기술 기업의 임원이 된 그들은 수시로 찬드라에게 조언을 구한다. 그가 해고했던 사람들조차도 여전히 그를 만나 함께 점심을 먹는다. 어느 한 시점에 어느 한 팀의 일원으로서 낸 성과만 갖고 사람을 평가해서는 안 된다. 이를 인정할 때 진정한 존중이 가능해진다.

팀원을 돕기 위해 시간을 낸다

당신에게 가장 귀중한 자원은 시간과 에너지다. 팀을 위해 시간과 에너지를 쓸 때 팀원들과 더욱더 건전한 관계가 형성된다. 그래서 관리자에게는 일대일 면담(이하 면담)이 무척 중요하다. 나는 자신이 직접 관리하는 사람과 최소 일주일에 한 번, 30분씩은 면담할 것을 권한다.

가까이에서 매일 보는 사이라 해도 면담을 통해서만 이야기할 수 있는 내용이 있다. 예를 들면 어떨 때 일에 대한 의욕을 느끼는지, 장기적인 커리어 목표가 무엇인지, 회사 생활이 전반적으로 어떤 느낌인지 등이다. 면담 시에는 관리자인 당신이 아닌 팀원에게 초점을 맞춰야 한다. 더 정확히는 어떻게 해야 팀원의 성공을 도울 수 있을지가 관건이다. 단순히 근황을 알고 싶다면 다른 경로를 통하면 된다. 면담 시간이 날이면 날마다 오는 것도 아니니 되도록이면 여럿이 있을 때 하기 껄끄러운 이야기, 메일로는 하기 어려운 이야기를 해야 한다.

이상적인 면담은 마치고 나서 팀원이 유익했다고 생각하는 면담이다. 팀원이 좋은 시간을 보내긴 했지만 딱히 기억에 남는 게 없다고 생각하면 곤란하다. 관리자인 당신은 팀원들의 멀티플라이어가 돼야 한다는 사실을 유념하자. 당신이 팀원 앞에 있는 장벽을 무너뜨리고, 새롭고 유익한 관점을 제시하고, 자신감을 키워준다면 팀원이 더 크게 성공하도록 돕고 있는 것이다.

그렇다면 면담을 잘하는 비결은 뭘까? 준비가 관건이다. 서로 무슨 이야기를 해야겠다는 계획도 없이 대화에 임해서는 괜찮은 결과를 얻기 어렵다. 나는 팀원에게 우리가 유익한 시간을 보내려면 그에게 있어 가장 중요한 문제를 이야기해야 한다고 미리 일러준다. 이때는 이렇게 하면 좋다.

- **최우선순위를 확인한다:** 팀원이 좋은 성과를 거두기 위해 각별히 신경 써야 할 업무 1~3개가 무엇인가? 그 업무를 잘 처리할 수 있도록 당신은 어떤 도움을 줄 수 있는가?
- **'좋은 성과'의 기준을 일치시킨다:** 성취해야 하는 결과에 대해서 당신과 팀원의 생각이 일치하는가? 당신과 팀원이 생각하는 목표나 기대치가 동일한가?
- **피드백을 주고받는다:** 당신이 어떤 피드백을 주면 팀원에게 도움이 되고, 팀원이 어떤 피드백을 주면 관리자로서 당신의 역량이 향상되겠는가?
- **현재 상황을 파악한다:** 가끔은 팀원의 전반적인 심리 상태에 대해 이야기하는 것도 좋다. 요즘의 마음가짐은 어떤가? 무엇이 만족스럽거나 불만족스러운가? 그동안 변경된 목표가 있는가? 최근에 무엇을 배웠고 앞으로는 무엇을 배우고 싶은가?

관리자와 팀원 양측이 면담 때 무슨 이야기를 하고 싶은지 미리 생각해보면 좋다. 나는 아침마다 습관적으로 일정표를 보고 그날 면담자들에게 무슨 질문을 할지 목록으로 정리한다. 왜 질문이 필요할까? 상황 파악을 위해 가장 좋은 방법이 바로 질문이기 때문이다. 당신이 팀원의 문제와 해법을 다 알고 있다고 지레짐작하지 말자. 좋은 의도로 도움을 주려고 하는 행동이 실제로는 전혀 도움이 되지 않을 때가 얼마나 많은지 모른다. 당신도 다른 사람이 진짜 문제가 뭔지도 모르고 가르치려고 들어서 건성으로 듣거나, 도움을 청하지도 않았는데 도와주겠다고 나서서 괜히 잔소리나 하고 참견하는 듯한 느낌을 받은 적이 있을 것이다.

관리자라고 해서 꼭 조언을 늘어놓거나 팀원을 '구조'해줘야 한다고 생각해서는 안 된다. 관리자가 할 일은 팀원이 스스로 해답을 찾도록 돕는 것이다. 팀원의 문제는 팀원이 더 잘 알고 있으니 해법도 팀원이 더 잘 찾을 수 있다. 그러니 팀원이 대화를 주도하게 하면서 그 말을 잘 듣고 질문하자. 나는 면담이 원활히 진행되도록 주로 다음과 같은 질문을 던진다.

- **파악하기:** 먼저 팀원에게 가장 중요한 문제가 무엇이고 어떤 주제에 대해 중점적으로 이야기해야 할지 파악해야 한다.
  - 지금 제일 신경 쓰이는 게 뭐예요?
  - 이번 주에 중요하게 처리해야 할 사안이 뭐라고 생각해요?
  - 우리가 이 시간을 잘 활용하려면 뭘 해야 할까요?

- **이해하기:** 무엇을 논할지 파악했으면 문제의 근원이 무엇이고 어떤 방법으로 해결해야 할지 알아야 한다.

- 이상적인 결과가 뭐라고 생각해요?
- 그 결과를 도출하는 데 걸림돌이 되는 부분이 있나요?
- 어떤 것이 제일 중요하다고 생각해요?
- 가장 좋은 방안이 뭘까요?
- 제일 걱정되는 사태가 뭐죠?

• **지원하기:** 다음으로는 팀원을 가장 효과적으로 도와줄 방법을 모색해야 한다.
- 내가 어떻게 도와주면 좋을까요?
- 내가 어떻게 하면 당신이 더 성공할 수 있을까요?
- 오늘 했던 얘기 중에서 뭐가 제일 유익했죠?

팀원의 성과에 대해 솔직하고 투명하게 말한다

팀원에 대한 당신의 평가는 당신에 대한 팀원의 평가보다 훨씬 큰 힘을 발휘한다. 당신이 관리자로서 팀원이 할 일을 배정하고 승진이나 해고를 결정하기 때문이다. 이런 힘의 불균형이 존재하기 때문에 당신은 팀원의 성과에 대해 솔직하고 투명하게 말해줄 책임이 있다.

팀원은 언제나 당신이 무엇을 기대하고 자신이 그 기대에 얼마나 부합하는지 확실히 알고 있어야 한다. 팀원이 '팀장님은 나를 어떻게 생각할까?'라는 생각을 자주 한다면 당신이 더 적극적으로 피드백을 줘야 한다. 구태여 말하지 않아도 눈치로 알 것이라거나 무소식이 희소식이라는 식으로 생각해서는 안 된다. 만일 팀원이 타의 모범이 된다면 그렇다고 말해주자. 반대로 기대에 못 미친다면 그 또한 솔직히 말하고 왜 그렇게 생각하는지 구체적으로 짚어주자. 피드백을 주는 요령에 대해서는 다음 장에서 자세히 이야기할 것이다.

실수와 부족한 부분을 인정한다

세상에 완벽한 사람은 없고 관리자라고 예외는 아니다. 당신도 실수를 하고, 누군가를 실망시키고, 잘못된 판단으로 상황을 악화시킬 때가 있을 것이다. 그럴 때 상사니까 단점이나 약점을 인정해서는 안 된다는 착각에 빠지면 상황은 더 어려워진다. 그럴 때는 먼저 솔직하게 사과해야 한다. 일을 그르친 사실을 인정하고 재발 방지를 위한 노력을 보여줘야 한다.

예전에 사내에서 신망이 두터웠던 임원 한 명이 특정 팀의 업무처리 속도를 간접적으로 비판하는 메시지를 남겼는데, 그게 사내에 널리 퍼지게 됐다. 그 어조에서 불편한 심기가 그대로 느껴졌고 직급이 직급인 만큼 해당 팀은 사기가 뚝 떨어졌다. 그때 누군가가 그에게 그 팀의 현 상황과 관련해 그가 놓친 부분이 있고 그런 어조도 별로 도움이 안 된다고 조용히 알려줬다. 그 임원은 즉시 진심 어린 사과의 뜻을 밝혔다. "사람들은 내가 어떤 말을 하고 어떤 행동을 했는지는 잊어버려도 내 말과 행동 때문에 어떤 기분이 들었는지는 절대 잊지 않는다."라는 말이 있다. 나만 해도 그 임원이 보낸 메일의 내용은 잊어버렸지만 그가 사과함으로써 분위기가 어떻게 바뀌었는지는 지금도 생생히 기억한다.

보통 힘들 때 제일 도움이 되는 것은 조언이나 해답이 아니라 공감이다. 나도 처음에는 몰랐다. 모름지기 리더라면 항상 자신감과 노련미를 보여줘야 한다고 생각했기 때문이다. 팀원들 앞에서는 몰라도 다 아는 것처럼 처신해야 하는 줄 알았다. 하지만 용기, 수치심, 공감을 전문으로 연구하는 브레네 브라운Brené Brown은 오히려 취약성을 드러낼 때 강력한 힘을 발휘할 수 있다고 말한다. "취약성은 진실이나 용기와 비슷하다. 항상 편하진 않지만 절대로 약점은 아니다."[4] 요즘은 나도 답을 모르거나 어려운 부분이 있으면 다음과 같이 인정하려고 노력한다.

- 나도 답을 모르겠어요. 어떻게 생각해요?
- 내가 전에 했던 말이나 행동에 대해서 사과할게요.
- 올 하반기에 내가 성장해야 할 부분이 뭐냐 하면….
- 이 문제는 나도 잘 몰라서 도와줄 수 없을 것 같아요. 나 말고 얘기해볼 사람을 추천하자면….

이렇게 내가 실수한 것, 고민하는 것, 확실히 모르는 것을 숨기지 않고 솔직히 말하니까 팀원들과 더 좋은 관계가 됐다.

팀원들이 강점을 살릴 수 있게 도와준다

예전에 우리가 개발 중이던 신제품의 디자인을 놓고 상사인 크리스와 껄끄러운 대화를 나눴다. 그는 몇 차례의 검토 회의에서 본 우리의 작업물이 너무 복잡해 보인다고 여러 번 내게 피드백을 줬다. 그의 말이 옳았다. 내가 볼 때 우리 팀은 속도는 속도대로 내면서 부가적인 기능도 너무 많이 넣고 있었다. 그러니까 작업물이 전반적으로 산만하게 느껴졌다. 하지만 나라고 가만히 있는 것은 아니어서 팀원들에게 기능을 줄이고 출시일을 늦추라고 열심히 설득하고 있었다.

나는 풀이 죽은 채로 빈 벽만 바라보고 있었다. 크리스는 그런 나를 묵묵히 지켜보다 입을 열었다.

"줄리는 뭐가 가치 있는 건지 잘 아는 사람이에요."

그 짧은 말이 이루 말할 수 없이 큰 힘을 발휘했다. 그가 내 기분을 풀어주기 위해 할 수 있는 말은 그것 말고도 많았다. "찾아보면 분명히 해결책이 나올 거예요.", "생각만큼 나쁜 상황은 아니에요.", "이렇게 한번 해보죠." 등등. 하지만 그는 나의 강점을 구체적으로 언급하며 진심 어린 신뢰를 표현했다. 내 의견이 항상 옳진 않아도 그 의견이 내 나름의 원칙에서 나온다는 것을 믿어주는 그의 말 덕분에 나는 잃었던 자신감을 되찾을 수 있었다. 크리스가 내 강점을 알아봐주니까 다시금 의욕이 불끈 솟았다.

그 후로 나는 반대 의견을 제시해도 될지 확신이 서지 않을 때, 내 제안이 강한 반발에 부딪혔을 때, 새로운 것에 도전해도 될지 고민이 될 때마다 "줄리는 뭐가 가치 있는 건지 잘 아는 사람이에요."라는 말을 떠올린다.

인간은 본능적으로 좋은 것보다 나쁜 것을 더 잘 알아차린다. 진화에 유리한 능력이다. 원시인이 주위를 살피고 있다고 해보자. 이때 풀을 뜯는 사슴, 바람에 흔들리는 나뭇가지, 밝게 빛나는 태양처럼 일상적이고 좋은 것을 보는 능력과 어둠 속에 숨어서 주린 배를 채울 기회만 노리고 있는 사자를 발견하는 능력 중에서 무엇이 더 쓸모가 있을까? 예전의 나는 상사의 피드백을 받으면 강점과 긍정적인 상황에 대한 언급은 대충 넘기고 '개선점'에 집중했다. 꽤 생산적인 하루를 보냈어도 회의나 면담을 한 번 망치면 집에 가는 내내 그 생각만 하곤 했다.

관리자로서도 문제점에 관심이 더 많이 간다. 주로 아직 완성도가 떨어지는 작업물, 일정을 지키지 못하는 프로젝트, 분열되고 있는 팀에 신경을 쓴다. 팀원과 대화할 때는 개선이 필요한 부분에 대해 이야기한다고 시간을 다 써버리기 일쑤다. 하지만 사람들의 기억에 더 선명하게 남는 것은 강점에 대한 칭찬을 듣고 자부심이 생기면서 목표를 꼭 완수하겠다는 의지가 솟는 순간이다.

누군가의 수고, 탁월한 능력, 유익한 조언, 바람직한 가치관을 구체적으로 언급하며 진심으로 칭찬하면 그 사람에게 엄청난 의욕을 불러일으킬 수 있다. 사람은 강점을 발휘할 때 성공할 확률이 한층 높아진다. 이것은 마커스 버킹엄Marcus Buckingham과 도널드 클리프턴Donald Clifton이 쓴《위대한 나의 발견 강점혁명Now, Discover Your Strengths》과 톰 래스Tom Rath의《위대한 나의 발견 강점혁명StrengthsFinder 2.0》에서 심도 있게 다뤄진다(두 책은 서로 다른 책이지만 한국어판 제목은 동일하다.—편집자). 만약에 어떤 팀원이 신입을 교육시키는 데 흥미를 느끼고 잘한다면 인턴을 멘토링하거나 다른 팀원의 비공식 코치가 되는 식으로 그 방면에서 더 큰 활약을 할 기회를 만들어주자. 또 팀내에서 자연스럽게 점심 모임을 주선하는 분위기 메이커가 있다면 회의를 진행해볼 의향이 있는지 물어보자.

그럴 때 그들은 관심사와 강점을 살려 성장할 기회를 얻는다. 저명한 경영 컨설턴트로서 수많은 조직과 리더를 연구한 버킹엄은 "탁월한 관리자들에게만 있는 능력이 하나 있다. 각 사람의 특장점을 파악하고 활

용하는 능력이다. 관리자의 임무는 각 사람의 재능을 성과로 직결시키는 것이다."라고 말했다.[5]

팀원의 강점을 살리는 것에서 한 걸음 더 나가면 팀의 강점을 살릴 수 있다. 만약에 팀원이 총 다섯 명인데 그중에서 네 명은 일을 잘하고 한 명은 못한다면 어떻게 해야 할까? 관리자로서 문제를 '해결'하기 위해 현재 성과가 미비한 팀원에게 시간과 에너지를 집중적으로 써야 한다고 생각할지 모르겠다.

하지만 관리자라면 각 사람의 강점에 집중해야 하는 것과 마찬가지로 팀 차원에서도 실력자들, 곧 지금 일을 잘하고 있고 앞으로 더 잘할 가능성이 큰 팀원들에게 관심을 기울여야 한다. 성과 미달자에게 한정된 시간을 다 뺏겨서는 안 된다. 성과 미달자의 문제는 최대한 신속하게 진단하고 해결해야 한다.

아마도 이 말에 고개가 갸우뚱해질지 모르겠다. 일 잘하는 팀원은 굳이 관리자에게 도움을 요청하지 않기 때문이다. 1장에서 말한 레모네이드 가게의 사례를 떠올려보자. 토비가 시간당 30잔을 팔고 헨리가 10잔밖에 못 판다면 헨리의 성과를 개선하기 위해 많은 시간을 써야 한다는 생각이 들 수 있다. 그런데 토비를 코칭해서 그의 판매량을 10퍼센트만 늘려도 시간당 3잔이 더 팔린다. 만일 헨리가 시간당 3잔을 더 팔게 하려면 판매량을 30퍼센트나 증진해야 하는데, 아마 토비를 교육하는 것보다 훨씬 어려운 일이 될 것이다.

유능한 CEO들은 '모든' 프로젝트를 살리는 것보다 '잘되는' 소수의 프로젝트에 더 많은 인력, 자원, 관심을 기울여야 한다는 것을 경험적으로 안다. 유능한 투자자들은 유망한 스타트업 하나를 발굴해서 초거대

기업으로 키워내는 게 손실이 나는 스타트업 수십 개를 안고 가는 것보다 더 이익이라는 사실을 잘 안다. 팀의 유망주가 관심을 좀 달라고 난리를 치지 않더라도 그가 더 큰 꿈을 꾸고 더 나은 리더가 되도록 도와준다면 팀 전체의 역량이 깜짝 놀랄 만큼 향상될 것이다.

팀에서 절대 용납하지 말아야 할 것

세상에는 타인을 업신여기면서도 독보적인 능력으로 영웅 대접을 받는 '나 홀로 능력자'들에 대한 환상이 존재한다. 그들은 대중문화에서 셜록 홈스, 미란다 프리슬리 편집장, 아이언맨 토니 스타크처럼 매력적인 캐릭터로 그려지지만, 현실에서는 아무리 잘났어도 팀원으로 두기 싫은 부류다. 이들은 팀의 역량에 곱셈 효과가 아니라 나눗셈 효과를 일으킨다. 그 존재만으로 나머지 팀원들의 역량을 깎아먹는다.

스탠퍼드대의 로버트 서튼Robert Sutton 교수가 《또라이 제로 조직》이라는 유명한 책에서 이런 현상을 꼬집었다. 그가 정의하는 또라이는 타인의 자존감을 무너뜨리거나 약자를 괴롭히는 인간이다.[6] 나도 예전에 그런 사람과 일해본 적이 있다. 그는 무척이나 창의적이고 생산적인 사람이었지만 자기가 무조건 옳다고 생각하다 보니 하급자가 다른 의견을 제시하면 네 앞가림이나 잘하라는 식으로 면박을 줬다. 다른 사람들에게 귀감이 될 만한 능력을 갖고 있었음에도 팀원들은 어떤 식으로든 그와 엮이지 않으려 했다. 누가 내게 한 말을 빌리자면 "남들은 다 등신인 줄 아는 인간"이었기 때문이다. 그와 다른 팀원들 사이에서 벌어지는 신경전을 무마하기 위해 어마어마한 시간을 쏟아부어야 했다. 지금 와서 돌아보면 그가 발산하던 해로운 기운은 팀에 정말로 좋지 않은 영향을 미쳤었다. 하지만 당시 아직 미숙한 관리자였던 나는 그 중요한 사실을 알지 못했다. '그래도 일 하나는 똑 부러지게 하잖아'라고 생각하며 문제를 제대로 보지 못했다.

유능한 또라이가 팀을 떠나야 팀이 성장할 수 있다는 사실을 나중에 가서야 알게 됐다. 유능한 또라이가 떠나면 당장은 그 공백이 느껴지겠지만 대신에 팀원들을 덮고 있던 먹구름이 걷힌다. 팀원들이 경계심을 풀고 열린 마음으로 협력할 수 있게 되어 팀 전체의 생산성과 성과가 향상된다. 그리고 세상에는 능력만이 아니라 겸손함과 배려심까지 갖춘 사람이 존재한다는 것도 알게 됐다. 영화에서는 좋은 능력과 좋은 성격이 공존할 수 없는 것처럼 그려지지만 실제로는 공존 가능하다. 그러니까 협업 능력에 대한 기준을 높게 잡아도 된다. 아니, 높게 잡아야 한다. 세상에는 분명히 성격 좋은 능력자가 존재한다. 잘났으면 남들을 깔아뭉개도 된다고 생각하는 인간과는 절대 타협하지 말자. 당신도 팀원들도 그런 취급을 당할 이유가 없다.

또 하나 알게 된 게 있다면 또라이를 용납하지 않는 조직 문화를 확립하면 또라이도 변한다는 것이다. 건전한 팀 문화를 조성하는 방법에 대해서는 10장에서 더 자세히 알아보기로 하겠다.

항상 해결사를 자처할 필요는 없다

처음 관리자가 됐을 때는 언제나 내가 '해결사'가 돼야 한다고 착각했다. 똑똑한 사람들이 서로 악의가 없음에도 충돌이 생기면 무조건 오해가 있어서라고 생각했다. 그래서 내가 그 오해를 정확히 짚어줌으로써 모두 어깨동무를 하고 노래를 부르게 만들어야 한다는 의무감을 느꼈다. 어떤 팀원이 내게 다른 팀원에 대한 불만을 말하면, 예를 들어 누가 자기 의견은 귓등으로도 안 듣는 것 같다고 하면 나는 "그 사람은 당신이 그런 기분인지 몰라서 그럴 수도 있어요.", "혹시 당신이 모르는 부분이 있는 거 아닐까요?", "그 사람한테 직접 얘기해봤어요?" 하는 식으로 문제의 이면을 보도록 유도했다.

그리고 반대편에 가서도 똑같이 했다. 어떤 문제가 있는지 알려주고 불만을 제기한 사람의 입장을 설명한 후 둘이 평화협정을 맺게 유도했다. '이 문제를 생산적으로 해결할 방법이 반드시 있을 거야'라고 믿으면서 말이다. 그러나 항상 중재에 성공하진 못했다. 한 번은 다른 관리자가 우리 팀원과 손발이 안 맞아서 같이 일을 못 하겠다고 했다. 나는 둘 사이에 어떤 갈등이 있든 해법을 찾을 수 있을 것이라 믿었기에 그런 말 말라고 했다. 그리고 일주일 동안 그 둘 사이를 바쁘게 오가며 면담을 했다. 그 관리자를 네 번째로 만났을 때 그가 버럭 화를 냈다. "지금 이러는 거 어차피 해결되지도 않을 문제 갖고 줄리의 시간도, 내 시간도, 그 팀원의 시간도 다 낭비하는 거예요!" 그의 말이 옳았다. 그 두 사람은 가치관과 업무 방식이 달라도 너무 달라서 차라리 같이 일하지 않는 편이 서로에게 좋았다.

지금까지 관리자로 있으면서 훌륭한 팀원이 우리와 잘 맞지 않는다며 팀을 떠난 적도 있었다. 처음에는 그럴 때마다 내가 못나서 그렇다는 생각을 떨쳐버리기가 어려웠다. 내가 아끼는 사람이 내가 아끼는 팀과 잘 섞이지 못하는 게 무척 섭섭했다. 레고 블록들이 서로 안 맞는 느낌, 바늘과 실이 같이 일하지 않겠다고 돌아선 느낌이었다. 분명히 내가 뭔가 잘못한 거라고 생각했다.

하지만 서서히 관점이 변했다. 이제는 어떤 사람이 팀에 만족하고 못하고는 개인과 조직의 가치관에 크게 좌우된다는 것을 안다. 이를 일치성의 문제라 해도 좋고 동기나 상성의 문제라고 해도 좋을 텐데, 여하튼 개인이 중요하게 여기는 것과 팀(그리고 회사)에서 중요하게 여기는 게 맞아떨어져야 한다. 그렇지 않다면 그 사람은 자신이 원하는 커리어와 팀이 잘 맞지 않는다는 느낌을 강하게 받을 수 있다. 개인과 팀의 불일치는 그 사람이 사내의 다른 팀으로 옮기면 해결되기도 한다. 새로운 환경에서 새로운 문제를 고민하는 것만으로도 사태가 해결될 때가 많다. 이마저도 통하지 않을 때는 아무래도 팀을 넘어 회사와 잘 안 맞는다는 의미일 테니까 차라리 그만 헤어지는 게 모두에게 최선일 수 있다.

어찌 보면 연애와 비슷하다. 다정하고, 책임감 있고, 재미있고, 미소가 매력적인, 어느 모로 보나 연애 상대로 1등인 사람이 있다고 해보자. 그런데 이상하게도 당신과는 연애가 잘 안 풀린다. 그 사람은 스카이다이빙 마니아지만 당신은 고소공포증이 있다. 그 사람은 자녀를 대여섯 명쯤 낳고 싶지만 당신은 그런 미래를 원하지 않는다. 그 사람은 한곳에 정착하길 원하지만 당신은 여전히 이곳저곳을 떠도는 삶을 동경한다. 이건 누구의 잘못도 아니다. 그저 지금 당장은 서로 안 맞을 뿐이다.

요즘 나는 사람을 뽑을 때 지원자가 무엇을 중요시하는지 파악하고 우리 회사와 내가 무엇을 중요시하는지 분명히 알려주기 위해 많은 시간을 쓴다. 내 설명을 듣고 바라던 바라는 듯이 고개를 끄덕이면 그 사람은 여기서 즐겁게 일할 것이다. 내 설명에 시큰둥해도 괜찮다. 다만 그럴 때는 아무리 그 사람이 내가 찾는 능력을 갖고 있더라도 굳이 네모난 구멍에 동그란 블록을 끼우려고 하진 않는다. 사람은 누구나 자기가 좋아하는 환경에서 자기와 같은 것에 열정을 느끼는 사람들과 함께 일해야 한다. 그러다가 또 다른 뜻이 생겨 떠나야 한다면 실패로 여길 게 아니라 기뻐할 일이다.

가야 할 사람은 빨리 가게 한다

처음 관리자가 됐을 때 나는 무엇보다도 팀원들의 든든한 버팀목이 돼야 한다고 생각했다. 그들을 지원하고 보호하고 그들의 말을 경청하는 게 내 일이었다. 팀원이 좋은 결과물을 내놓지 못할 때, 생산성이 떨어질 때, 팀의 사기를 저하시킬 때 '내가 그 마음을 어루만져주지 않으면 누가 하겠어?'라고 생각했다. 나 말고는 그럴 사람이 아무도 없었다. 그게 그들의 관리자로서 내 임무였다. 그리고 사람은 누구나 두 번째 기회를 얻을 자격이 있다. 하지만 별도의 일대일 면담, 업무 지원, 팀원들과의 대화 주선, 격려 등 내 나름의 노력을 했음에도 그중 80퍼센트는 결과적으로 헛수고가 됐다.

팀원이 뛰어난 성과를 내지 못하는 주된 이유는 이미 말했다시피 '뛰어남'의 기준이 무엇인지 모르거나, 개인의 포부가 직무와 맞지 않거나, 자신이 인정을 받지 못한다고 생각하거나, 능력이 부족하거나, 다른 사람에게 방해가 되기 때문이다.

뛰어나다는 게 무엇인지 모르거나 인정을 받지 못한다고 느끼는 문제는 보통 진솔한 대화를 통해 해결할 수 있다. 하지만 그 사람이 의욕을 느끼는 부분과 팀에서 중요하게 여기는 부분이 불일치한다면 아무리 등을 두드리며 격려를 해줘봤자 일시적으로 증상이 완화될 뿐 완치는 안 된다. 일례로 예전에 내 밑에 있던 팀원(프레드라고 하자)은 디자인에 최신 기술을 접목하기를 좋아했다. 그가 내놓는 결과물 중에는 최신 기기에서 혁신적인 상호작용을 가능케 하여 새로운 재미를 주는 부분이 많았다.

하지만 당시 우리 팀이 디자인하는 제품은 전 세계 수십억 명을 대상으로 했고, 그중 대부분은 최신 기술을 활용하지 못하는 사람들이었다. 이를테면 네트워크 접속 환경이 좋지 않거나 저장 공간이 부족했다. 그래서 우리 팀은 비록 디자인에 제약이 많이 따르더라도 최대 다수에게 가치 있는 제품을 디자인하는 것에 중점을 두었다.

마찬가지로 예전에 내 밑에 있었던 어떤 팀원(사라라고 하자)은 디자인 실력은 수준급이지만 성격이 꼼꼼하지 못했다. 그녀가 최고의 기량을 발휘하려면 프로젝트 관리 체계가 촘촘하게 잡힌 환경이 필요했다. 하지만 우리는 전 직원이 스스로 시간을 관리하며 알아서 잘하기를 기대하는 조직이었다.

초보 관리자 때 나는 프레드와 사라 같은 팀원에게 많은 시간(때로는 일주일 중 50퍼센트)을 쏟아부었다. 장시간 대화를 나누고 함께 변화를 모색하면서 상황이 나아지길 빌었다. 하지만 얼마 후면 또 도돌이표였다. 기운이 쭉쭉 빠졌다. 그래도 관리자로서 그런 식으로 관심을 표해야 한다고 생각했다. 그러다가 생각이 바뀐 계기는 그런 악순환으로 나만 힘든 게 아니라 해당 팀원은 더욱 힘들어진다는 사실을 깨달았기 때문이었다. 내 딴에는 돕는다고 하는 일이었지만, 당사자는 자기가 일을 제대로 못한다는 것을 인지하게 되고 내 '도움'이 마치 일거수일투족을 감시하는 행위로 느껴져서 스트레스를 받았다. 다른 팀원들도 그 팀원이 팀 전체에 미치는 영향을 고스란히 느끼고 있는 만큼 제발 좀 상황이 나아지길 바라며 답답해했다.

결론적으로 말해서 만약에 어떤 사람이 현재의 자리에서 성공할 가능성이 별로 없어 보인다면 솔직히 말하고 다른 데로 갈 수 있도록 도와주는 게 그 사람을 가장 위하는 길이다. GE의 전 CEO 잭 웰치도 저성과자를 내보내야만 하는데 감싸고 돌아봤자 손해라고 했다. "성장과 성공 가능성이 없는 사람을 계속 데리고 가는 것이야말로 잔인한 짓이고 '잘못된 선의'라고 생각한다. 잘못된 커리어를 한참 쌓을 때까지 손놓고 있다가 뒤늦게 이제 그만 나가 달라고 하는 것만큼 매정한 말도 없다."[7]

이 시점에서 관리자의 선택은 둘 중 하나다. 사내에서 새로운 자리를 찾을 수 있게 도와주거나 그만 놓아주는 것. 일단은 첫 번째 방안을 반드시 고려해봐야 한다. 만일 사내에 그 팀원의 관심사와 능력에 더 잘 맞는 자리가 있다면 팀원도 회사도 큰 이득이다. 혁신적인 디자인을 좋아했던 프레드는 첨단 기술을 중점적으로 활용하는 팀에 들어간 뒤로 승승장구했다. 물론 신중한 판단이 요구된다. 사람을 해고하는 게 기분 좋을

리 없으므로 관리자로서는 결정이 망설여질 수 있다. 팀원을 내보내는 게 아무리 그 사람이나 조직에 최선인 경우에도 말이다. 하지만 필요한 능력이 없는 사람이나 해로운 행동을 하는 사람을 우유부단하게 데리고 있으면 안 된다.

고민이 될 때는 이렇게 생각해보자. '만약에 이 사람이 지금 우리 회사에 다니고 있지 않다면 다른 팀에 영입하라고 추천할 것인가?' 자율성이 부족한 사라의 경우에는 우리 회사에서 어느 팀에 있든 성공하지 못할 것 같았다. 사람을 내보낼 때는 단호하되 정중해야 한다. 당사자와 논의하지 말고(논의해서 정할 문제가 아니다), 그 사람을 실패자 취급하지 말자. 넷플릭스에서 최고인재책임자를 지낸 패티 맥코드Patty McCord는 "왜 사람을 '자른다고' 하지? 우리가 무슨 칼이라도 휘두르나?"라고 했다.[8]

팀원이 좋은 성과를 못 내는 게 무조건 그 사람 탓이라고만 할 수는 없다. 내가 자주 되새기는 명언이 하나 있다. "혹시 '내'가 그 사람의 관리자라서 잘못된 것은 아닌지 생각해봐야죠." 어쩌면 애초에 그 사람이 팀에 필요한 능력이 없는데도 당신이 채용을 결정했을 수 있다. 또는 그 사람에게 안 맞는 프로젝트를 배정했을지도 모른다. 진정으로 팀원을 생각하고 아낀다면 팀장과 팀원의 관계가 쌍방통행이라는 점을 인정해야 한다.

해고는 해고되는 사람뿐만이 아니라 당신과 팀에도 정서적으로 힘든 일일 수 있다. 연민 어린 마음으로 과거를 돌아보되 어디까지나 미래에 초점을 맞춰야 한다. 이별을 질질 끌어서는 안 된다. 팀원이 인생의 다음 장을 여는 최선의 길을 찾게 도와주고, 그 경험을 더 나은 관리자가 되는 자양분으로 삼자. 다행히도 해고는 극단적인 경우다. 보통은 코칭을 통해 팀원이 무엇을 추구해야 하는지, 나쁜 습관을 어떻게 고쳐야 하는지, 어떻게 영향력을 키울 수 있는지 깨우쳐줄 수 있다.

TRIAL OF SELF-DOUBT
MEETINGS
CONSTRUCTIVE FEEDBACK
CHAPTER 4

좋은 피드백의 기술

나쁜 예
"인사고과 시즌이에요.
자, 지난 1년 동안
어땠는지 봅시다."

좋은 예
"오늘 아침 회의와 관련해서
피드백을 좀 줘도 될까요?"

내가 받은 최악의 피드백은 인턴으로 있었던 드루 햄린Drew Hamlin에게 받은 메일이었다. 그는 학교로 돌아간 후에도 수시로 우리 디자인팀의 작업물에 대한 의견을 메일로 보냈다. 그러던 어느 날, 그가 화면의 구성 요소들이 정렬되지 않은 부분을 지적하면서 "일부러 이렇게 조잡하게 만드신 건가요?"라고 물었다. 그가 악의 없이 정말로 우리를 위하는 마음으로 한 말이라는 것을 알았지만, 사실 그런 피드백이 '금물'이라는 것은 기본 중의 기본이다. 다행히 아무도 그 말을 심각하게 받아들이지 않았다. 오히려 그의 열정과 적극성을 높이 사서 졸업 후 팀원으로 채용했다. 몇 년 후 그는 인기 있는 관리자가 됐다. 사람 일은 모르는 법이라더니 우리가 하는 합평회를 처음에 기획한 사람 중 한 명이 바로 드루다. 요즘도 우리는 '지상 최악의 비평을 날린 사나이'라고 그를 놀린다.

내가 받은 최고의 피드백은 한때 내 밑에 있던 로빈의 피드백이었다. 언젠가 그에게 내가 관리자로서 어떤 부분을 개선하면 좋을지 물었더니 심호흡을 한 번 하고 이렇게 말했다. "가끔 그런 느낌을 받아요. 제가 일을 잘하고 있을 때는 제 편이 되어주시는 것 같아요. 우리가 잘 지내는 것 같고요. 근데 제가 또 일을 잘 못할 때는 우리 사이가 삐그덕대고 저를 좀 신뢰하지 못하시는 것처럼 느껴진단 말이죠." 그러면서 친절하게

도 내가 어떤 말을 했을 때 그런 기분이 들었는지 몇 가지 사례를 들어 솔직하게 말해줬다. 그 피드백으로 관리에 대해 가지고 있던 내 생각이 완전히 바뀌었다.

안타깝지만 대부분의 사람이 피드백을 주는 것을 어려워한다. 딱히 도움이 될 만한 말이 없을 때도 있고, 비판할 점이 있지만 상처를 줄까 봐 잠자코 있을 때도 있다. 무슨 큰 사고가 터지지도 않았는데 괜히 긁어 부스럼이라고 생각하기도 한다. 그리고 피드백을 줬을 때 상대방이 '너무 막연해서 알맹이가 없다'거나 '너무 감정적이어서 도움이 안 된다'고 생각할 우려도 있다. 이런 점을 모두 감안하면 초보 관리자로서는 무엇보다도 피드백을 주는 일이 어렵게 느껴질 만도 하다.

하지만 팀장이라면 기본적으로 일이 잘 풀릴 때든 안 풀릴 때든 피드백을 줄 의무가 있다. 피드백을 잘 주는 요령을 터득하면 팀원이 탁월한 성과를 내는 데 가장 큰 장벽으로 작용하는 두 가지 요소, 곧 기대치의 모호함과 능력의 불충분함을 넘어설 수 있다. 그러면 팀원은 무엇을 과녁으로 삼아야 하는지 그리고 그 과녁을 어떻게 맞힐 수 있는지 정확히 알게 된다.

훌륭한 피드백에는 어떤 특징이 있는가

지금까지 받았던 피드백 중에서 가장 좋았던 피드백을 생각해보자. 그게 그렇게 큰 의미가 있었던 이유는 무엇인가? 모르긴 몰라도 그 피드백으로 인해 '행동이 변화'함으로써 '더 나은 인생'을 살게 됐기 때문일 것이다. 최상의 피드백은 받는 사람에게 뿌듯한 변화를 일으킨다. 나만 해도 로빈의 말을 듣고 정신이 번쩍 들면서 더 나은 관리자가 됐다고 확실히 말할 수 있다.

그렇다면 '피드백'은 무엇으로 구성될까? 초보 관리자일 때는 피드백을 '개선점을 제시하는 것'이라고 여겼다. 내가 생각하는 피드백의 전형적인 예는 디자인 비평이었다. 피드백을 준다는 얘기는 문제를 규명하고 가능성 있는 해법을 제시한다는 뜻이라고 봤다. 사실 그것은 아주 협소한 관점이었다. '개선점을 제시하는 것' 말고도 다른 사람에게 긍정적인 행동을 유도할 방법은 얼마든지 있다. 일단 피드백이 무조건 비판적이어야 할 필요는 없다. 보통은 비판보다 칭찬이 더 큰 의욕을 불러일으킨다. 그리고 무조건 문제를 지적하는 것으로 피드백을 시작할 필요도 없다.

다음은 타인의 행동을 변화시키고자 할 때 가장 흔하게 사용되는 네 가지 방법이다.

처음부터 기대치를 명확하게 설정한다

건강을 위해서 PT를 받는다고 하자. 첫날부터 트레이너가 다짜고짜 팔굽혀펴기부터 시킨 다음에 이렇게 해라, 저렇게 해라 조언할까? 당연히 아니다. 트레이너는 자기소개를 한 후 우선 앉아서 당신의 운동 목표에 대해 이야기할 것이다. 그런 다음에 PT에서 무엇을 기대할 수 있고 어떻게 하면 운동 효과를 극대화할 수 있는지 알려줄 것이다. 첫 시간부터 당신에게 딱 맞는 조언을 해줄 수는 없겠지만 지금까지의 트레이닝 경험으로 미루어 당신이 알아둬야 할 점을 말해준다.

이렇게 말하면 잘 납득이 안 될지도 모르겠지만 사실 피드백 절차는 어떤 일을 시작하기 전에 시작돼야 한다. 처음부터 성공의 기준(이 프로젝트의 결과물이 어떻게 나오면 성공이다, 이 기간 안에 이러저러하게 되면 성공이다 등등)을 합의하고, 예상되는 문제를 논하고, 앞으로 생산적인 피드백을 주고받기 위한 토대를 마련해야 한다. 여행에 비유하자면 다짜고짜 출발하고서 길이 맞는지 묻는 게 아니라 처음부터 지도에 길을 확실히 표시해놓고 출발하는 것이다. 이 단계에서는 다음과 같은 점을 짚고 넘어가야 한다. 첫째, 팀원의 업무에서 무난하거나 조악한 성과와 대비되는 뛰어난 성과의 '기준', 둘째, 팀원이 순조롭게 일을 시작하기 위해 당신이 해줄 수 있는 '조언', 셋째, 팀원이 피해야 할 '함정'이다. 예를 들면 이렇게 말할 수 있겠다.

- 처음 석 달 동안 기대하는 건 팀원들과 좋은 관계를 맺고 맛보기 삼아서 작은 프로젝트를 수행하면서 업무에 적응하는 거예요. 그러면서 첫 번째 디자인 작업물을 제출해서 검토받고요. 처음부터 검토에 합격하는 것을 기대하진 않지만 혹시라도 그러면 정말로 대박이죠.
- 다음번에 회의를 진행할 때 이 조건을 만족하면 성공이라고 할 수 있을 거예요. 첫째, 모든 옵션이 명확하게 표현된다. 둘째, 모든 참석자가 자기 의견이 잘 반영됐다고 느낀다. 셋째, 최종적으로 결정이 내려진다.

업무 피드백은 최대한 많이 준다

'업무' 피드백은 그 명칭에서 알 수 있듯이 팀원이 한 일에 대한 피드백이다. 예를 들면 팀원이 분석 결과를 발표했을 때 무엇을 잘했고 앞으로 무엇을 더 잘하면 좋을지 말해주는 것이다. 이때는 최대한 구체적으로 자세하게 말해줘야 한다.

업무 피드백은 주는 사람의 입장에서 마음이 편하다. '누가'가 아니라 '무엇'에 초점이 맞춰져 있어서 듣는 사람이 비판을 받는 기분이 덜 들기 때문이다. 피드백을 주는 게 자꾸만 꺼려진다면 우선 이런 피드백으로 시작하면 좋겠다. 또한 업무 피드백은 당사자가 자신의 행동을 아직 선명하게 기억하고 있을 때 가장 효과가 좋으니 되도록 빨리 주는 게 좋다. 중대한 프레젠테이션처럼 큰일에 대한 피드백이 아니라면 바로 그날 메일이나 메신저로 이야기하는 것만으로도 직접 만나서 피드백을 주는 것과 동일한 효과를 볼 수 있다. 업무 피드백은 가볍게 습관적으로 줘야 한다. 그래야 팀원은 당신의 눈에 들어오는 모든 일에 대해 조금씩 코칭을 받을 수 있다.

- 어제 올린 조사 보고서 아주 좋았어요. 제일 중요한 발견 사항을 처음부터 깔끔하게 요약하고 시작해서 이해가 잘되더라고요. 특히 사안에 대한 해석이 훌륭했어요.
- 오늘 아침에 했던 프레젠테이션에 대해서 짧게 얘기할게요. 제안을 하게 된 경위를 설명하지 않고 바로 제안부터 제시했는데, 그게 왜 최선의 선택이라고 하는지 잘 이해가 안 갔어요. 다음번에는 어떤 과정을 거쳐서 그런 제안을 하게 됐고 어떤 대안을 고려해봤는지도 간략하게 설명하면 좋겠어요.

행동 피드백은 자주 주되 신중을 기한다

어떤 팀원에게 줬던 업무 피드백을 떠올려보자. 어떤 특징이 보이는가?

그 팀원은 결정을 신속하게 내리는가, 느리게 내리는가? 프로세스 처리의 귀재인가, 틀에 얽매이지 않고 생각하는 사람인가? 실용적인 해법을 선호하는가, 이상적인 해법을 선호하는가? 이런 식으로 생각해보면 팀원의 행동 양식에서 남다른 강점이나 발전이 필요한 부분이 보인다.

행동 피드백은 업무 피드백보다 개인의 특성을 깊이 파고든다는 점에서 유익하다. 여러 건의 피드백 사이에 존재하는 연결고리를 찾아서 말해주면 팀원은 자신의 남다른 관심사, 성격, 습관이 조직 내에서 자신의 영향력과 어떤 관련이 있는지 알 수 있다. 행동 피드백은 그 사람에 대한 견해를 말하는 것이므로 표현에 주의해야 하고 구체적인 사례를 들어 왜 그런 인상을 받았는지 설명해야 한다. 당사자가 질문하고 당신과 의견을 주고받을 수 있도록 직접 만나서 전달하는 편이 제일 좋다.

행동 피드백을 통해 팀원은 타인이 자신을 어떻게 보는지 알게 되는데, 그것은 스스로 생각하는 이미지와 다를 수 있다. 이런 피드백은 지극히 개인적인 부분을 건드리기 때문에 입 밖에 내기 어려울지도 모른다. 어떤 면에서 상담과도 비슷하다. 하지만 행동 피드백을 잘만 한다면 팀원이 자기 자신을 더 깊이 알고 더 발전시키는 계기가 되기도 한다.

- 작업물에 대한 질문을 받으면 방어적으로 말할 때가 많아요. 전에 샐리가 코드에 의견을 남겼을 때 "그냥 좀 믿어요."라고 답글을 달았죠. 그건 샐리의 피드백을 무시하고 본인의 신뢰도를 낮추는 행동이에요.
- 리크루팅 실력이 최상급이에요. 지원자들이 당신과 대화하고 나면 느끼는 바가 많다고들 해요. 그리고 누가 어떤 자리에 맞을지 알아보는 안목도 아주 좋아요. 1년 전에 존을 X프로젝트에 제격이라고 추천했는데 실제로 지

금 엄청난 성과를 내고 있는 걸 봐요.

360도 피드백을 수렴해 객관성을 극대화한다

360도 피드백은 여러 관점에서 나온 의견을 종합한 피드백인 만큼 팀원을 더 꼼꼼하고 객관적으로 평가하는 수단이 된다. 예를 들어 팀원이 브레인스토밍 회의를 주관했을 때 당신의 입장에서만 업무 피드백을 주는 게 아니라 다른 참석자들의 의견도 취합해서 전달할 수 있다. 또 인사고과 시에 당신의 견해만 토대로 하지 않고 그 팀원과 긴밀하게 일하는 동료 몇 명에게 행동 피드백을 받으면 더 의미 있는 피드백이 된다.

미국의 많은 대기업이 1년에 한두 번 정도 360도 피드백을 실시한다. 혹시 공식적인 절차가 마련되어 있지 않다면 당신이 직접 피드백을 취합하면 된다. 나는 분기마다 각 팀원과 긴밀하게 일하는 사람 몇 명에게 짧은 메일을 보내서 ① X가 특별히 잘하고 있어서 앞으로 더 많이 했으면 하는 게 무엇이고 ② X가 바꾸거나 그만둬야 할 것은 무엇인지 묻는다.

360도 피드백은 다방면에서 의견을 모으느라 많은 시간이 소요되는 만큼 1년에 4~5번 이상 하는 것은 현실적으로 무리다. 하지만 팀원의 일상생활과 업무를 서로 관련지어 생각해야 할 때 매우 요긴하다. 그 내용이 광범위하기 때문에 팀원과 따로 면담 약속을 잡아서 이야기해야 하고, 이때 서로 알게 된 것을 나중에 상대방도 참고할 수 있도록 꼭 문서화해야 한다.

- 예산을 놓고 말썽이 생겼을 때 잘 대처했다고 동료들이 칭찬을 많이 했어

요. 중요하면서도 골치 아픈 사안이었는데 침착하게 대응하면서 사람들의 의견을 경청하고 합리적인 주장을 펼친 덕분에 팀이 좋은 결과를 도출할 수 있었어요.

- 360도 피드백에서 계획을 더 철저하게 세우면 좋겠다는 말이 많이 나왔어요. 일례로 지난번에 가격 제안서에서 경로 우대 할인이 극단적으로 적용되는 경우를 제외시켜서 잘못된 예측치가 나왔잖아요. 그렇게 작은 실수가 반복되면 결국에는 신뢰도가 깎여요.

기대치를 설정하지 않으면 큰 실망이 따른다

예전에 상사였던 케이트 아로노위츠Kate Aronowitz가 지나가는 말로 우리 팀의 근황을 물었다. 나는 "다들 잘 하고 있어요. 딱 한 명만 빼고요."라고 대답했다(그 사람을 앨버트라고 하자). 그녀는 고개를 갸우뚱하며 다시 물었다. "그래요? 앨버트가 왜요?" 나는 한숨과 함께 자초지종을 말했다. 앨버트가 최근에 가져온 작업물 초안이 기획의도에서 한참 벗어나 있었다. 세 차례나 피드백을 주고받았지만 여전히 큰 개선이 없었다. 엔지니어들은 인내심의 한계를 느끼고 다른 디자이너들은 왜 앨버트가 자기들 의견을 자꾸만 무시하는지 모르겠다고 야단이었다.

"그래서 지금 앨버트가 기대에 부응하고 있나요?" 케이트가 물었다. 나는 잠깐 생각한 후 아니라고 대답했다. 그러자 케이트가 눈썹을 치켜올리며 다시 말했다. "그러면 앨버트한테 그걸 '분명하게' 말해줬어요?"

"그게…." 나는 말끝을 흐렸다. 앨버트에게 업무 피드백을 많이 주긴 했지만 그의 종합적인 성과가 어떤 방향으로 나가고 있는지는 직접적으로 말한 적이 없었다. 6주 후에 회사 차원에서 360도 피드백이 실시될 테니 그때 가서 이야기하면 될 줄 알았다. 하지만 케이트의 표정에서 내게 깨달음의 순간이 왔음을 읽을 수 있었다.

"만약에 앨버트가 인사고과 때 가서 기대에 부응하지 못하고 있다는 말을 갑자기 듣게 되면 기분이 말이 아닐 거예요." 그러면서 케이트는 우리가 인사고과를 하는 이유가 지난 6개월간의 성과를 전반적으로 평가하기 위해서인데 앨버트가 그동안 기대에 부응하지 못하고 있었다면 내가 진작에 그 부분을 지적했어야 한다고 말했다. 그 말이 옳았다. 다음 달에 앨버트가 뜻밖의 말을 듣고 충격을 받았을 때 보일 수 있는 반응은 세 가지였는데 그 어느 것도 좋게 느껴지지 않았다.

1. 인사고과 결과가 부당하다. 그렇게 심각한 문제가 있었으면 왜 여태까지 아무 말도 없었는가? 분명히 뭔가 착오가 있는 것이다.
2. 인사고과 결과는 타당하지만 이때까지 내 성과가 안 좋은데도 이를 모르고 있었던 상사는 업무 태만이다.
3. 인사고과 결과는 타당하지만 그동안 상사가 솔직한 피드백을 주지 않았기 때문에 성과를 개선할 기회가 없었다.

가만히 있으면 3번과 같은 결과가 나올 우려가 있었다. 다행히도 내게는 그날의 교훈을 행동으로 옮길 시간이 남아 있었다. 앨버트가 기대에 부응하지 못하고 있다는 사실을 빨리 알려줘야 그도 빨리 손을 쓸 수 있었다. 그래야 인사고과 때 우리의 대화도 순조롭게 진행될 것이었다. 예고도 없이 나쁜 소식을 듣고 싶어 하는 사람은 아무도 없다. 미리 기대치를 정해서 실망스러운 일을 방지하는 예를 몇 가지 들어보겠다.

팀원이 승진을 원한다는 의사를 확실히 밝혔을 때

당신이 볼 때는 6개월 안에 승진이 어려울 것 같다. 만약에 그런 말을 바로 해주지 않고 인사고과 때까지 기다린다면 팀원은 몇 달 동안 승진 여부를 두고 마음을 졸이다가 결국에 가서는 실망할 것이 뻔하다. 반대로 당신이 "승진하고 싶은 마음은 알겠는데 내가 볼 때는 아직 이런 점이 아쉬워요."라고 바로 말해준다면 목표를 달성하도록 도와주겠다는 의사가 전달된다. 이때는 승진 기준을 구체적으로 말해주고 몇 달 동안 팀원을 코칭하면서 기대에 얼마나 부응하고 있는지 수시로 피드백을 주자. 그러면 팀원도 마음을 졸일 필요가 없다.

팀원에게 까다로운 프로젝트를 맡겼을 때

당신이 진행 상황을 예의 주시해야 할 만큼 큰 건이다. 그렇다고 불쑥불쑥 찾아가서 어떻게 되어 가냐고 묻거나 요구하지도 않은 피드백을 준다면 팀원 입장에서는 자신을 믿지 못하는 것 같다고 느낄 수 있다. 또 언제 당신이 나타날지 몰라서 자꾸만 주위를 두리번거릴 수도 있다. 하지만 당신으로서도 작업물을 검토할 때까지 한 달이나 기다릴 여유가 없다. 일이 잘못 돌아가고 있으면 빨리 알아야 한다.

이 양면적인 문제는 기대치를 설정하면 해결된다. 프로젝트를 시작할 때 팀원에게 당신이 어느 정도 선에서 개입할 예정인지 알려주자. 일주일에 두 번씩 작업물을 검토하고 중요한 문제를 논의하자고 확실히 말해야 한다. 당신이 결정할 사안은 무엇이고 팀원이 결정할 사안은 무엇인지 설명해주자. 느닷없이 나타나서 폭탄처럼 새로운 요구 사항을 던져놓고 가는 관리자는 팀원에게 원망만 살 뿐이다. 하지만 자기가 무엇을 중요시하는지, 프로젝트에 어떻게 관여하기를 원하는지 미리 말하는 관리자는 그런 갈등을 거의 겪지 않는다.

계획에 차질이 발생했을 때

팀이 10월 출시를 목표로 어떤 프로젝트를 진행하고 있다. 그런데 6월이 되자 팀원들은 10월 출시가 무리라는 것을 알게 되었다. 이때 당신은 팀원들이 출시 예정일이 닥쳐서야 그 사실을 보고했으면 좋겠는가, 지금 당장 보고했으면 좋겠는가? 나중에 듣기를 원하는 관리자는 아마 없을 것이다. 그렇게 되면 많은 노력과 돈이 낭비되기 때문이다. 큰돈을 들인 마케팅이 허사가 되고, 홍보 계획을 전면 수정해야 하고, 매출 예상액을 재조정해야 한다. 그리고 왜 팀원들이 더 일찍 말하지 않았는지 궁금해질 것이다. 그들이 무능력해서? 아니면 작정하고 속이려고?

6월에 미리 보고를 받는다면 아직 손을 쓸 방법이 있다. 예를 들면 인력을 보강하거나 제품의 기능을 몇 가지 삭제할 수 있다. 또는 출시 연기를 기정사실화하고 관계자들에게 새로운 출시 일정을 알릴 수도 있다.

하지만 팀원들이 "10월 출시는 어려울 것 같습니다."라고 즉시 보고하지 않는다면 그 이유는 무엇일까? 아직 상황을 역전시킬 여지가 있다고 생각해서 그럴 수 있다. 아니면 말썽이 생기는 게 무서워서 그럴지도 모른다. 이런 경우를 대비해 출시일과 관련해 어떤 문제가 발생하든 간에 최대한 빨리 보고받기를 원한다고 기대치를 정해놓으면 팀원들에게 문제를 초기 단계에서 이야기해도 괜찮다는 인식을 심어줄 수 있다.

어차피 완벽함은 기대할 수 없다. 우리는 인간이다. 당연히 실수하고, 실패하고, 기일을 어길 때가 있다. 그것 자체는 어쩔 수 없다. 하지만 그런 일이 발생했을 때 최대한 빨리 기대치를 재조정해야 뒷수습이 가능하다. 그래야 문제가 더 크게 번지는 사태를 막을 수 있다. 그 과정에서 당신의 성의와 노련미가 드러나게 된다. 만일 당신이 크게 실망하거나 누군가를 크게 실망시켰다면 한번 생각해보자. 내가 어떤 부분에서 기대치를 명확하게 설정하지 않았는가? 앞으로 더 잘하려면 어떻게 해야 하는가?

피드백은 개선 효과가 있을 때만 가치 있다

장황하게 말하는 버릇을 가진 팀원이 있었다(조지라고 하자). 조지가 프레젠테이션을 하면 듣는 사람들은 요점을 알 수 없어서 멍한 얼굴이 됐다. 내가 딱 두 줄로 보고하라고 해도 조지는 5분 동안 설명하곤 했다. 그러다 보니 사람들이 그의 말에 귀기울이지 않는 게 느껴졌다. 하루는 그를 앉혀놓고 진지하게 대화를 나눴다. 조지가 말귀를 알아듣는 것 같아서 뿌듯했다. 팀원에게 유익한 피드백을 줬으니 관리자로서 할 일을 했다고 생각했다.

그런데 몇 주 후 조지가 프레젠테이션을 하는데 전과 달라진 것이 하나도 없었다. 그는 듣는 사람이 이해하지도 못할 세밀한 부분을 30분간 이야기했다. 당혹스러웠다. 저게 바로 내가 지적한 문제인데? 얼마 후 이루어진 면담에서 나는 왜 프레젠테이션을 간략히 하지 않았냐고 물었다. 그러자 그는 눈살을 찌푸리며 "했는데요."라고 대꾸했다. 그리고 자신이 차례를 넣고 이야기할 내용의 순서를 바꿨다고 주장했다. 그 순간 알았다. 오해를 한 사람은 그가 아니고 바로 나라는 걸. 조지는 내 피드백을 분명히 들었다. 다만 자기가 하는 말이 왜 복잡한지 모를 뿐이었다. 모르는데 무슨 수로 고친단 말인가.

내가 문제를 알려주고서 뿌듯함을 느낀들 그게 상대방에게 도움이 안 된다면 아무 의미가 없다. 누가 탁월한 코치인지 아닌지 알려면 코칭을 받는 사람이 얼마나 발전하는지를 보면 된다. 아마도 당신은 팀원이 더 큰 꿈을 꾸고, 더 많은 것을 이루고, 눈앞의 장벽을 넘어서는 모습을 보고 싶을 것이다. 그렇다면 항상 염두에 둬야 할 질문이 있다. 내 피드백으로 내가 바라는 변화가 일어나고 있는가? 좀 더 자세히 말하자면 다음과 같은 점을 따져봐야 한다.

내가 피드백을 충분히 주고 있는가?

지금까지 팀원들이 쓴 관리자 평가서를 수도 없이 읽었는데 "관리자가 어떤 점을 개선하면 더 도움이 될 것 같습니까?"라는 질문에 가장 많이 나오는 답이 "피드백을 더 많이 주면 좋겠다."이다. 이건 꼭 짚고 넘어가야 할 부분이다. 피드백을 주는 '요령'을 따지기 전에 일단 해야 할 것은 자신이 피드백을 충분히 주지 않고 있을 가능성을 인지하고 피드백을 '더 많이' 주는 것이다.

팀원이 프로젝트를 수행하고, 고객과 대화하고, 계약 조건을 조율하고, 회의에서 의견을 개진하는 등 어떤 식으로든 일하는 것을 보면 혹시 도움이 될 만한 말을 해줄 게 없는지 생각해보자. 그리고 "문제를 예리하게 짚었어요.", "내가 옆에서 들으니까 공감을 아주 잘하던데요." 같은 긍정적인 피드백의 비중이 최소 50퍼센트는 되게 하자. 그래야 팀원도 자신이 무엇을 잘하고 있는지 알 수 있다. 혹시 다른 사람이 팀원을 칭찬하면 당사자에게 전해주자. 그리고 아무리 사소한 부분이라고 해도 개선해야 할 점이 있으면 알려주자. "그날 회의에서 말을 너무 많이 해서 다른 사람들이 끼어들 틈이 없었어요."

이때는 업무 피드백만 주지 않도록 주의해야 한다. 팀원들이 두 번째로 많이 요구하는 것이 "실력 향상과 커리어 개발을 위한 피드백을 더 많이 주세요."이기 때문이다. 어떤 관리자는 다른 디자이너들이 우러러볼 만큼 대단한 실력자였다. 시안을 쓱 보기만 해도 아이콘 간격이 2픽셀 초과된 것을 알아볼 정도였다. 그 팀원들은 작업물에 대한 피드백은 확실히 받았다. 하지만 관리자 평가서에는 "제가 지금 잘 성장하고 있는 건지 의견을 듣고 싶어요.", "제 커리어 목표와 그것을 달성할 방법에 대해 상의하고 싶습니다." 같은 말이 많이 나왔다. 팀원들은 관리자가 성과에 대한 관심을 넘어 인간적인 관심도 보여주기를 갈망하고 있었다.

혹시 자신이 팀원들에게 피드백을 띄엄띄엄 주는 것 같다면 내게 도움이 된 방법을 하나 소개하고 싶다. 바로 한 달에 한 번씩 각 팀원의 행동과 커리어 목표에 대한 피드백만 주는 일대일 면담을 실시하는 것이다.

내 피드백이 제대로 전달되고 있는가?

예전에 잠재력을 다 발휘하지 않는 것 같은 팀원이 있었다(에이미라고 하자). 다른 팀원들은 대담한 목표를 세우고 달성하기 위해 노력하는데 에이미는 어려운 프로젝트를 맡지 않으려 하고 그나마 맡은 프로젝트도 진척이 더뎠다. 점심을 오래 먹고 자리에서 업무와 상관없는 사적인 일을 많이 했다. 저조한 성과에 대해 진지하게 이야기해봐야겠다는 생각이 들었다.

면담을 준비하는 데만 일주일이 걸렸다. 어떤 이야기를 할지 문서로 정리해서 다른 관리자에게 보여주고 조언을 들은 뒤 거울 앞에서 예행연습까지 했다. 그래서 면담 때 분명하게 피드백을 줄 수 있었다. 면담을 끝내고 나오자니 큰 짐을 벗은 것처럼 홀가분했다. 그런데 며칠 후 다른 팀원이 에이미에 대해 조용히 할 말이 있다며 나를 불렀다. 단둘이 되자 그녀가 말했다. "일부러 그러신 건 아니겠지만 아셔야 할 것 같아서요. 지금 에이미는 팀장님이 자기가 시간을 쓰는 것에 대해 너무 간섭이 심하시다고 생각해요. 왜 회사에서 점심을 먹지 말고 인터넷을 하지 말라고 하셨어요?"

어이가 없었다. 점심을 오래 먹고 업무와 무관한 일을 한다는 이야기는 에이미가 의욕이 없는 것처럼 느껴지는 여러 가지 이유를 말하면서 짧게 언급하고 넘어간 부분이었다. 내가 지적하려고 했던 문제는 저조한 생산성이었다. 만약에 에이미가 대단한 성과를 내고 있었다면 그런 말은 꺼내지도 않았을 것이다. 또 에이미가 남들보다 두 배나 많은 시간을 일하고도 실적이 저조했다면 그것은 그것대로 신경이 쓰였을 테고.

어릴 때 '말 전달하기 놀이'를 해봤다면 이 상황이 이해될 것이다. 내가 하려고 했던 말이 듣는 사람에게 항상 그대로 전달되지는 않는다. 분명하게 의사를 전달했다고 생각하지만 실제로는 말을 너무 많이 혹은 적게 했거나 보디랭귀지를 통해 다른 메시지가 전달되는 경우가 있다. (나의 경우 너무 친근하게 말해서 심각한 이야기도 가볍게 느껴진다는 지적을 종종 듣는다.) 거기에 듣는 사람의 확증 편향(기존의 신념에 부합하는 내용만 기억하는 경향)까지 더해지면 메시지가 해석되는 과정에서 혼선이 생길 수밖에 없다.

비즈니스 코치이자 스탠퍼드 경영대학원 강사인 에드 바티스타Ed Batista에 따르면 피드백이 통하지 않는 이유 중 하나는 듣는 사람이 대화를 위협적인 상황으로 인지하면서 아드레날린 분비로 투쟁-도주fight-or-flight 본능이 일어나기 때문이라고 한다. 그는 피드백을 받으면 "거의 예외 없이 심박동수와 혈압이 증가하면서 각종 신경학적, 생리학적 현상이 발생하고, 그에 따라 복잡한 정보를 처리하고 합리적으로 반응하는 능력이 저하된다."며 "위협에 대한 반응이 우위를 차지하면 타인의 견해를 수용하고 적용하기가 어려워진다."고 썼다.[1]

피드백이 잘 전달되려면 팀원이 안전함을 느끼고 어디까지나 그 사람을 아끼고 위하는 마음에서 하는 말이라는 것을 인지시키는 게 제일 중요하다. 당신에게 조금이라도 다른 꿍꿍이가 있는 듯 보이면, 예를 들어 당신이 훈계나 비판을 하려고 하거나 짜증이 난 것 같은 기미가 보이면 메시지가 똑바로 전해지지 않는다. 그래서 긍정적인 피드백이 큰 효과가 있다. 유치원 선생님이나 반려동물을 키우는 사람에게 물어보면 잘못만 지적할 때보다 잘하는 것을 칭찬해줄 때 행동이 더 잘 바뀐다고 알려줄 것이다. "와, 진짜 잘했어요."라고 말하면 위협감을 주지 않고도 원하는 행동을 더 많이 하도록 유도할 수 있다.

비판적인 피드백을 줘야 할 때는 팀원의 생각이 진심으로 궁금하다는 마음이 전해져야 한다. 간단한 방법이 있다. 요점을 단도직입적으로 말한 다음에 "이 피드백에 공감이 가요? 공감이 가거나 안 가는 이유가 뭐예요?"라고 묻는 것이다. 이렇게 물었을 때 공감이 된다는 답변이 돌아왔다면 그 사람도 내 피드백을 인정하고 그 부분에 대해 생각했으니 피드백이 더 잘 통할 것이다. 혹시 공감이 안 간다는 대답이 나와도 괜찮다. 이때는 그 이유가 무엇인지, 어떻게 하면 피드백이 더 쓸모가 있을지 함께 이야기하면 된다.

대화가 끝날 때까지 피드백이 잘 전달됐다는 확신이 들지 않는다면 몇 가지 대응법이 있다. 첫째는 구두로 확인을 받는 것이다. "자, 우리가 오늘 한 이야기를 서로 동일하게 이해했는지 확인해봅시다. 오늘 무엇을 알게 됐고 앞으로 어떻게 할 생각인가요?" 둘째는 대화 내용을 메일로 요약해서 보내는 방법이다. 그렇게 둘 사이에 오간 이야기를 문서화하면 논점이 명확히 정리되고 나중에 필요할 때 참고하기도 좋다. 셋째는 팀원이 똑같은 메시지를 여러 경로로 여러 번 듣게 만드는 것이다. 예를 들면 팀원의 유독 성장이 더딘 부분에 대해 여러 차례 일대일 면담을 할 수도 있다. 피드백이 잘 통하지 않는다면 360도 피드백을 실시함으로써 다른 사람들도 같은 생각이라는 사실을 분명히 알려줄 수 있다.

내가 아는 한 관리자는 여기서 더 나아가 누가 팀원에 대한 피드백을 주면 "혹시 그걸 본인에게 직접 말해줄 수 있나요?"라고 부탁한다. 자신이 중간에 끼지 않고 당사자끼리 이야기하면 메시지가 왜곡될 여지가 줄어들고 피드백이 더 확실히 전달되고 수용될 것이라 생각하기 때문이다.

내 피드백이 긍정적인 변화로 이어지는가?

조지는 되도록 간단명료하게 프레젠테이션을 하라는 나의 피드백을 받아들였다. 하지만 자기가 뭘 해야 할지를 몰랐다. 그래서 피드백이 효과를 발휘하지 못했다. 어떻게 해야 피드백이 실천으로 이어질 수 있을까? 다음의 세 가지 원칙을 기억하자.

1. 최대한 구체적으로 말한다. 조지에게 "너무 복잡하게 설명해서 사람들이 이해를 잘 못했어요."라고 말했을 때 나는 그가 생각하는 '복잡함'의 뜻이 나와 같을 줄 알았다. 하지만 실제로 그렇지 않았다. 그래서 내 피드백이 모호하게 들렸던 것이다. 복잡하다니 어떤 부분이 복잡하단 말인가? 정확히 어떤 말이 사람들을 헷갈리게 했단 말인가? 상대방이 말뜻을 잘 알아듣도록 피드백의 '근거'를 확실히 보여주는 예를 제시하자.

- 검토의 목적을 한두 개가 아니라 일곱 개나 말해서 사람들이 혼란스러워했어요. 그걸 다 기억하기는 어려우니 우선순위가 뭔지 헷갈렸던 거죠.
- 끝에 가서 우리가 선택할 수 있는 방향을 세 개 제시했는데, 그중에서 무엇을 추천하는지, 각각의 장점과 단점은 뭔지 말을 안 해줬잖아요. 그래서 앞으로 어떻게 하자는 건지 갈피가 안 잡혔어요.

2. 무엇이 성공인지 명확히 알려준다. 상대방이 구체적인 피드백을 잘 듣고 이해는 했어도 앞으로 무엇을 목표로 해야 할지 확실한 그림이 안 그려질 수 있다. 몇 년 전에 상사인 크리스가 우리 팀의 작업물을 검토하면서 신청 양식이 너무 '무거워' 보인다고 했다. 그 자리에 있던 디자이

너 중 한 명이 텍스트 입력 상자의 외곽선을 파란색에서 회색으로 바꾸고 상자의 간격을 좀 더 띄우자고 제안하며 "그러면 좀 더 가볍고 시원스럽게 보일 겁니다."라고 말했다. 크리스는 잠시 생각한 후 말했다. "디즈니랜드에 줄 서 있는 사람들을 생각해보세요. 실제로는 줄이 아주 길지만 작은 구역들을 이동하는 방식이라서 엄청나게 긴 것처럼 느껴지진 않아요. 내가 원하는 것도 그런 겁니다." 그 즉시 우리는 흐름을 개선할 방법이 무엇인지 또렷이 알 수 있었다. 하나로 길게 만들어진 양식을 여러 개의 작은 양식으로 나누는 것이었다.

3. 다음 단계를 제안한다. 팀원이 피드백을 행동으로 옮기게 하려면 다음 단계로 무엇을 하면 좋을지 알려주는 게 보통 가장 쉬운 방법이다. 이때는 반드시 그렇게 하라고 요구하는 것인지, 아니면 단순히 권유하는 것인지 확실히 해야 한다. 그리고 과하면 안 된다. 관리자가 매사에 이래라저래라 하면 팀원은 스스로 문제 해결법을 배울 기회를 얻지 못한다. 강압적인 느낌을 주지 않으려면 "이제 뭘 하면 좋을 것 같아요?"라고 물으면서 팀원이 대화를 주도하게 하자.

- 오늘 우리가 얘기한 내용을 반영해서 보고서를 수정해볼래요? 목요일에 다시 볼까요?
- 다음번에 프레젠테이션할 때는 '3의 법칙'을 따르면 좋겠어요. 목표도, 섹션도, 한 슬라이드에 넣는 항목도 세 개를 넘기지 않는 거죠.
- 지금까지 얘기한 걸 종합해봤을 때 이제 뭘 하면 될까요?

비판적 피드백이나 나쁜 소식을 전할 때

관리자는 싫어도 팀원이 실망할 만한 말을 해야만 할 때가 있다. 이때는 '어떻게'가 대단히 중요하다. 취지는 같아도 그것을 전하는 방식은 어휘, 어조, 보디랭귀지에 따라 천차만별이다. 다음의 예 중에서 당신은 말을 어떻게 시작하는가?

1. 어휴, 이 한심한 인간아! 이걸 어따 써?
2. 결과물이 형편없네요. 어떻게 개선할 건지 말해봐요.
3. 요즘 내놓는 결과물의 품질이 신경 쓰여서 그런데 잠깐 얘기 좀 할까요?
4. 최근에 가져온 결과물을 보면 포괄성이 좀 부족하던데 왜 그런지, 어떻게 해결하면 좋을지 한번 얘기해봅시다.
5. 최근 결과물에 대해서 몇 가지 물어볼 게 있는데 얘기할 시간 돼요?

1번은 상식적으로 볼 때 절대로 피해야 할 말이다. 한심한 인간이라고 매도해서 좋은 결과가 나올 리 없다. 날이 선 말이나 인신공격성 발언("그런 행동은 경솔했어."가 아니라 "너는 경솔한 인간이야." 같은 말)을 듣는 순간 상대방은 방어적인 태도를 취한다. 당신을 위협적인 존재로 느끼기 때문에 당신이 하는 말을 경청하지 않을 가능성이 크다. 2번은 인신공격까지는 아니지만 '형편없다'가 공격적인 어감을 준다. 팀장은 심판이 되어 일방적으로 꾸짖고 있고 문제 해결은 전부 팀원의 책임으로 돌리는 것처럼 들린다.

이성적으로 생각하면 1, 2번 같은 말은 안 해야 정상이지만 실제로는 저런 말이 불쑥 튀어나올 때도 있다. 화가 나거나 감정이 격해지면 그렇다. 누가 꼭지를 돌게 하는 말을 하면 얼굴이 시뻘게지면서 독설을 퍼부어주고 싶다. 그런 사태를 방지하려면? 감정이 격해졌을 때는 차라리 말을 하지 말자. 화가 나서 한 말은 후회를 부르기 마련이다. 다리를 건설하는 데는 몇 달, 몇 년이 걸리지만 불타는 건 한순간이다. 그러니까 이마의 핏줄이 불끈불끈 서는 것 같으면 심호흡을 하고 "다음에 얘기하죠."라는 말과 함께 조용히 자리를 떠나자.

5번이 대화를 시작하기에 좋은 말처럼 들릴지도 모르겠지만(예전에는 나도 비판적인 피드백을 주기 전에 그런 말을 많이 했다) 실제로는 소심한 관리자가 하는 말이다. 팀원의 기분이 상할까 무섭거나 자신의 의견이 100퍼센트 옳다는 확신이 없으니 우려를 '질문'의 형태로 표출한다. 피드백을 줄 때 호기심을 갖는 태도는 좋지만('저 사람의 입장은 무엇일까?') 너무 빙빙 돌려 말하면 안 된다. 질문하는 척 우려를 드러내면 진정성이 없어 보이고, 자칫하면 당신이 정말로 우려한다는 사실을 팀원이 알아차리지 못해서 아무런 변화도 생기지 않을 수 있다.

비판적인 피드백은 냉철하고 단도직입적으로 전하는 게 최선이다. 당신이 생각하는 문제가 무엇이고, 왜 그런 생각을 하게 됐으며, 어떤 식으로 함께 문제를 풀어가면 좋을지 솔직하게 말하자. 여기에 부합하는 것은 3번과 4번이다. 그중에서도 4번이 우려되는 부분을 더 구체적으로 말하기 때문에 살짝 우위에 있다. 어떻게 말해야 할지 여전히 감이 안 잡힌다면 이런 식으로 말하는 연습을 해보자.

- 당신의 [행동/결과물]을 [들으니까/보니까/생각하니까] 신경 쓰였던 게 뭔가 하면…
- 당신의 입장을 듣고 우리가 이 문제를 어떻게 해결할 수 있을지 얘기하고 싶어요.

절대 서두가 길면 안 된다. 껄끄러운 메시지를 '부드럽게' 포장해서도 안 된다. 초보 관리자 때 비판적인 피드백을 하려면 '칭찬 샌드위치'에 넣으라는 글을 읽었다. 우선 긍정적인 말을 한 다음에 개선해야 할 부분을 말하고, 다시 또 듣기 좋은 말로 마무리하라는 것이었다. 채소가 먹음직스럽게 보이려면 주변에 마시멜로가 쫙 깔려 있어야 한다는 논리다. 하지만 그런 수법은 실전에서는 잘 안 통한다. 알맹이 없는 칭찬 몇 마디로 껄끄러움을 완화하려고 해봤자 진정성이 없다는 인상만 줄 뿐이다. 게다가 정말로 들었으면 하는 부분을 흘려 넘길 수 있다. 회의 때 집중을 못하고 휴대폰만 보는 직원의 행동에 피드백을 주고 싶다면 다음 중 어떻게 말하는 게 더 효과적일까?

- 지난번 회의 때 예산 관련 문제 잘 지적했어요. 근데 휴대전화를 너무 많이 보면 분위기가 산만해질 수 있으니까 다음번에는 그러지 마요. 그래도 향후 대응책은 설명을 잘해서 쏙쏙 이해됐어요!
- 회의 때 휴대전화를 많이 보니까 분위기가 산만해져요. 회의에 집중할 필요가 없다는 인상을 줘요. 그러니 앞으로는 회의 때 휴대전화 안 보는 거로 할까요?

어떤 결정 사항에 대해 나쁜 소식을 전할 때는 어떻게 해야 할까? 예를 들어 어떤 팀원이 탐내던 자리에 다른 사람을 앉히기로 했을 때, 프로젝트에서 팀원을 제외하기로 했을 때, 팀에서 팀원을 내보내기로 했을 때는 앉자마자 그 이야기부터 꺼내야 한다.

– 이번 프로젝트는 다른 사람에게 맡기기로 했어요.

결정권자는 당신이다. 그러니까 논의의 여지를 남기지 말고 확실하게 말해야 한다. 예전에 나는 그러지 못할 때가 많았다. 나쁜 소식을 전하는 사람이 되고 싶지 않았기 때문이다. 그래서 팀원도 의견을 낼 수 있다는 듯이 말했다. "Z프로젝트를 누구에게 맡길지 얘기해보죠. 아무래도 당신은 시간이 안 될 것 같아요. 이미 X와 Y를 맡고 있잖아요. 그래서 Z는 다른 사람이 맡는 게 좋을 것 같은데 어떻게 생각해요?"

팀원이 무슨 말을 하든 결정을 번복하지 않을 상황에서 마치 팀원에게 발언권이 있다는 듯 행동하는 것은 정직하지 못하다. 만약에 팀원이 "저 시간 되는데요?"라고 대답하면 어쩔 텐가? 자기가 적임자인 이유를 늘어놓으면? 그러면 허겁지겁 또 다른 핑계를 만들어내야 할 것이고, 팀원은 자기 의견을 무시한다고 생각할 것이다.

당신의 피드백이나 결정에 팀원이 동의하지 않을 수 있다. 그래도 괜찮다. 관리자로서 당신이 전적으로 결정해야 할 사안도 있다는 것을 명심하자. 당신은 팀의 성과를 최종적으로 책임지는 사람이고, 팀원보다 많은 정보를 갖고 있거나 올바른 진로에 대한 관점이 팀원과 다를 수 있다. 매사에 합의를 추구하면 남에게 상처를 안 줘도 되니까 좋다고 생각할지 몰라도 영향력 있는 리더는 하나같이 남이 반대하는 일을 과감히 실행할 줄 아는 사람이다. 반대하는 사람의 입장을 존중하면서도 "내 결정에 동의하지 않더라도 일을 진행하는 데 협조해줬으면 좋겠어요."라고 말하고, 해야 할 일을 해야 한다.

내가 지금까지 아주 껄끄러운 피드백을 포함해 많은 피드백을 주면서 느낀 건데 사람들은 연약한 꽃이 아니다. 이제껏 "좀 살살 해주세요."라고 말하는 팀원은 아무도 없었다. 다들 "내가 더 발전할 수 있게 피드백을 주세요."라고 요청한다. "솔직하게, 단도직입적으로 말해주세요."라고 당부한다. 누군들 아닐까? 솔직한 말이야말로 존중의 증거다. 구글에서 관리자를 지낸 킴 스콧Kim Scott은 《실리콘밸리의 팀장들》에서 이렇게 말했다.

"일을 망치고 있는 사람에게 그렇다고 말하는 것은 매정하리만치 힘든 일이다. 사디스트도 아니고 일부러 타인의 감정을 해치고 싶은 사람은 없다. 그 사람이나 나머지 팀원들에게 쓰레기란 평가를 받고 싶지도 않다. 더군다나 어른이 되고 난 후로 '좋은 말을 할 게 아니라면 그냥 입을 다물고 있어라'를 미덕으로 배우지 않았는가. 그런데 별안간 안 좋은 말을 하는 게 '본분'이 되어버렸으니 평생 훈련해온 것을 없던 것으로 만들어야 한다."[2]

나는 지금도 피드백의 기술을 연마하고 있다. 사람은 모두 다르기 때문에 이 사람에게 통하는 피드백의 주기, 성격, 형태가 저 사람에게는 통하지 않을 수 있다. 당연히 실수가 생긴다. 하지만 피드백을 잘 줘서 팀원이 성장한다면 그만큼 뿌듯한 일도 없다. 배워서 남 주냐는 말처럼 팀원이 기른 능력은 평생 그 사람의 자산으로 남는다. 내가 좋아해서 우리 회사 벽마다 붙여 놓은 명언이 있다. 바로 "피드백은 선물이다"라는 말이다. 피드백을 주려면 시간과 노력이 필요하지만 받는 사람은 그 덕분에 더 나은 삶을 살게 된다. 그러니 피드백을 아끼지 말자.

THE MAKING OF A MANAGER

CHAPTER 5

팀장을 위한 자기 관리법

나쁜 예
"요즘 어때?"
"… 최고지!"
좋은 예
"요즘 어때?"
"죽겠어.
조언 좀 해줘."

MANAGING YOURSELF

첫 아이를 낳고 석 달을 쉰 후 복직했다. 다시 적응하는 과정이 힘들 줄은 알았지만 그게 이렇게나 힘든 일인 줄은 전혀 예상하지 못했다. 몇 주 동안은 자질구레한 일도 벅차게 느껴졌다. 집에 와서는 회사 일을 생각하고 회사에서는 집안일을 생각했다. 뭐 하나 집중하질 못 하니까 스트레스로 미칠 것 같았다. 내가 별안간 청승맞고 무능력한 인간이 된 것 같아서 상사인 크리스에게 비즈니스 코칭을 받을 수 있을지 물어봤다. 그렇게 스테이시 매카시Stacy McCarthy를 만났다.

스테이시와 인사를 나눈 후 처음으로 꺼낸 말은 '죄다 뜯어고치고 싶다'는 것이었다. 심각한 인력난에 허덕이는 프로젝트, 역할의 변화를 원하는 사람들, 마음에 들지 않는 제품 전략 등 복잡하게 얽힌 문제를 하나씩 나열할 때마다 나도 모르게 목소리가 높아졌다. 스테이시가 그런 문제들의 복잡한 매듭을 풀어서 간단하게 만들어줄 것이고, 그러면 나는 그 부드럽게 풀린 가닥들을 목적에 맞게 다시 꿰면 될 것이라 기대했다. 하지만 스테이시는 내가 말을 마칠 때까지 가만히 듣고만 있다가 이야기했다. "그런 건 다 나중에 얘기하기로 하고 일단은 한 발짝 물러나보죠. 당신에 대해 말해주세요."

나는 두 눈을 끔뻑였다. 나에 대해 말해달라고? 지금 발등에 붙은 불이 일곱 개나 되는데 그게 무슨 도움이 된다고? 그러나 스테이시는 물러서지 않았다. 나의 과거와 지금까지 걸어온 길에 대해 물었다. 그리고 미래, 그것도 아주, 아주 먼 미래에 대해 이야기했다. 여든 살이 돼서 해변에 앉아 인생을 돌아보고 있다고 생각해보라는 것이었다. 그때 기억하고 싶은 게 뭐예요? 그러고는 나와 긴밀히 일하는 사람들과 대화를 좀 해봐도 되겠냐고 물었다. 나는 그러라고 했다.

2주 후에 다시 만난 자리에서 스테이시는 '나'에 대한 20쪽 분량의 보고서를 내밀었다. 거기에 내가 당면한 문제는 전혀 언급되어 있지 않았다. 대신 일하는 방식에 대한 심도 있는 질문이 차곡차곡 쌓여 있었다. 사람들이 생각하는 나의 강점과 약점은 무엇인가? 나의 어떤 면이 주변 사람들에게 감탄이나 짜증을 불러일으키는가? 나의 관리 스타일에는 어떤 특징이 있는가?

황색 서류철에 깔끔하게 정리된 문건을 건네받았을 때 느꼈던 무게감이 아직도 생생하다. 나는 별로 보고 싶지 않아서 서류를 백팩에 쑤셔 넣었다. 그날 밤 아이를 재우고 은은한 조명 아래에 혼자 앉았을 때야 비로소 진실을 마주하고 싶은 기분이 들었다. 심호흡을 하고 첫 번째 장을 펼쳤다. 자신감이 땅에 떨어진 상태였기 때문에 선뜻 보고서를 읽을 수가 없었다. 내가 발가벗긴 채로 누워 있는 해부학 표본이 된 것 같았기 때문이다. 우리는 내면의 혼란이 바깥으로는 절대 비치지 않을 것이라고 애써 자신을 설득하지만 사실 그만큼 연기력이 좋은 사람은 드물다. 다 티가 난다. 사람들은 내가 불안감 때문에 우유부단한 행동을 하는 것처럼 인정하기 싫은 단점을 알아본다. 그런데 그들은 우리가 생각하는 것보다 훨씬 친절하다. 나는 잘하는 줄도 몰랐던 부분을 사람들이 잘한다고 칭찬해준 말을 읽으면서 울컥했다.

지금 와서 생각해보면 내 커리어를 통틀어서 그 20쪽짜리 보고서만큼 좋은 선물은 없었던 것 같다. 덕분에 내면의 나침반을 재조정할 수 있었다. 과도하게 걱정하는 부분이 무엇이고(내가 청승맞고 무능력한 인간이 됐다고 생각하는 사람은 아무도 없었다), 미처 신경 쓰지 못하고 있던 부분이 무엇인지(나와 타인에 대한 명확한 기대치 설정하기) 알게 됐다. 내가 어디에 서 있는지 알고 나니 앞으로 나아갈 수 있었다.

탁월한 관리자가 되려면 자기 관리가 필수다. 자기를 잘 알고 잘 다스릴 줄 알아야 팀원들에게도 든든한 지원군이 될 수 있다. 그게 스테이시가 내게 해주려던 말이었다. 우리는 어떤 장애물을 만나든 간에 먼저 '나'에 대해, 나의 강점, 가치관, 안전지대, 맹점, 편향에 대해 깊이 알아야 한다. 나를 확실히 알 때 어디로 나아가야 할지 알 수 있는 법이다.

누구나 자기가 사기꾼처럼 느껴질 때가 있다

대학교 3학년 때 '사기꾼 증후군'이란 말을 처음으로 접했다. 남녀의 차이를 연구하는 교수님이 강의실을 꽉 채운 학생들 앞에서 하나씩 예시를 들 때마다 온몸이 찌릿했다. '맞아! 내 기분이 딱 저렇잖아! 나는 이런 명문대에서 이렇게 똑똑한 학생들과 나란히 앉아 있을 주제가 못 돼. 여기 들어온 건 분명히 무슨 착오가 있었거나 운이 좋았거나 그날 특별히 하늘이 도운 거야. 내가 똑똑한 게 아니라 순전히 기억력이 좋아서 좋은 성적

을 받았다는 게 언제 들통 날까?'

처음 관리자가 됐을 때도 그런 기분을 수도 없이 느꼈다. 사람들 앞에서 똑 부러지게 행동하지 못하거나 결정을 망설일 때마다 마음속에서 '레베카가 큰 실수를 한 거야. 네가 뭐라고 여기서 이러고 있어?' 하는 목소리가 들렸다. 하지만 다년간 관리자로 살면서 아주 중요한 비밀을 알게 됐다. 관리자라면 '누구나' 자기가 사기꾼처럼 느껴질 때가 있다는 것이다. 누구나 처음으로 관리자가 됐을 때는 면접이나 일대일 면담 때 버벅댄다. 그러니까 물위를 유유히 헤엄치는 백조인 척할 게 아니라 물밑에서 벌어지는 격렬한 발길질을 인정해야 한다.

사기꾼 증후군은 존경하는 사람들이 모인 곳에 들어갈 때 나 혼자만 내세울 게 없는 사람처럼 느껴지는 증상이다. 사기꾼 증후군은 메일의 '보내기' 버튼을 누르기 전에 혹시라도 누가 실수를 발견하고 자신이 사기꾼이라는 사실을 알아차리지 못하도록 두 번, 세 번, 네 번 검토하게 만든다. 사기꾼 증후군에 걸리면 온 세상이 나의 추락을 기대하는 가운데 두 팔을 허우적대며 아슬아슬한 낭떠러지 위를 걸어가는 기분을 느낀다.

그런데 그런 기분이 드는 것은 지극히 정상이다. 관리직 적응 과정에 대해 오랫동안 연구한 하버드 경영대학원 린다 힐Linda Hill 교수는 이렇게 말했다. "신임 관리자들에게 상사가 된 기분이 어떤지 물어보면, 또 고위 간부들에게 처음으로 관리자가 됐을 때 어떤 기분이었는지 물어보면 솔직한 사람들은 갈피를 못 잡고 고생한 이야기를 들려줄 것이다. 뭐가 뭔지 몰라 쩔쩔맸다고 하는 사람도 있을 것이다. 처음 관리자가 되면 모든 게 예상을 뛰어넘는다. 누구나 감당하기 벅차다고 느낀다."[1]

그렇다면 왜 많은 관리자들이 심한 사기꾼 증후군에 시달릴까? 이유는 두 가지다. 첫째, 해답을 기대하는 눈빛을 많이 받기 때문이다. 팀원들이 개인적인 문제를 털어놓고 조언을 구할 때가 많다. 새로운 프로젝트에 큰돈을 쓰는 것처럼 회사가 한 번도 해본 적 없는 일을 승인해달라는 요구를 많이 받는다. 내가 결정하지 않았으나 내가 해명해야 하는 사안에 대해 감정 섞인 질문을 수없이 받는다. 관리자는 비유하자면 배가 암초를 만났을 때 사람들이 가장 먼저 찾는 사람이다. 그러다 보니 항상 어떤 행동이나 말을 해야 할지 알고 있어야 한다는 압박감을 느끼게 된다. 그런 것을 모를 때는 당연히 '내가 이 자리에 있을 주제가 되나?' 하는 생각에 빠진다.

두 번째 이유는 한 번도 해본 적 없는 일을 해야 할 때가 많기 때문이다. 예를 들어 사람을 해고해야 하는 상황을 생각해보자. 그런 상황에 어떻게 대비할 수 있단 말인가? 그림이나 작문 등은 주말도 없이 밤을 새워가며 연습을 하면 실력을 키울 수 있다. 하지만 해고는 "오늘부터 연습해야지!" 하고 연습할 수 있는 게 아니다. '실제 상황'을 겪으면서 경험을 쌓는 수밖에 없다.

관리력은 타고나는 능력이 아니다. 리더로서 새로운 역할이 주어질 때마다 척척 변신하는 '만능 관리자'는 존재하지 않는다. 그러므로 관리자는 항상 자기가 처한 상황을 잘 볼 줄 알아야 한다. 나만 해도 이제 관리자로서 연차가 제법 있지만 지금보다 인원이 세 배 많은 팀이라든가 영업처럼 잘 모르는 분야의 팀을 맡게 된다면 아마도 당장 좋은 성과를 내지 못할 것이다. 그런 상황에서는 일단 훨씬 많은 팀원과 효과적으로 의사소통하는 요령, 마케팅 목표를 잘 세우는 요령 등 내게 필요한 능력을 파악하고 연마해야 한다.

이제부터는 관리자가 되면 당연히 생기는 의구심과 불편함에 대처하는 기술에 대해 이야기해보겠다.

매정할 만큼 솔직하게 자신을 마주하기

나는 대체 어떤 사람인가? 나는 사람이 많을 때보다 적을 때 마음이 더 편하다. 기본적인 원칙을 아는 게 중요하다고 생각한다. 말보다 글로 생각을 잘 표현한다. 어떤 의견을 제시하기 전에 혼자 생각하며, 새로운 정보를 처리할 때는 시간이 필요하다. 장기적인 안목이 더 발달했기 때문에 단기적으로는 비현실적인 결정을 내릴 때가 있다. 배우고 성장하는 데서 가장 큰 보람을 느낀다. 이런 게 왜 중요할까? 이런 강점과 약점이 내 관리 스타일에 직접적으로 영향을 미치기 때문이다.

동료 관리자들 중에는 전혀 다른 초능력을 가진 사람들도 있다. 나와 긴밀히 일하는 관리자들을 보면 누군가는 지독하게도 복잡한 사안을 쉽게 풀어서 기억하기 쉽도록 요점만 콕콕 집어내는 능력이 있다. 전생에 유능한 장군이었을 게 분명하다는 생각이 들 만큼 전략적 사고에 출중한 관리자도 있다. 또 어떤 관리자는 동시에 20가지 일이 전속력으로 굴러가게 하는 재주를 뽐낸다. 그런데 이들도 내가 가진 어떤 능력이 부럽다고 말한다. 우리가 가진 성격의 여러 측면은 요리 재료와 같다. 냉장고에 브로콜리, 달걀, 닭고기가 있다면 맛있는 저녁을 만들 수 있을까? 물론이다. 감자, 쇠고기, 시금치가 있다면? 역시 가능하다. 관건은 내가 가진 재료와 가장 잘 맞는 요리가 무엇인지 아는 것이다.

세계 최고의 리더들도 성격이 천차만별이다. 외향적인 사람이 있는가 하면(윈스턴 처칠) 내향적인 사람도 있고(에이브러햄 링컨), 깐깐한 사람이 있는가 하면(마거릿 대처) 푸근한 친척 같은 사람도 있고(마더 테레사), 원대한 포부로 청중을 압도하는 사람이 있는가 하면(넬슨 만델라) 일부러 스포트라이트를 피하는 사람도 있다(빌 게이츠).

자신에게 맞는 관리 스타일을 알려면 먼저 자신의 강점, 곧 자신이 좋아하고 잘하는 게 무엇인지 알아야 한다. 보통 탁월한 관리 능력을 발휘하려면 약점을 고치기보다 강점을 살리는 편이 더 효과적이기 때문이다. 강점 검사 도구로는 톰 래스의 '스트렝스파인더 2.0StrengthsFinder 2.0'과 마커스 버킹엄의 '스탠드아웃StandOut' 등이 존재한다. 간이 검사를 해보고 싶다면 다음의 질문에 가장 먼저 떠오르는 답을 적어보자.

- 나를 가장 잘 알고 아끼는 사람들(가족, 배우자, 연인, 가까운 친구)이 나의 특징 세 가지를 꼽는다면 뭐라고 할까?

  나의 답: 생각이 많다, 열정적이다, 추진력 있다

- 내가 가장 자랑스러워하는 나의 특징 세 가지를 꼽는다면?

  나의 답: 호기심이 많다, 생각이 깊다, 낙천적이다

- 내가 성취한 것들을 돌아봤을 때 성격에서 어떤 부분이 크게 작용했는가?

  나의 답: 포부, 투지, 겸손

• 내가 상사나 동료에게서 가장 많이 받는 긍정적 피드백 세 가지는 무엇인가?

나의 답: 원칙을 지킨다, 배우는 속도가 빠르다, 장기적으로 생각한다

당신도 나처럼 답변을 종합해보면 공통적으로 드러나는 몇 가지 특성을 발견할 수 있다. 보다시피 나의 강점은 꿈을 크게 꾸고, 빠르게 배우고, 항상 긍정적으로 생각하는 것이다. 당신의 강점이 무엇이든 가슴에 새기고 소중히 여기자. 앞으로 그 강점이 버팀목이 될 때가 많을 것이다.

강점 다음으로 솔직하게 알아야 할 것은 약점과 트리거triggers이다. 강점 목록 아래에 다음 질문에 대한 답을 적어보자.

• 내면의 비판자가 고개를 들면 무엇을 공격의 빌미로 삼는가?

나의 답: 주의가 산만하다, 타인의 생각에 너무 신경을 쓴다, 소신 있게 말하지 않는다

• 요정이 나타나서 내게 없는 것 세 가지를 선물로 준다면 무엇을 받고 싶은가?

나의 답: 고갈되지 않는 자신감, 명징한 사고력, 발군의 설득력

• 나를 유독 욱하게 만드는 트리거 세 가지는 무엇인가?

나의 답: 부당한 처우를 받는다는 기분, 다른 사람이 나를 무능력하게 본다는 생각, 자기만 잘난 줄 아는 사람

• 상사나 동료가 좀 더 발전했으면 좋겠다고 피드백을 주는 부분 세 가지는

무엇인가?

나의 답: 더 직접적으로 말해라, 더 많은 위험을 감수해라, 간단하게 설명해라

여기서도 공통적으로 드러나는 특성이 보일 것이다. 내 길을 가로막는 가장 큰 장벽은 자신감 부족, 장황한 말버릇, 단도직입적으로 말하지 않는 것이다.

강점과 약점 목록을 확보했다면 다음으로 할 일은 '조정'이다. 자기 자신을 보는 눈을 현실에 맞춰야 한다. 말처럼 쉽진 않다. 우리의 자기 인식은 롤러코스터와 비슷하기 때문이다. 어떤 날은 자기 연민에 빠진다. 실수를 저질러서 내면의 비판자가 아무짝에도 쓸모없는 인간이라고 윽박지른다. 또 어떤 날은 내가 세계 최강이라는 생각이 든다.(사람들이 실제보다 자기 능력을 과대평가하는 인지 편향을 가리키는 '더닝 크루거 효과Dunning-Kruger effect'라는 전문 용어도 존재한다.[2]) 세상이 나를 X로 볼 때 나는 나를 Y로 본다면 득 될 게 하나도 없으므로 조정은 중요하다. 가령 남들은 내 발표가 지루하다고 생각하는데 나는 내 발표력이 수준급이라고 여긴다면 중요한 아이디어를 발표해야 할 때 더 말주변이 좋은 사람에게 맡기지 않고 직접 나서는 오판을 할 수 있다. 더욱이 사람들이 주제도 모른다고 내 말을 무시할 것이다.

강점과 약점에 대한 인식을 현실에 맞춰 조정하려면 다른 사람들에게 내가 어떤 사람인지 가감 없이 말해달라고 부탁함으로써 진실을 마주해야 한다. 이때 칭찬을 받으려고 해서는 안 된다. 주변 사람들이 솔직하게, 매정할 정도로 솔직하게 말할 수 있는 분위기를 조성해서 정확한 정

보를 얻어야 한다. 이때는 팀원에 대한 피드백을 수렴할 때처럼 다음과 같은 세 가지 방법을 쓸 수 있다.

첫째, 상사에게 현실 인식을 조정할 수 있도록 두 가지 질문에 답해달라고 하자.

- 제가 지금 잘하고 있는 것, 그래서 더 적극적으로 해야 할 게 뭐라고 생각하세요? 제가 더 큰 영향력을 발휘하는 데 방해가 되는 건 뭘까요?
- 지금 제 자리에 완벽한 사람이 앉아 있다면 그 사람은 어떤 능력을 갖고 있을까요? 각각의 능력에 대해 저를 5점 만점으로 평가한다면 몇 점을 주시겠어요?

둘째, 당신과 긴밀히 일하는 사람 3~7명에게 발전에 도움이 될 만한 피드백을 달라고 부탁하자. 회사에 360도 피드백 시스템이 존재한다고 해도 당신이 알고 싶은 게 구체적으로 무엇인지 밝히고 격려가 아니라 진실을 원한다고 확실히 말하는 게 좋다. 아래의 예를 보자.

- 지난번에 같이 프로젝트를 진행했을 때 내가 어떤 면에서 영향력을 발휘했다고 생각해요? 그리고 어떻게 했으면 더 큰 영향력을 발휘할 수 있었을까요?
- 팀 내에서 내가 지금 잘하고 있어서 더 많이 했으면 좋겠다고 생각하는 게 뭔가요? 내가 그만둬야 할 행동은요?
- 요즘 더 결단력 있는 사람이 되려고 노력 중인데 어떤 것 같아요? 혹시 조언을 좀 해줄 수 있나요?

셋째, 구체적인 능력에 대한 자기 인식을 조정하기 위해 업무 피드백을 부탁하자. 예를 들어 자신의 발표력이 어느 정도 수준인지 잘 모르겠다면 발표 후에 몇 사람에게 이렇게 물어보자.

- 발표력을 기르고 싶어서 그런데 이번 발표에서 내가 잘한 건 뭐고 어떻게 했으면 발표를 두 배쯤 더 잘할 수 있을까요?

혹시나 해서 하는 말이지만 피드백을 부탁하는 일은 원래 어려운 법이다. 그러니까 위의 단락을 읽으면서 이런 걸 어떻게 묻냐고 주저하는 생각이 들었어도 괜찮다. 나도 피드백 요청이(규정에 따라 공식적으로 피드백을 받아야 할 때를 제외하고) 편해지기까지 몇 년이나 걸렸다.

대체 왜 그랬을까? 아마도 앞에서 말한 사기꾼 증후군 때문이었던 것 같다. 자꾸만 내가 부족하다는 생각이 드니까 정말로 내가 부족한 사람으로 판명날까 봐 두려웠다. 내가 존경하는 사람이 '그래, 너는 X나 Y를 못 해'라고 말할 것만 같았다. 내 실체가 들통나면 곤란하니 아무 문제없는 척 입을 꾹 다물고 버텼다.

비판적 피드백을 부탁하려면 어느 정도 자신감이 필요하다. 마음가짐을 바꿔야 한다는 것을 깨달았을 때 비로소 돌파구가 열렸다. 모든 도전을 내가 쓸모 있는 사람인지 증명하는 시험으로 여기면 매번 내가 더 발전할 방법을 생각하는 게 아니라 지금 잘하고 있는지만 고민하게 된다. 비유하자면 실제로 무엇을 배웠는지보다 시험 성적이 얼마인지를 더 강조하는 것과 같다.

반면에 무엇이든 노력하면 더 잘할 수 있다는 믿음으로 도전에 임하면 자꾸만 나를 평가하며 불안해하는 악순환이 깨진다. 지금 어떤 능력이 좋든 나쁘든 간에 노력을 통해 발전시킬 수 있다고 생각했더니 불안감 대신 호기심이 생겼다. 그래서 어마어마한 이득을 봤다. 만약에 동료에게 피드백을 부탁하지 않았더라면 평소 내가 막연하고 알맹이 없는 피드백을 줄 때가 많은 줄은 꿈에도 몰랐을 것이다. 그 말을 들었기 때문에 더 구체적이고 실용적인 피드백을 주려고 노력했고 지금은 그게 내 강점으로 평가된다.

선구적 심리학자 캐럴 드웩Carol Dweck은《마인드셋》이라는 걸출한 책에서 '고정' 마인드셋과 '성장' 마인드셋 중 무엇을 택하느냐에 따라 성과와 행복이 크게 달라진다고 했다.[3] 그 차이는 이렇다.

상황	업무를 끝낸 후 상사에게 개선할 점을 들었다.
고정 마인드셋	에잇, 다 망쳤어. 등신으로 찍혔을 거야.
성장 마인드셋	유익한 조언을 들었어. 앞으로는 결과물이 더 나아질 거야.

상황	위험하고 어려운 프로젝트를 주도해보라는 제안을 받았다.
고정 마인드셋	싫다고 해야지. 실패하면 개망신이잖아.
성장 마인드셋	좋은 기회다. 새로운 것을 배우고 경험을 쌓으면 앞으로 다른 큰 프로젝트도 주도할 수 있을 거야.

상황	앨리스라는 팀원과 일대일 면담에서 격한 말이 오갔다.
고정 마인드셋	팀장으로서 면이 깎이지 않도록 아무 일 없었던 척해야지.
성장 마인드셋	앨리스에게 그때 어떤 심정이었는지 물어보고 앞으로 우리가 어떻게 하면 더 생산적인 이야기를 할 수 있을지 같이 고민해봐야겠다.

상황	현재 작성 중인 제안서를 존이 보여달라고 했다.
고정 마인드셋	아직 다듬지도 않은 걸 어떻게 보여줘? 괜히 이미지만 안 좋아지지.
성장 마인드셋	존에게 피드백을 받으면 큰 도움이 될 거야. 아니, 존만 아니라 다른 사람들에게도 보여줘서 혹시 내가 놓친 부분이 있는지 확인하자.

모든 것은 마음먹기에 달렸다. 고정 마인드셋으로 살면 두려움이 행동을 지배한다. 실패에 대한 두려움, 비난에 대한 두려움, 사기꾼으로 발각될 것이라는 두려움이 주도권을 잡는다. 성장 마인드셋으로 사는 사람은 진실을 알기 위해 피드백을 요청한다. 그게 목적지에 가장 빨리 도달하는 길이라는 것을 알기 때문이다.

최고의 순간과 최악의 순간 알기

강점과 약점을 알았으면 이제 자신이 어떤 상황에서 가장 일이 잘 되고, 어떤 상황이 부정적인 반응의 트리거가 되는지 알아야 한다. 그래야 최적의 일과를 설계할 수 있다. 나는 경험에 비춰보면 다음과 같은 상황에서 최고의 기량을 발휘할 수 있었다.

- 간밤에 여덟 시간 이상 잤다.
- 아침 일찍부터 생산적인 일을 해서 탄력이 붙었다.
- 일을 시작하기 전에 바람직한 결과가 무엇인지 인지한다.
- 같이 일하는 사람들에게 신뢰감과 동지애를 느낀다.
- 중요한 논의에 참여하거나 중대한 결정을 내리기 전에 혼자서(글쓰기를 통해) 정보를 처리할 여유가 있다.
- 내가 배우고 성장하는 느낌이 든다.

이렇게 내게 이상적인 상황이 무엇인지 알고 나니 거기에 맞춰 몇 가지 습관에 변화를 줄 수 있었다. 예를 들면 이런 식이다.

- 밤 11시 정각에 침대에 눕도록 10시, 10시 15분, 10시 30분에 '취침 준비' 알람이 울리게 한다.
- 아침에 일어나자마자 10~15분 정도 운동을 한다. 별것 아닌 것 같아도 거기서 오는 성취감이 종일 강한 버팀목이 된다.
- 일정표에 '일과 준비 시간'을 30분 넣어서 오늘 내가 해야 할 일이 무엇인지 확인하고 마음속으로 각각의 면담, 회의, 업무가 잘 진행되는 모습을 그려본다.
- 같이 일하는 사람들과 친해지고 회사 바깥에서는 또 어떻게 사는지 알려고 노력한다.

- 일정표에 '생각 시간'을 넣어서 중요한 문제에 대한 생각을 글로 정리한다.
- 1년에 두 번씩 지난 6개월을 돌아보며 내가 발전한 면을 찾는다. 그리고 앞으로 6개월 동안 무엇을 배울지 목표를 정한다.

이런 사소한 습관들로 내가 인생을 주도한다는 느낌이 더 강해졌다. 물론 어느 것도 완벽하진 않다. 운동을 빼먹거나 자정이 넘도록 깨어 있는 날도 있다. 면담, 회의, 업무가 다 계획대로 진행되진 않는다. '생각 시간'이 아무 소득 없이 끝나는 날이 며칠(혹은 몇 주)씩 이어지기도 한다. 하지만 아무리 별것 아닌 것처럼 보여도 이런 습관이 반복되면 생각도 일도 더 잘 풀린다.

최고의 기량이 발휘되는 조건은 사람마다 다르다. 회사의 공동창립자 찬드라는 아침형 인간으로, 매일 오전 4시 30분에 일어나 명상을 한다. 그에게는 기상 후 몇 시간이 가장 생산적인 시간이라서 오전에 가장 어려운 문제를 처리하고 나머지는 오후로 미룬다. 또 다른 친구는 업무 유형을 자주 바꿀 필요가 없도록 일정을 정리한다. 예를 들면 회의와 전화통화를 모두 같은 시간대에 몰아넣어서 그 전후로 아무런 방해도 받지 않고 집중할 수 있는 시간을 길게 확보한다.

어떤 환경이 이상적인지 잘 모르겠다면 다음 질문에 답해보자.

- 인생에서 6개월 동안 가장 에너지가 넘치고 생산성이 좋았던 때가 언제였는가? 왜 그랬는가?
- 지난 한 달 중에서 최고의 성과를 발휘했던 순간들이 언제였는가? 어떻게 그런 일이 가능했는가? 그런 순간을 다시 재현할 수 있는가?

- 지난 일주일 중에서 고도의 집중력이 발휘됐던 때가 언제인가? 어떻게 그럴 수 있었는가?

반대로 어떤 상황이 부정적인 반응을 활활 타오르게 하는 트리거가 되어 생산성을 떨어뜨리는지도 알아둘 필요가 있다. 트리거는 유독 당신에게 큰 영향을 미친다는 점에서 누구나 느끼는 부정적 반응과 다르다. 예를 들어 쓸 만해 보이는 사람을 영입하려다 거절을 당한다거나 팀의 유망주가 사직서를 낸다면 어떤 관리자든 실망할 것이다. 누구나 느끼는 반응이다. 하지만 트리거는 다른 사람은 대수롭잖게 넘겨도 나는 뚜껑이 열리는 상황을 말한다. 그럴 때 비합리적으로 행동할 위험성이 매우 크다.

내 트리거 중 하나는 부당한 처우다. 뭔가 불공평하다는 생각이 들면 피가 거꾸로 솟고 심장이 벌렁거린다. 그러면 막무가내로 우기면서 별것 아닌 것도 큰 문제로 만든다. 그 사안에 대해 명확히 알고 말고는 중요하지 않다. 당연히 이런 행동은 생산적인 논의에 지장을 준다. 이때 자신의 트리거를 인지하면 그런 상황에서 성미 급하게 나서지 않고 한 발짝 물러날 수 있다. 사실 5분만 참아도 다시 마음이 안정된다.

다른 사람들과 서로의 트리거를 알아두면 좋다. 사람은 저마다 기질이 다르기 때문에 누가 말을 안 해주면 자신의 행동이 남에게 어떤 영향을 끼치는지 모른다. 여러 팀이 모이는 검토 회의에서 자기 분야가 아닌 사안에 대해서도 굳이 팀의 대변인을 자처하는 사람이 있었다. 그가 입을 열 때마다 나는 부당함 트리거에 불이 붙었다. '다른 팀원들도 말 좀 하게 놔두지 왜 저렇게 나대!' 따로 불러서 그 점을 지적하자 그는 놀라면서 피드백에 고마워했다. 자기가 회의의 원활한 진행을 돕고 있다고만 생각했지 다른 팀원의 공을 가로채는 것처럼 보일 줄은 꿈에도 몰랐던 것이다. 이후로 그는 기회가 될 때마다 다른 사람에게 스포트라이트를 넘겼다.

어떤 사람은 오만하거나 이기적인 행동을 보면 트리거가 작동되고 또 어떤 사람은 작은 부분까지 꼼꼼하게 챙기지 않은 작업물을 보면 속이 탄다. 누가 공격적이거나 호들갑스럽게 말하면 욱하는 사람도 있고, 팀원이 하루가 지나도록 메시지에 답이 없으면 울화가 치미는 사람도 있다. 트리거는 내가 성장해야 할 부분과 상대방이 성장해야 할 부분에 걸쳐져 있다. 위의 사례를 보자면 나는 과민반응하는 버릇을 고쳐야 했지만, 상대방에게는 내 트리거에서 나온 피드백이 도움이 됐다.

자신의 트리거가 무엇인지는 다음과 같은 질문으로 알 수 있다.

- 최근에 어떤 사람의 말에 주변 사람들보다 유독 더 짜증이 났던 때가 언제였는가? 왜 그런 기분이 들었는가?
- 가까운 사람들은 내가 유독 싫어하는 게 무엇이라고 말하는가?
- 만나자마자 경계심이 들었던 사람은 누구인가? 왜 그런 기분이 들었는가?
- 과민반응했다가 후회했던 적이 있다면 언제인가? 그때 왜 그렇게 흥분했는가?

무엇이 내 기운을 북돋거나 빠지게 하는지 알면 큰 도움이 된다. 운동선수가 최고의 컨디션으로 경기에 나서기 위해 평소에 체계적으로 먹고 훈련하는 것처럼 우리도 최고의 기량을 발휘하기 위한 방법을 안다면 원하는 것을 얻을 수 있는 날이 더 많아질 것이다.

구덩이에 빠졌을 때 자신감을 회복하는 법

관리자의 길은 결코 순탄하지 않다. 때로는 사기꾼 증후군이 고조되어 깊고 캄캄한 구덩이에 빠진 기분이 들기도 한다. 내가 아는 관리자는 모두 그 구덩이를 잘 알고 있다. 그 안에서는 내면의 비판자가 날리는 꾸짖음이 가득 차서 귀청이 떨어질 것처럼 울린다. 구덩이 속은 지독히도 외롭다. 의심과 근심으로 마음이 가득 찬다. 제발 뭐라도 잡을 수 있길 바라면서도 무엇 하나 소신 있게 결정하지 못한다. 다시 자신감이 회복되길, 그래서 어디로 가야 할지, 무엇을 해야 할지 알 수 있길 바라는 마음이 간절하다. 그러나 탈출구는 보이지 않는다.

예전에 나는 새로 온 관리자와 함께 중요한 프로젝트를 진행하다가 구덩이에 빠졌다. 우리는 첫날부터 제품 전략을 두고 삐그덕거렸다. 둘 다 자기가 옳다고 굳게 믿으니 뭐 하나 결정해야 할 때마다 거대한 파도가 모래성을 덮치듯이 관계가 허물어지는 느낌이었다. 사소한 부분을 놓고도 장문의 메일을 주고받았다. 그 밑바닥에는 불신의 기류가 흐르고 있었다. "왜 내 말을 안 들어요?", "그건 뭘 모르고 하는 소리예요.", "결정은 내가 해요." 같은 비난조의 말을 주고받았다. 기분이 좋을 리 없었다. 관계를 개선하긴 해야 하는데 막막했다. 혹시 이게 다 내 탓은 아닐까? 내가 정말 뭘 모르고 떠들고 있는 건 아닐까?

이제 와서 돌아보면 그때 나는 의심에 잠식당해 있었다. 그 힘든 협업 과정에서 많은 것을 배우면서 구덩이를 탈출하는 요령을 배웠다. 구덩이에 빠져도 정신을 똑바로 차릴 수 있는 몇 가지 유용한 방법을 소개한다.

기분이 나쁜 것을 자책하지 않는다

구덩이에 빠지면 당면한 문제 때문에도 고생하지만 자신이 당면한 현실 때문에도 마음고생을 한다. 내면의 비판자가 '이게 뭐라고 힘들어 해? 네가 더 똑똑했으면, 더 용감했으면, 더 유능했으면 아무렇지도 않았을 거야'라고 책망한다. 자신의 감정에 죄책감을 느끼면서 스트레스가 더욱 심해진다. 하지만 누구나 살다 보면 고비가 있기 마련이다. 그러니까 자신에게 괴로운 감정을 허락하자. 안 그러면 마음의 짐이 두 배로 커진다. 이때는 두 가지 대응법이 있다.

첫 번째 대응법은 유명인 중에서 동경하는 사람, 완벽한 인생을 살고 있는 것처럼 보이는 사람을 한 명 택해서 '[그 사람 이름] 시련'이라고 검색해보는 것이다. 백이면 백 고생담이 나온다. 그러면 구덩이에 빠지는 게 나 혼자만은 아니라는 생각이 든다. 두 번째 대응법은 기분이 나쁘다는 사실을 인정하는 것이다. 나는 괴로울 때면 종이에 '○○ 때문에 미치겠다'라고 적는다. 속으로만 끙끙 앓지 말고 어떻게든 밖으로 표출하자. 이렇게 글로 쓰기만 해도 답답함이 좀 가시고, 그러면 한결 수월하게 문제의 근본 원인을 해결할 수 있다.

혼자서 말도 안 되는 이야기를 지어내지 않는다

앞에서 우리는 모두 심리적 편향성이 있다고 말했다. 그 이유 중 하나는 우리 뇌가 지름길을 통해 더 빨리 결론에 도달하려고 하는 습성이 있기 때문이다. 그런 게 바로 고정관념이다. 두툼한 안경을 쓰고 옆구리에 교재를 잔뜩 끼고 가는 사람을 보면 아무 근거도 없이 수학을 잘할 것이란 생각이 든다.

어떤 현상을 인식할 때도 마찬가지다. 우리 뇌는 몇 가지 정보만 확보되면 모든 정보를 확인하지 않고도 그럴듯한 이야기를 만들려고 한다. 그래서 구덩이에 빠져 있을 때는 걸핏하면 최악의 시나리오를 쓴다. 예를 들어 사기꾼 증후군으로 고생하던 중에 혼자만 회의 참석 요청을 못 받았다고 해보자. 그러면 '팀원들이 나를 쓸모없다고 생각해서 안 부른 거야'라고 단정 짓는다. 이런 사례는 지금까지 수십 명이 내게 하소연했을 만큼 흔하다. 그럴 때 나는 "진짜 이유가 뭔지 알아보죠."라고 말하고 회의를 소집한 사람에게 "왜 ○○를 안 불렀어요?"라고 물어본다. 그러면 대개 다음과 같은 대답이 돌아온다.

1. 굳이 참석 안 해도 되는 회의인데 괜히 그 사람 시간만 낭비할까 봐서요.
2. 그 사람이 그 건에 관심 있는 줄 몰랐어요.
3. 착오가 있었어요.

"그 사람이 쓸모없을 것 같아서요."와 비슷한 대답을 들은 적은 딱 한 번이었다(정확히는 "○○가 자기주장이 너무 강해서 회의가 산으로 갈 것 같아서요."였다). 우리가 단편적인 정보로 만드는 이야기는 순엉터리일 때가 많다. 구덩이에 빠져 있을 때는 더더욱 그렇다. 열에 아홉은 악의가 있거나 당신을 멍청이라고 생각하지 않는다. 그리고 물론 당신은 지금 그 자리에 있을 자격이 있다.

부정적인 이야기가 고개를 들면 한 발짝 물러나서 그런 해석이 과연 옳은지 생각해보자. 혹시 다른 관점에서 볼 수 있진 않은가? 어떻게 하면 진실을 찾을 수 있겠는가? 경우에 따라서는 어깨를 쫙 펴고 "왜 회의 때 나 안 불렀어요?"라고 묻기만 해도 억측에서 벗어나 진실을 알 수 있다. 혹시 원치 않는 대답을 듣게 될까 불안하다고 해도 머릿속에서 불길한 이야기를 지어내는 것보다는 진실을 마주하는 편이 낫다.

눈을 감고 그려본다

어떤 행동을 하는 생각만 해도 뇌에서 실제로 그 행동을 할 때와 똑같은 영역이 활성화된다는 사실이 뇌 영상 연구로 밝혀졌다. 이게 왜 중요할까? 눈을 감고 마음속으로 상상만 해도 실제 행동과 비슷한 효과를 볼 수 있기 때문이다. 호주의 심리학자 앨런 리처드슨Alan Richardson은 농구 선수들을 두 집단으로 나눠 한쪽은 매일 20분씩 자유투 훈련을 하고 다른 쪽은 매일 자유투를 하는 상상만 하게 했다. 결과는 어떻게 됐을까? 양쪽 모두 비슷하게 실력이 향상됐다.[4] 또 다른 연구에서는 매일 헬스장에 가는 사람들과 상상으로만 운동을 하는 사람들을 비교했다.[5] 매일 헬스장에 간 집단은 근력이 30퍼센트 향상됐고 머릿속으로만 운동한 집단은 근력이 13.5퍼센트 향상됐다. 생각만 했을 뿐인데도 실제의 절반 정도 되는 효과가 생긴 것이다!

전설의 골퍼 잭 니클라우스는 "실전은 물론이고 연습 시에도 샷을 하기 전에 머릿속으로 내가 샷을 하는 모습을 그려본다. 그것은 컬러 영화처럼 선명하다."라고 썼다.[6] 시각화를 통해 성과만 향상할 수 있는 게 아니다. 구덩이에 빠졌을 때 자신감도 회복할 수 있다. 궁지에 몰렸을 때 이렇게 해보자.

1. 지금 느끼는 불안, 공포, 혼란이 당신만 아니라 누구나 느끼는 것이라고 생각하자. 테일러 스위프트는 댓글을 읽을 때마다 감정이 너무 격해졌고, 어차피 모든 사람의 기준을 충족시킬 수는 없으니 자기 사진을 보지 않기로 했다고 고백했다. 배우 리스 위더스푼은 많은 사람 앞에서 말하는 게 무서워 여성을 위한 캠페인의 홍보대사가 되는 것을 거절할 뻔했다.[7] 이들은 어마어마한 성공을 거두고 많은 사람이 본받고 싶어 하는 사람이다. 그런데도 스스로를 의심하는 마음이 든 데는 그런 감정이 지극히 인간적인 감정이기 때문이다.
2. 지금 불안해하는 일을 대성공으로 이끄는 장면을 상상하자. 내일 중대한 프레젠테이션이 예정되어 있는가? 이런 상상을 해보자. 당신이 발표장으로 들어가 사람들에게 미소를 건넨다. 당당하게 서서 침착하게 말한다. 누군가가 까다로운 질문을 던지지만 자신 있게 대답한다. 사람들이 그 답변을 집중해서 들으며 고개를 끄덕인다. 시각화를 잘하는 비결은 최대한 구체적으로 그리는 것이다.
3. 과거에 힘든 일에 도전해 보란 듯이 성공했던 때를 떠올리자. 그때의 경험을 생생하고 세밀하게 그려보자. 처음에는 얼마나 겁이 났던가? 문제를 해결한 과정을 다시 차근차근 밟아보자. 다 잘될 것 같다는 예감이 들었던 순간을 떠올리자. 막판에 성공을 거두면서 느꼈던 자부심과 자신감을, 그때 들었던 칭찬을 충분히 음미하자.
4. 좋아하는 사람들이 당신의 어떤 점이 좋은지 이야기해주는 광경을 상상하

자. 그들이 둥그렇게 모여서 한 사람씩 돌아가며 애정과 감탄이 듬뿍 담긴 말을 해준다. 나는 종종 결혼식날 가족과 친구들의 축사를 들으며 무한한 사랑을 느꼈던 때로 돌아간다.

5. 구덩이를 빠져나가면 하루하루가 어떻게 느껴질지 상상하자. 눈을 감고 하루 일과를 차례로 떠올리자. 각각의 순간에 느끼고 싶은 감정을 느껴보자. 예를 들면 아침 운동 때의 건강한 기분을, 아침을 잔뜩 먹고 난 후 포만감을, 출근해서 사람들에게 인사할 때 다정함을, 중요한 회의 때 발휘하는 집중력을 상상해보자.

막강한 효과를 자랑하는 시각화는 조용한 곳에서 긴장을 풀고 단 몇 분만 투자하면 된다. 시각화가 습관이 되면 어떤 어려운 상황이 닥치든간에 자신감을 끌어올릴 수 있다.

진심을 털어놓을 수 있는 사람들에게 도움을 요청하자

한때 나는 구덩이에 빠지면 입을 꾹 다물고 아무한테도 힘들다고 말하지 않았다. '될 때까지 그런 척하면 진짜로 그렇게 된다Fake it till you make it' 라는 말처럼 아무 문제 없는 척하다 보면 내가 사기꾼이라는 생각이 사라지고 남들도 눈치 채지 못할 것이라고 생각했다. 그러나 그건 착각이었다. 그렇게 나는 믿을 수 있는 사람들에게 마음을 털어놓고 공감과 위로와 조언을 받을 수 있는 기회를 걷어차버렸다. 힘든 사정을 말하고 도움을 요청하는 것은 나약한 행동이 아니다. 오히려 용기 있고 자기가 처한 상황을 잘 알고 있을 때만 할 수 있는 행위다. 자존심을 지키는 것보다 현재 상황을 헤쳐 나가는 것을 더 중요시한다는 증거이기도 하다.

내가 힘들어하는 것을 알아주는 사람이 있고 없고는 천지 차이다. 연구 결과에 따르면 같은 처지에 있는 사람들끼리 서로 위로하고 도와주는 모임이 중증 정신 질환을 앓는 사람들에게조차도 매우 큰 효과가 있다고 한다. 일례로 조울증 환자 중 82퍼센트가 그런 모임에 참여한 후 증상이 완화됐다.[8] 나도 똑같은 경험을 했다. 예전에 다른 여직원 10명 정도와 '린 인 모임'을 만들었을 때다. 매달 모여 두 시간 동안 한 사람씩 돌아가며 대인관계 문제, 커리어에 대한 불안감, 직장생활과 육아를 병행하는 고충 등 고민거리를 이야기했다. 정말 힘든 일을 이야기할 때는 같이 눈물도 흘렸다. 나는 그때 느꼈던 온정과 동지애를 평생 잊지 못할 것 같다. 그 모임은 우리 모두에게 아주 큰 힘이 됐다. 서로 돕고 조언하고, 그러지 못할 때라도 최소한 공감하며 꼬옥 껴안아줬다.

자신을 도와줄 수 있는 사람들을 찾자. 가족도 좋고, 친한 친구, 코치, 믿을 수 있는 동료도 좋다. 그들을 응원단 겸 자문단으로 삼자. 사람은 섬이 아니다. 나를 아끼는 사람들이 있으면 그들이 비춰주는 불빛을 보고 그들이 뻗는 손을 잡고 구덩이에서 탈출할 수 있다.

작은 승리를 자축하자

구덩이에 갇혀 있을 때는 자꾸만 실패를 곱씹으며 과연 내가 성공할 재목인가를 의심하게 된다. 그런 악순환을 깨뜨리려면 생각을 고쳐먹어야 한다. '내가 못하는 게 뭐지?'라고 생각하지 말고 지금 내가 잘하고 있는 것만 생각해야 한다.

회사 생활이 유독 힘들었을 때 동료에게 요즘 물속에서 가라앉지 않으려고 버둥거리는 느낌이라고 하소연했다. 리더가 필요한 프로젝트가 많은데 신속하게 인력을 충원하지 못하니까 나 때문에 병목 현상이 일어나는 것 같은 압박감을 느꼈다. 그때 그 동료는 상황이 어렵긴 하지만 내가 실패만 하고 있는 것은 아니라고 일러줬다. 일례로 내가 최근에 올린 블로그 포스트에 깊이 공감해 자기 팀 전체와 공유했다면서 "우리도 거기서 많이 배웠어요. 고마워요."라는 말을 전했다. 그 말이 내게 얼마나 큰 울림을 남겼는지 모른다. 그러고 보니 언제부터인가 블로그에 글을 쓰는 것을 포함해 작업물 검토, 코칭, 기획 등 내가 하는 일을 그냥 당연히 해야 하는 일로 생각하고 가치 있게 여기진 않고 있었다.

그날의 대화에서 영감을 받아 나는 '작은 승리'라는 제목의 일기장을 만들었다. 매일 거기에 아무리 사소해도 그날 내가 한 자랑스러운 일을 적었다. 어느 날은 일대일 면담에서 유익한 조언을 한 것을 자축했고, 또 어떤 날은 회의를 생산적으로 진행한 것을 칭찬했다. 언젠가 너무 힘들었던 날에는 그런 상황에서도 몇 통의 메일에 신속하게 답한 것을 자랑스럽게 적었다. 매일 밤 감사한 것 다섯 가지를 적으면 더 행복해진다는 연구 결과가 있다.[9] 마찬가지로 자신감을 키우고 싶다면 내가 지금 잘하고 있는 일을 찾아서 적자.

자신을 보호하기 위해 확실하게 선을 긋자

회사 생활이 버거우면 인생의 다른 영역도 타격을 입기 쉽다. 예를 들면 밤낮 없이 일해야 하는 프로젝트 때문에 종일 스트레스를 받거나, 내일 해야 할 일을 생각하느라 잠을 푹 자야 하는 시간에 몸을 뒤척이는 것이다. 그런 상황은 단호하게 거부하자. 싫다고 확실하게 선을 긋자. 사랑하는 사람들과 대화하는 시간, 취미 생활을 하는 시간, 운동하는 시간, 지역 사회를 위해 봉사하는 시간 등 인생에서 다른 중요한 일을 위한 시간을 내야 한다. 직장에서 심한 스트레스를 받으면 창조력이 저하된다는 것은 이미 많은 연구를 통해 드러났다.[10] 《전진의 법칙》을 쓴 하버드 경영대학원 테레사 에머빌Teresa Amabile 교수는 "긍정적인 감정이 고조되면 창조력도 커진다."고 강조했다.[11]

몸이 열 개라도 모자랄 만큼 바쁠 때면 나는 일부러 일과를 시작할 때와 끝낼 때 15분씩 시간을 내서 TED 강연 보기, 아이폰 게임, 십자말풀이, 운동, 독서 등 업무와 관련 없는 일을 한다. 고작 15분이라고 해도 '어떤 상황에서든 나를 위한 시간을 가진다'고 확실하게 선을 긋는 효과가 있다. 최상의 컨디션이 아니면 업무에서도 최상의 성과를 내지 못한다. 그러니 자신을 잘 돌보고 챙겨야 한다. 그것은 언제나 값진 일이다.

지금보다 두 배로 발전하는 법을 배운다

예전에 대규모 강연을 앞두고 새벽 3시가 다 되도록 잠들지 못했던 기억이 있다. 머릿속에서 프레젠테이션 슬라이드들이 휘리릭 넘어갔다. 폭풍우가 몰아치는 바다 위에 떠 있는 것처럼 속이 울렁거렸다. 내가 좋아하는 연사들을 떠올리며 그들의 발표 성공 비결이 무엇일지 생각했다. 겁먹지 않고 설레는 마음으로 수백 명의 청중 앞에 당당히 나설 수 있다면 얼마나 좋을까. 강연 당일에 다크서클을 가린다고 고생할 필요 없게 전날 푹 잘 수만 있다면!

그랬던 내가 이제는 수천 명을 대상으로 하는 강연을 앞두고도 대기실에서 느긋하게 쉴 수 있다. 언젠가 다른 연사가 메모지를 들고 대기실을 서성이며 강연의 도입부를 연습하다가 나를 보고 힘없이 웃으며 말했다. "너무 태평하신 거 아니에요?" 최고의 찬사였다. 그의 말대로였다. 나는 전혀 불안하지 않았다. 간밤에 숙면을 취했다. 진심으로 설렜다!

그 사이에 무슨 일이 일어난 것일까? 스파르타식 강연 훈련이라도 받았을까? 파워포인트의 귀재가 됐을까? 요정에게서 평정심을 유지하는 비법이라도 전수받은 걸까? 사실 그 답이야 뻔하다. 연습에 연습을 거듭했을 뿐이다. 주간 회의 때 좀 버벅이더라도 일부러 팀원들 앞에서 말했다. 밤잠을 설칠 줄 알면서도 일부러 토론자나 강연자로 나섰다. 언론 인터뷰, 질의응답, 난상토론, TV 출연에 응했다. 그럴 때마다 사람들 앞에서 말하는 게 아주 조금씩 편해졌다.

관리자의 길은 사람마다 다르다. 우리는 저마다 다른 지점에 서 있다. 저마다 다른 강점과 약점을 갖고 출발한다. 나는 내성적인 성격이다 보니 많은 사람 앞에 나서면 얼어버리거나 횡설수설할 때가 많았다. 솔직히 지금도 출중한 연설자라고 할 수는 없다. 하지만 그동안 발표력과 자신감이 부쩍 향상된 것만은 사실이다. 실력을 기르는 방법은 자신의 강점과 약점, 성격, 가치관이 무엇이냐에 따라 크게 달라진다. 조직의 목표와 문화에 따라서도 달라진다. 종업원이 서너 명인 레모네이드 가게와 직원이 수만 명에 이르는 대기업은 필요한 게 다를 수밖에 없다.

이처럼 저마다 다른 길을 걷다 보니 각자 배워야 할 것도 주로 업무 현장에서 직접 부딪히며 배우게 된다. 자신이 키워야 할 부분이 커뮤니케이션 능력이든, 추진력, 전략기획력, 공감 및 경청 능력이든 간에 '지금의 두 배로 발전하기'라는 원대한 목표를 세우자. 그리고 다음과 같은 방법으로 학습 효과를 극대화해보자.

피드백을 부탁한다

자기계발의 비법이 있다면 '항상' 사람들에게 피드백을 요청하는 것이다. 이를 위해 극복해야 할 장애물은 딱 하나인데, 바로 자기 자신이다. 잊지 않고 부지런히 피드백을 구할 수 있는가? 겸손하고 열린 마음으로 피드백을 듣고 진정한 변화로 보답할 수 있는가? 이때는 업무 피드백과 행동 피드백을 모두 요청해야 한다. 그리고 무엇을 알고 싶은지 구체적으로 밝히면 좋다. "저기, 내 프레젠테이션 어땠어요?"라고 물으면 아마 "좋았어요."처럼 별로 영양가 없는 대답이 돌아올 것이다. 하지만 "프레젠테이션을 시작하고 3분 안에 요점을 확실히 전달하려고 노력 중인데 어땠어요? 다음번에는 어떻게 하면 더 확실히 전달할 수 있을까요?" 하는 식으로 콕 집어 물으면 상대방도 실질적으로 도움이 되는 말을 해주기 쉬워진다.

그리고 피드백을 받았으면 반드시 고맙다고 인사하자. 설사 상대의 피드백에 동의하지 않더라도 그 성의를 감사히 여기자. 피드백을 받고 방어적인 모습을 보이면 앞으로 피드백을 받기가 더 어려워지니 본인만 손해다.

상사를 코치로 여긴다

지금까지 이야기한 관리자의 역할을 생각해보면 상사야말로 당신에게 가장 많은 가르침을 줄 수 있는 사람이다. 하지만 상사가 도와주기만을 손놓고 기다려서는 안 된다. 상사는 당신이 매일 무슨 일을 하는지 모르거나 다른 급한 불을 끄느라 바쁠 수 있다. 아니면 당신의 기대와 달리 부탁도 안 하는데 먼저 도움의 손길을 내밀 생각은 못할지도 모른다.

당신의 커리어를 가장 신경 쓰는 사람은 누구인가? 당연히 상사가 아니라 당신 자신이다. 당신이 성장하고 말고는 당신이 하기 나름이다. 그러니까 상사에게서 배우는 게 별로 없다고 느낀다면 어떻게 해야 바람직한 관계를 만들 수 있을지 고민해야 한다. 이때 가장 큰 장애물은 상사에게 도움을 요청하는 것을 부끄러워하는 자신의 마음이다. 나 역시 그런 일을 경험했다. 한때는 상사를 과거 선생님이나 교수님에게 그랬던 것처럼 내 행실과 성과를 평가하는 심판으로 여겼다. 그래서 상사를 대할 때 '잘 보여야 한다'고만 생각했다. 상사가 내 일에 개입해야 하는 상황이 생기면 대형 사고라고 판단했다. 내 이마에 '경고: 이 사람은 자기 앞가림도 못하는 무능력자임'이라고 써진 딱지라도 붙은 것 같았다.

하지만 이제 알다시피 관리자의 본분은 팀이 더 좋은 성과를 내도록 돕는 것이다. 당신의 성과가 향상되면 상사의 성과도 향상된다. 그렇기에 상사는 당신의 편에서 당신이 성공하기를 바라는 사람이고, 당신을 위해 기꺼이 시간과 노력을 들일 용의가 있는 사람이다. 따라서 상사를 심판이 아니라 코치로 생각해야 한다.

코치에게 약점을 숨기려고 하는 선수치고 잘나가는 사람이 있을까? 헬스장에서 트레이너가 어떤 부분에서 도움을 받고 싶은지 물을 때 "음, 글쎄요, 지금 알아서 운동 잘하고 있어서요."라고 대답하겠는가? 당연히 아닐 것이다. 그건 바람직한 코칭 관계가 아니다. 그러니까 상사에게 적극적으로 피드백을 부탁해야 한다. "제가 더 영향력 있는 사람이 되려면 어떤 능력을 키워야 할까요?"라고 묻자. "발표력을 향상하고 싶은데 혹시 제가 다른 사람들 앞에 나설 기회가 있는지 지속적으로 알아봐주시면 감사하겠습니다."라는 식으로 개인적인 목표를 밝히고 도움을 청하자. "지금 두 사람 중에 누구를 뽑을까 고민 중인데요, 둘 다 장점이 있어요. 제 생각을 듣고 조언을 좀 해주실 수 있나요?"라고 고민을 털어놓고 함께 해법을 모색하자.

상사와의 일대일 면담을 집중 학습의 기회라고 생각하면서부터 그 시간에 훨씬 많은 것을 얻을 수 있었다. 이제는 딱히 고민하는 문제가 없어도 "어떤 회의에 참석할지 말지 어떻게 결정하세요?"라든가 "사람을 추천할 때 어떤 식으로 하세요?" 같은 질문으로 상사의 노하우를 전수받는다.

모든 사람을 멘토로 삼는다

코치가 한 명만 있어야 한다는 법은 없다. 세상에는 우리에게 가르침을 줄 수 있는 사람이 수두룩하다. 그렇게 전문성을 살려 나를 발전하게 해주는 사람이 바로 멘토다. 꼭 격식을 갖춰 멘토로 모셔야만 멘토가 되는 것은 아니다. 셰릴 샌드버그는《린 인》에서 멘토를 무슨 귀한 인연처럼 여기지 말라고 경고했다. "제 멘토가 되어주시겠습니까?"라고 물으면 아무도 안 좋아한다. 너무 절박하게 느껴지고 왠지 시간을 많이 잡아먹을 것 같으니까 말이다. 그렇게 거창하게 말하지 말고 어떤 부분에서 조언이 필요하다고 콕 집어 부탁하면 수많은 사람이 선뜻 도와줄 것이다.

특히 같은 직군에 있는 사람들에게서 많은 지원과 조언을 얻을 수 있다. 나는 다른 기술 기업의 설립자들과 몇 달에 한 번씩 만난다. 모두 비슷한 책임을 맡고 있기 때문에 함께 시장의 동향을 논하고, 동병상련의 심정으로 고충을 나누고, 서로 조언할 수 있다. 그런 친구 중 한 명은 문화를 조성하는 데 일가견이 있다. 팀원들을 끈끈한 정으로 하나 되게 만드는 능력이 감탄스러울 정도다. 지금까지 그녀에게 그 비결을 수도 없이 물었다. 회의는 어떻게 진행하는지, 그 많은 팀원들과 커뮤니케이션할 때 어떤 수단을 이용하는지, 각지에 있는 사무소들 사이에서도 어떻게 유대감이 유지되게 하는지 등을 말이다. 그 대답들은 지금 내가 팀을 운영하는 방식에 큰 영향을 미쳤다. 예를 들어 나는 그녀의 조언에 따라서 매주 팀원들이 자유롭게 찾아와서 이야기를 나눌 수 있는 시간을 따로 비워둔다.

직군은 달라도 함께 일하는 사이라면 또 배울 게 있기 마련이다. 어떤 사람은 리크루팅 능력이 뛰어나다. 어떤 사람은 아이디어를 기막히게 잘 홍보한다. 팀원 중에 누구보다 창의적인 아이디어를 잘 내는 사람이 있을 수 있고, 상사 중에 사람의 장점을 잘 발견하는 탁월한 안목을 지닌 사람도 있을 것이다. 무엇이든 탐나는 능력이 있다면 주저하지 말고 "이러이러한 일을 아주 잘하시네요. 저도 좀 배우고 싶은데, 커피 한 잔 하시면서 노하우를 가르쳐주실래요?"라고 묻자. 이때 상대방은 바쁘다거나 어떻게 도와줘야 할지 모르겠다며 거절할 권리가 있다는 것을 명심하자. 그래도 고맙다고 인사하는 게 예의다. 하지만 실제로는 부탁을 들어주는 사람이 생각보다 많을 것이다. 우리는 모두 타인의 가르침을 받았기 때문에 많은 사람이 자기도 다른 사람에게 기꺼이 가르침을 주려 한다.

뒤를 돌아보고 다음을 위한 목표를 세우자

전속력으로 달리며 풍경이 휙휙 지나갈 때는 전체 여정을 보기가 어렵다. 어디에서 출발했는가? 앞으로 얼마나 더 가야 하는가? 어떤 길이 순탄했고 어떤 길에 구덩이가 파여 있었는가?

하버드 경영대학원의 연구에 따르면 사람들은 주기적으로 뒤를 돌아볼 때 더 많은 것을 배울 수 있다고 한다. 사람들은 행동으로 배우기를 좋아하지만 뒤를 돌아보는 쪽을 선택한 참가자가 경험을 더 많이 하는 쪽을 선택한 참가자보다 좋은 성과를 냈다는 것이다.[12]

뒤를 돌아본다고 해서 꼭 뭔가 거창한 절차가 필요하지는 않다. 어차피 자신을 위해 하는 일이니 자신에게 가장 잘 맞는 방법을 찾으면 된다. 나는 한 주를 마무리하는 시점에 한 시간 정도 시간을 내서 그 주에 내가 성취한 것, 만족스러운 것과 실망스러운 것, 다음주를 위한 교훈 등을 생각한다. 그리고 그중에서 중요한 부분을 정리해서 팀원들에게 메일로 보내는데, 그게 이 습관을 유지하는 데 도움을 준다. 여기에 더해 6개월마다 뒤를 돌아보고 개인적인 목표를 설정한다. 그러면 더 장기적인 관점에서 장래성 있는 프로젝트에 집중하고 새로운 기술을 배울 수 있다. 다음은 내가 일주일과 6개월을 돌아보고 남긴 기록이다.

- **일주일 정리**
  - 최근에 들은 피드백: 질의응답 시간에 우리 팀의 문화에 대한 호평을 많이 받아서 기분이 좋다. 우리가 더 잘해야 할 점과 관련해 가장 많이 나온 말은 커리어 성장에 대한 기대치를 명확히 설정하라는 것이었다. 인사고과와 승진에 대해서는 서로 좀 더 말을 아낄 필요가 있다는 교훈을 얻었다.

- 내년도 충원: 내년도 계획을 논하는 자리에서 지역 사무소의 성장이 화두로 나왔다. 더 많은 사람에게 면접관 교육을 해야 하고 전 지역에서 동일한 절차가 진행되도록 해야 한다. 모두 열의를 갖고 임할 것이라 믿는다. 현재 구체적인 계획이 만들어지고 있다.
- X프로젝트 전략: Y팀과 다음번 검토 회의 때 제출할 기획서를 준비했다. 단 몇 주 만에 큰 발전이 있었다. 엘레나가 특히 수고했으니까 공개적으로 칭찬하자.
- 조사의 필요성: 일대일 면담 때 사용자 조사가 더 필요하다는 말을 많이 들었다. 현재 우리에게 필요한 게 무엇인지 더 잘 알게 됐다. 앞으로 2주 동안 데이비드와 인력 배치 계획을 논할 것이다.

• **향후 6개월 계획**

- 현재 공석인 자리를 채워서 모든 제품이 강력한 리더의 통솔 아래 있게 하자.
- 제품 검토 회의 때 공통된 평가 기준이 확립되도록 우선 명확하게 정의된 인적 문제부터 논하게 하자.
- 탁월한 인재를 알아보고 영입하는 능력을 기르자.
- 일대일 면담 시 근황 이야기에 그치지 말고 더 깊은 대화를 나누자.
- 집에 일거리를 가져오지 말고 회사에서 더 효율적으로 일하자.

6개월이 지나면 내가 세웠던 목표를 다시 돌아본다. 이때 중요한 것은 성적이 아니라 무엇을 배웠느냐다. 모든 팀원이 업무를 설명하는 방식을 바꾸도록 유도했지만 실패했다면 그 원인은 무엇인가? 방법이 효과적이지 못했는가? 내 뜻이 명확히 전달되지 않았는가? 아니면 그게 별로 중요한 사안이 아니었던 걸까?

목표를 달성했을 때도 역시 배울 점이 있다. 예를 들어 세 명의 강력한 리더를 영입했다면 내가 성공한 이유는 무엇인가? 향후에는 다섯 명의 리더를 영입하는 것처럼 더 야심 찬 목표에 도전할 수 있겠는가? 비슷한 목표를 가진 사람에게 해줄 수 있는 조언은 무엇인가? 성공 여부를 떠나서 자신과 타인에게 득이 되는 교훈과 이야기가 쌓이면 쌓일수록 성장 속도가 빨라진다.

공식적인 교육 기회를 활용하자

공식적으로 교육을 받을 기회가 있다면 적극 활용하자. 예를 들면 사내 세미나, 업계 행사, 토론회, 특강, 실습 워크숍 참여 등이다. 공식적인 교육 기회가 유익하다는 것은 누구나 알지만 대부분의 사람이 이를 뒤로 미뤄도 된다고 생각한다. 시간이 드는 것은 물론이고 보통은 돈도 들기 때문에 '꼭 지금 해야 해?'라는 갈등이 생기기 마련이다. 안 그래도 정신없이 바쁜데 이틀을 빼서 워크숍에 참여하거나 저녁에 휴식을 포기하고 강의를 듣는 게 정말 효과적일까?

보통은 그렇다고 할 수 있다. 10시간짜리 교육을 받고 업무 능률이 1퍼센트만 향상된다고 해도 투자수익률이 우수하다(1년간 1퍼센트의 시간이 절감되면 약 20시간이다). 몇 년 전 나는 껄끄러운 대화를 잘하는 법에 대한 일일 특강을 들었다. 그 여덟 시간짜리 강의로 갈등 상황에 임하는 태도가 완전히 달라졌다. 그날부로 나는 어느 누구와 무슨 주제로든 생산적인 대화를 할 수 있다는 자신감이 생겼다. 그때 배운 내용을 요즘도 매주 되새긴다.

비즈니스 코칭도 공식적인 교육 기회에 속한다. 일부 기업에서는 간부급에게 코칭 비용을 지원해주지만 그 외에는 아마도 사비를 털어서 코칭을 받아야 할 것이다. 많은 CEO와 임원이 비즈니스 코칭을 받는 데는 다 이유가 있다. 그 정도 지위에 오르면 자연스럽게 멘토가 되어줄 만한 사람이 줄어들고, 위치가 위치인 만큼 성과가 조금만 향상돼도 조직에 어마어마한 파급효과가 생기기 때문이다.

공식적인 교육과 관련해서 스스로에게 해야 할 질문은 '안 그래도 해야 할 일(혹은 돈 쓸 곳)이 많은데 굳이 지금 이걸 받아야 하나?'가 아니라 '지금 이 교육을 받은 걸 1년 후에 잘했다고 생각할까?'이다. 이런 관점에서 보면 더 명쾌하게 결정을 내릴 수 있다. 또한 관리자로서 배움과 성장에 투자하는 것은 자신의 미래뿐만 아니라 팀의 미래를 위한 투자이기도 하다. 당신이 발전하면 다른 사람들을 더 효과적으로 도울 수 있다!

* * *

초보 관리자들이 종종 내게 이렇게 묻는다. "관리자 경력이 10년쯤 되셨는데 지금도 꾸준히 배우시는 게 있나요?" 내 대답은 이렇다. "나다움을 지키면서 최고의 리더가 되는 법을 배우고 있어요." 관리자들은 그 자리가 조직의 사명, 팀의 목표, 타인의 필요 등 다른 가치를 위해 일하는 자리라고 생각하다 보니까 관리자의 삶에서 제일 중요한 것을 쉽게 잊어버리곤 한다. 바로 '자기 자신'이다.

탁월한 리더가 되는 법을 배운다는 것은 자신의 능력과 결점에 대해 배우고, 머릿속의 장애물을 헤쳐 나가는 법을 배우고, '배우는 법'을 배운다는 의미다. 그러자면 내가 어떤 가면을 쓰거나 변장을 하지 않아도 지금 모습 그대로 이 자리에 있을 자격이 된다는 믿음, 앞으로 어떤 어려움이 닥치든 이겨낼 준비가 되어 있다는 믿음이 필요하다.

TRIAL OF SELF-DOUBT
MEETINGS
CONSTRUCTIVE FEEDBACK
CHAPTER 6

훌륭한 회의란?

나쁜 예

"할 말 있으신 분
있나요?"
다들 느려 터졌어.
스티브는
자기밖에 몰라.
에바는 너무
부정적이야.
이대로 가면
일정에 못 맞출 것
같은데?
오늘 점심은
뭐 먹지?

좋은 예

"다들 일정에 맞게
진행 중인지
이야기해봅시다."
"일정보다
빨라요."
"일정대롭니다."
"좀 늦어졌어요."
"늦어지고 있어요."
"일정대로예요."

팀이 커지니까 모두가 한자리에 모여서 각자 그 주간에 무슨 일을 처리 중인지 공유하는 회의가 있으면 좋겠다는 생각이 들었다. 다른 관리자들도 그런 근황 보고 회의나 '스탠드업' 회의(회의가 늘어지는 것을 방지하기 위해 참석자들이 모두 일어서서 대화하는 회의 방식—옮긴이)를 운영 중인 것을 보면 그게 팀의 현황을 전반적으로 파악할 수 있는 일반적인 절차인 것 같았다.

그런데 그 회의가 생각만큼 잘 진행되지 않았다. 사람들이 업무를 설명하는 방식이 저마다 다르다는 사실을 간과한 탓이었다. 어떤 사람은 간단명료하게 말하고, 어떤 사람은 목요일 저녁에 엔지니어들과 논쟁한 내용까지 시시콜콜하게 이야기했다. 몇 주가 지나자 그 회의가 선생님 혼자 떠드는 역사 시간과 다를 바 없다는 생각이 들었다. 주위를 둘러보면 다들 흐리멍덩한 눈이었고, 차라리 다른 일을 하는 게 낫겠다는 생각으로 타닥타닥 키보드를 두드리는 소리도 들렸다.

어느 날 회의를 마친 후 한 팀원에게서 그렇게 한자리에 모여서 말잔치를 하느니 차라리 메일로 근황을 이야기하는 게 낫지 않겠냐는 피드백을 받았다. 메일에는 "솔직히 이런 회의가 시간을 잘 활용하는 방식이라는 생각이 안 듭니다."라고 적혀 있었다. 때로는 상사가 주관하는 회의를 형편없다고 지적하는 것도 필요하다. 그래서 그 회의를 폐지하고 매주 이메일로 근황을 공유했더니 훨씬 좋았다. 그때 나는 회의를 잘하려면 계획을 잘해야 하고 나쁜 회의를 개선하려면 피드백이 필요하다는 사실을 절감했다.

나는 회의에 대해 많이 생각한다. 회의가 내 일과에서 매우 큰 비중을 차지하기 때문이다. 나의 하루는 일대일 면담, 소규모 회의, 대규모 회의로 가득 차 있다. 그런 시간을 통해 다양한 사람을 만나고 가끔은 수백, 수천 명 앞에 나서기도 한다. 회의라고 하면 흔히 관리를 위한 '필요악'이라느니 어른들의 숙제라느니 하는 오명이 따라붙는다. 지루하고 시간만 허비하는 행위라고도 한다. 하지만 그 누구도 감히 회의를 철폐하지는 못하는 것 같다. 실제로 우리는 회의에 아주 많은 시간을 쓴다. 2011년에 이뤄진 한 연구에 따르면 최고위 경영진은 평균적으로 자기 시간의 60퍼센트를 회의에, 25퍼센트를 전화 통화와 공개 행사에 쓰는 것으로 나타났다.[1] 또 다른 연구에서는 한 대기업의 임원 회의를 분석했다. 주 1회 임원 회의를 하기 위해서 그 회의와 관련된 사람들이 1년에 무려 30만 시간을 소비하는 것으로 밝혀졌다![2]

레프 톨스토이의 《안나 카레니나》는 이렇게 시작한다. "행복한 가정은 모두 비슷하지만 불행한 가정은 저마다 다른 불행을 안고 있다."[3] 회의도 비슷하다. 망한 회의를 생각하면 어떤 모습이 떠오르는가? 진전 없이 언쟁만 계속 된다. 들어갈 때는 의문이 풀리길 원하지만 나올 때는 더 혼란스럽다. 참석자들의 마음이 딴 데 가 있다. 자꾸 비슷한 말만 오간다. 안건과 동떨어진 이야기를 한다. 한두 사람이 대화를 독점하고 나머지는 한마디 끼어들기도 어렵다. 혹은 이런 모든 모습이 혼합되어 있기도 하다. 반대로 잘되는 회의는 모두 간단명료하게 진행되고 나올 때 이런 생각이 든다.

- 회의에 참석하길 잘했다.
- 오늘 배운 점들을 활용하면 업무 능률이 오를 것이다.
- 내가 다음으로 해야 할 일을 더 명확히 알게 됐다.
- 모두 열의를 보였다.
- 나를 환영하는 분위기였다.

따지고 보면 사람을 직접 만나 대화하고 의견을 나누는 것은 일을 처리하는 데 가장 효과적인 방법이다. 앞으로 당신은 관리자로서 수많은 회의에 참석하고 또 수많은 회의를 주재할 것이다. 책임감 있는 관리자라면 나쁜 회의 문화를 답습해서는 안 된다. 자신의 소중한 시간, 그리고 동료의 귀한 시간을 가치 있게 사용하자.

바람직한 회의 결과는 무엇인가?

"모든 회의에는 목적이 있어야 한다."는 말을 들어봤는지 모르겠다. 좋은 말이긴 하지만 이 정도로는 부족하다. 우리 팀의 근황 회의도 목적은 있었다. 팀의 주간 업무 현황을 모든 팀원들과 공유하는 것이었다. 그런데도 그 꼴이 난 이유는 나 스스로 '어떤 결과가 나오면 잘했다고 할 수 있을까?'라고 생각해보지 않았기 때문이다. 그런 질문을 던졌더라면 팀원들이 더욱 친밀해져서 팀워크가 강화되는 게 내가 바라는 결과라고 답했을 것이다. 회의 때 팀원들이 딴생각을 한다면 회의는 실패였다. 사람들이 굳이 한자리에 모이는 이유, 그러니까 회의를 하는 목적은 다음과 같이 다섯 손가락 안에 꼽을 수 있다. 회의를 잘 진행하려면 일단 당신이 원하는 결과를 확실히 정해야 한다.

의사결정 회의

의사결정을 위한 회의는 여러 선택안을 테이블 위에 올려놓고 결정권자에게 결정을 요구하는 자리다. 이때는 명확한 결정이 내려지고 그 과정을 모든 참석자가 신뢰한다면 성공이다. 꼭 만장일치까지 갈 필요는 없지만, 결정 사항에 영향을 받게 될 사람들이 공정하고 효율적인 과정을 거쳐 그런 결정이 내려졌다고 생각해야 한다. 만일 사람들이 그 과정을 신뢰하지 않는다면 결정이 흐지부지될 수 있다. 예전에는 나도 그런 함정에 빠지곤 했다. 예를 들면 이런 식이었다.

디자인 매니저: "저희가 지금 하고 있는 디자인 작업 말입니다. 마감일이 다음 주 화요일인데 그때까지는 저희가 얘기한 선택안 세 개를 다 살펴볼 여유가 없거든요. 혹시 마감일을 한 주 늦추는 거 어떻게 생각하세요?"

나: "듣고 보니 그러네요. 늦추세요."

무엇이 문제인지 알겠는가? 한쪽의 말(시간이 충분하지 않다는 디자인 매니저의 말)만 듣고 결정을 내렸다. 하지만 마감일을 늦추면 어떻게 될까? 아마 이렇게 될 것이다.

엔지니어링 매니저: "방금 들었는데 디자인 마감일을 늦추라고 하셨다면서요? 그거 좀 곤란한데요. 지금 저희 팀에 디자인이 완성되기만 기다리는 엔지니어가 일곱 명이에요. 디자인이 늦어지면 엔지니어링 일정에 못 맞춰요. 다시 원래 일정으로 돌리면 안 되겠습니까?"

난감한 상황이다. 엔지니어링 쪽에서는 자기들 말은 들어보지도 않고 결정을 내렸다고 화가 잔뜩 났다. 그들은 이제 내가 새로운 정보를 알았으니 결정을 번복하기를 원한다. 하지만 그렇게 한다면 이번에는 디자인팀이 불만스러워할 것이다. 결과적으로 내 신뢰도를 크게 깎아먹었다. 이럴 때는 나의 실수를 인정하고 다시 사람들을 모아 결정을 내리는 게 현명하다.

'잠깐! 어차피 양쪽의 의견이 다르니까 무슨 결정을 내리든 한쪽은 못마땅해하는 건 마찬가지 아닌가?' 하는 생각이 들지도 모르겠다. 그러나 나는 그렇게 생각하지 않는다. 어떤 상황에든 공통된 '최종 목표'가 존재하기 때문이다. 이 경우에는 디자인팀도 엔지니어링팀도 최대한 빨리 사용자에게 탁월한 경험을 선사하기를 원한다. 설령 그 방법에 대해서는 이견이 있다고 하더라도 결정권자가 공정한 과정을 거쳐 결정을 내렸다는 신뢰가 형성됐다면 협력이 잘 이뤄질 수 있다. 아마존 CEO 제프 베조스가 즐겨 하는 말을 빌리자면 때로는 일을 신속히 진척시키기 위해 '반대해도 밀어주기'가 필요하다.[4] 잘되는 의사결정 회의에는 이런 특징이 있다.

- 결정이 내려진다(너무도 당연한 사실).
- 결정권자가 확실하게 정해져 있고 결정에 직접적인 영향을 받는 사람들이 참가한다.
- 관련된 정보가 바탕이 된 신뢰할 수 있는 대안들이 객관적으로 제시된다. 또한 팀에서 추천하는 안이 있다면 함께 공유한다.
- 반대 의견을 밝힐 시간도 똑같이 줘서 자신의 의견이 묵살됐다고 생각하는 사람이 없게 한다.

다음과 같은 사태는 피해야 한다.

- 사람들이 자기 의견을 충분히 이야기하지 못했다고 생각해서 도출된 결과를 불신한다.
- 결정이 지연되어 진척이 되지 않는다. 결정을 돌이킬 수 없는 중대한 사안에 대해서는 심사숙고가 필요하겠지만 쉽게 돌이킬 수 있는 사소한 사안에 너무 많은 시간을 쓰면 안 된다.
- 결정이 자꾸 뒤집혀서 믿음이 안 가고 실행하기 어렵다.
- 만장일치를 끌어내려고 너무 많은 시간이 소요된다.
- 똑같은 논의를 표현과 방식만 바꿔서 반복하고 또 반복하느라 시간이 낭비된다.

정보 공유를 위한 회의

일을 잘하려면 CEO의 비전, 최신 매출 현황, 관계자들 의견, 프로젝트 일정 등 정보가 필요하다. 몇십 년 전만 해도 사람들은 주로 회의를 통해 정보를 주고받았다. 지금은 간단히 메일과 메신저를 이용한 정보 전달이 가능하기 때문에 순전히 지식 교환을 위해 사람들이 모이는 자리가 예전만큼 많이 필요하지는 않다(보통은 효율도 더 떨어진다). 하지만 정보 공유를 위한 회의도 잘만 하면 메일, 온 · 오프라인 게시판 같은 경로보다 우월한 점이 두 가지 있다.

첫째, 더 적극적인 대화가 이뤄진다. 예를 들어 논란이 예상되는 규정 변경 사항에 대해 알리고 싶다고 해보자. 이때 직접 그 소식을 전하는 자리를 마련하면 직원들의 질문이나 의견을 좀 더 구체적으로 수렴할 수 있다. 둘째, 잘 준비된 정보 공유 회의는 종이나 화면 위의 활자를 읽는 것보다 훨씬 흥미롭다. 눈 맞춤, 보디랭귀지, 열의에 찬 목소리를 통해 메시지가 생생히 전달되기 때문이다.

요즘 내가 세운 스타트업 선다이얼에서는 매주 30분씩 정보 공유 회의를 한다. 그 취지는 최우선 과제를 확인하고, 재무 상황을 점검하고, 시제품을 공개하고, 그간 얻은 교훈을 공유하는 것이다. 근황 회의 때와 달리 각 안건에 주어지는 시간이 3~7분으로 정해져 있고, 발표자들이 미리 내용을 준비해와서 횡설수설하지 않기 때문에 회의가 원활하게 진행된다.

- 사람들이 유익한 것을 배웠다고 생각한다.
- 핵심 메시지가 명확하게 전달되고 기억에 남는다.
- 사람들이 집중해서 듣는다(열의에 찬 발표자가 적당히 속도를 조절해가며 생생하게 이야기하고 서로 대화가 가능하기 때문이다).
- 의도했던 감정(감동, 신뢰, 자부심, 용기, 공감 등)을 일으킬 수 있다.

피드백을 위한 회의

보통 '검토 회의'라고도 하는 피드백 회의는 관계자들이 현재 진행 중인 작업을 이해하고 의견을 제시하기 위한 자리다. 이런 회의는 특기할 만한 사항 없이 "괜찮네요."로 끝나는 경우도 있고, 피드백으로 계획이 크게 변경되는 경우도 있다. 이때는 윗사람이 작업물을 좋아하느냐 싫어하느냐를 회의 성공의 기준으로 삼고 싶겠지만 그건 착각이다. 피드백 회의의 목적은 어떤 평가를 받느냐를 넘어 최선의 결과를 도출하는 데 있다. 승인받기에만 급급하면 개선을 위한 피드백은 뒷전이 되고 온갖 기교로 작업물을 그럴듯하게 포장하기 쉽다. 잘되는 피드백 회의에는 이런 특징이 있다.

- 모든 사람이 프로젝트의 성공 기준을 동일하게 이해한다.
- 현재 상황에 대한 평가, 지난번 회의 후 변동 사항, 향후 계획 등 작업 현황이 투명하게 전달된다.
- 유익한 피드백을 도출하기 위해 의문점, 주요 결정 사항, 문제점이 명시된다.
- 향후 절차(다음번 마감 일정이나 검토 일정 포함)가 합의된다.

아이디어 창출 회의

여러 사람이 모여 문제의 해법을 찾는 회의로 '브레인스토밍 회의'라고도 한다. 브레인스토밍은 1950년대에 광고 전문가 알렉스 오스본Alex Osborn을 통해 대중화됐는데, 그는 집단이 더 자유로운 사고를 하려면 '아이디어의 수를 극대화'하고 '아이디어에 대한 판단을 보류'해야 한다고 주장했다. 하지만 회의실에 10명을 모아놓고 아무 말이나 생각나는 대로 하라고 해서는 혁신적인 아이디어가 나오지 않는다.[5] 우리는 '어차피 남들이 알아서 하겠지' 하는 생각이 강해 기존에 논의된 내용에 부합하는 아이디어만 내놓거나 되도록 말을 아끼는 경향이 있기 때문이다.

아이디어 회의가 최상의 효과를 거두려면 두 가지 유형의 시간이 필요하다. 하나는 혼자서 생각하는 시간(우리 뇌는 혼자 있을 때 가장 창의적이다)이고, 다른 하나는 함께 생각하는 시간(서로 다른 견해가 부딪혀 불꽃이 튈 때 훨씬 좋은 아이디어가 나온다)이다. 아이디어 회의는 준비와 진행력이 관건이다. 좋은 아이디어가 나오는 회의는 이런 특징을 가진다.

- 참가자들에게 혼자서 조용히 생각하며 아이디어를 기록할 시간을 줌으로써(회의 전에든 회의 중에든) 참신한 아이디어가 다양하게 나오도록 유도한다.
- 목소리가 큰 사람뿐 아니라 모든 사람의 아이디어를 고려한다.
- 의미 있는 논의로 아이디어들을 결합하고 진화시킨다.
- 아이디어를 실행에 옮기기 위한 절차를 마련한다.

팀워크 강화를 위한 회의

팀이 잘 굴러가려면 무엇보다 협력이 잘 돼야 한다. 그렇기에 관리자는 팀원들이 공감과 신뢰로 똘똘 뭉칠 방법을 찾아야 한다. 가끔은 순전히 단합을 위한 자리를 마련하는 것도 좋다. 보통은 회식 같은 친목행사가 그런 역할을 하고 일대일 면담이나 팀 회의가 그럴 때도 있다. 팀원들이 시간을 내서 서로의 가치관, 취미, 가족, 인생사 등을 듣고 인간적으로 더 가까워지면 같이 일하는 게 더 쉽고 즐거워진다. 팀워크를 강화하기 위한 모임이 꼭 장시간에 걸쳐 성대하게 열려야 하는 것은 아니다. 다음의 조건만 충족하면 된다.

- 사람들이 서로를 더 잘 이해하고 신뢰하게 된다.
- 사람들이 열린 마음으로 진솔하게 말하고 행동한다.
- 사람들이 따뜻한 정을 느낀다.

모든 회의와 모임은 앞에서 설명한 다섯 가지 목적 중 하나가 명확히 존재해야 한다. 한자리에서 너무 많은 목적을 달성하려고 하면 안 되고, 대화가 샛길로 빠지면 참석자들에게 회의의 일차적 목적을 다시 일러줘야 한다. 가령 요금제를 정하기 위해 모였는데 참석자들이 새로운 기능을 제안하기 시작한다면 거기에 대해서는 나중에 따로 시간을 내겠다고 말하고 대화를 원래 안건으로 돌려놓아야 한다. 내 경험에 비춰 보면 의사결정 회의는 그 구조적 특성상 아이디어를 도출하기 위한 토론의 장과 잘 맞지 않는다. 명확한 방향성을 갖고 쳐낼 것은 칼같이 쳐내며 효율적으로 회의를 진행한다면 팀원들은 당신이 자신들의 시간을 소중히 여기고 존중해주었다는 데 고마움을 느낄 것이다.

꼭 필요한 사람을 부른다

어중간한 참여자 없이 꼭 필요한 사람만 모이면 회의가 더 잘 진행된다. 장소가 비좁게 느껴질 만큼 많은 사람이 참석했는데 그중에 딴생각을 하거나 스마트폰을 만지작거리는 사람이 많아서 회의 분위기가 어수선했던 경험이 누구나 있을 것이다. 그런 사람들이 굳이 참석해야 했을까? 아마 아닐 것이다. 그런가 하면 나는 다른 팀에도 엄청난 영향을 미칠 중대한 결정이 내려지는 자리인데 그 팀 사람들이 참석하지 않는 회의도 경험해봤다. 예를 들면 어떤 기능을 개발할지 결정이 내려지면 매출에도 영향이 가는데 영업 쪽 사람들이 불참하는 것이다. 이렇게 관계자들이 빠진 상태에서는 공정한 의사결정이 불가능하기 때문에 결정이 지연되거나 나중에 문제가 제기되어 재논의가 필요할 수 있다.

그럼 누가 참석해야 할지 어떻게 알 수 있을까? 회의의 바람직한 결과를 생각하는 단계로 돌아가서 속으로 질문해보자. 그런 결과가 나오려면 누가 필요한가?

때로는 참석자 명단에 대해 이견이 발생하기도 한다. 예전에 다른 관리자 몇 명과 함께 우리 팀의 작업물에 피드백을 주는 검토 회의를 진행했다. 그 회의에 우리 팀 전원이 참석했다. 처음에는 괜찮았으나 회사에 디자이너가 점점 늘어나면서 참석자도 계속 늘어났고, 그러다 보니 어느 순간부터는 회의가 아니라 강연회를 하는 것 같은 기분이 들었다. 발표자는 여전히 소수였고 나머지 사람들은 그저 보고 듣기만 했다. 내가 참석자를 줄이자고 건의했지만 모든 사람의 동의를 얻지 못했다. 한 사람은 신입들이 앞으로 어떤 피드백을 받게 될지 미리 알 수 있어서 좋다고 했다. 또 다른 사람은 그 회의가 관리자들에게 얼굴도장을 찍을 수 있는 자리이기 때문에 팀원으로서는 참석하는 것만으로도 자신이 중요한 사람으로 인정받는 기분이 들 것이라고 했다.

의미 있는 분석이었다. 그 회의는 분명히 우리가 중요시하는 게 무엇인지 가르쳐주는 효과가 있었다. 팀원들이 다른 팀장들과 친분을 쌓는 데도 도움이 됐다. 그런데 참석자를 발표자들로만 제한하면 그런 효과가 사라졌다. 하지만 검토 회의의 '일차적' 목표는 나를 포함한 관리자들이 현재 진행 중인 프로젝트에 유익한 피드백을 주는 것이었다. 보는 사람이 많으면 그게 힘들었다. 왠지 격식을 차려야 할 것 같고 부담감이 컸다. 발표자들이 슬라이드를 멋지게 만드는 데 들이는 시간이 너무 많아졌다. 검토자인 나 역시 많은 사람 앞이니까 말을 신중히 가려서 해야 할 것 같았고, 그러다 보니 생각만큼 솔직하게 말할 수 없었다.

결국에는 참석자를 줄이기로 결정이 났다. 교육과 관계를 위해서는 상세한 회의록을 공유하고 관리자와 대화하는 자리를 늘리는 등 다른 방법을 찾기로 했다. 이로써 팀원들은 일주일 중 한 시간을 되찾았다. 더 큰 소득은 회의 참석자들이 느끼는 부담이 줄어들면서 솔직한 대화가 가능해져 회의가 본연의 목적에 더 충실해진 것이었다.

사람들이 미리 준비해올 수 있게 한다

검토 회의 때 나는 발표자가 "이 데이터를 보면 확실히 알 수 있다시피…."라며 제시하는 도표와 그래프를 실눈을 뜨고 뚫어져라 보면서 당혹감을 느낄 때가 많았다. '잠깐, 잠깐! 어떻게 그런 결론이 나오는 건지 모르겠는데요…. 내가 이해가 느린 건가요?'라고 외치고 싶었다. 이제는 그런 반응이 유별나거나 걱정해야 할 문제가 아니라는 것을 안다. 내 주변의 데이터에 강한 사람들도 새로운 정보를 처리하려면 시간이 걸리니까 말이다.

발표자들은 내용을 훤히 알기 때문에 사회심리학자들이 말하는 '지식의 저주'에 종종 걸리곤 했다. 지식의 저주란 내용을 모르는 사람이 보면 어떻게 보일지 생각하지 못하게 만드는 인지 편향이다. 그들은 슬라이드를 휙휙 넘길 때마다 다른 참석자들이 그 요지를 금방 이해할 것이라고 생각했다. 하지만 의사결정을 하거나 피드백을 주기 위한 회의에서는 참석자들이 즉석에서 내용을 다 이해하고 충분히 생각한 후 결론에 도달하기가 쉽지 않다.

이런 문제의 해법은 사람들이 준비된 상태에서 회의에 참석할 수 있게 하는 것이다. 그래서 우리는 의사결정이나 검토를 위한 회의를 하기 전날 참석자들이 내용을 미리 파악할 수 있도록 회의 주관자가 슬라이드나 문서를 전달하는 방침을 세웠다. 그 덕에 나는 도표와 그래프가 이해될 때까지 충분히 들여다볼 수 있게 되어 회의에 더 많이 기여할 수 있었다. 미리 안건을 보내면 참석자들이 회의에 더 집중할 수 있다. 소규모 회의나 일대일 면담 때도 그렇게 하면 좋지만 규모가 큰 회의라면 더욱더 준비가 중요하다. 그게 왠지 수고스럽게 느껴진다면 회의의 금전적 비용을 생각해보자.

직원 500명이 참석하는 회의가 따분하거나 기억에 남지 않는다면 회사는 500명의 시간을 낭비한 셈이 된다. 시급을 보수적으로 계산해서 인당 50달러로 잡아도, 대략 2만 5천 달러가 허공에 뿌려진 꼴이다. 그 회의를 준비하기 위해 다섯 명이 다섯 시간씩 쓴다고 쳐도(총 1,250달러) 오히려 훨씬 남는 장사다. 소수 인원이 참석하는 주간 회의라고 해도 그 시간이 1년간 낭비되면 수천 달러 상당의 생산성이 허비된다.

후속 조치도 준비만큼 중요하다. 회의가 끝났다고 다 끝난 게 아니다. 회의는 세상에 가치 있는 것을 내놓기 위한 긴 여정 중 한 걸음에 불과하다. 회의를 끝낼 때 "마치기 전에 이후 절차를 확인할게요."라고 말하는 습관을 들이자. 회의가 끝난 후에는 논의된 내용, 구체적인 실행 사항과 책임자, 다음번 확인 일정 등을 요약한 자료를 참석자들에게 보내자.

어떤 결정이 내려졌으면 관계자들에게 확실히 전달해야 한다. 피드백이 있었으면 실행에 옮겨야 한다. 아이디어가 나왔으면 회의 주관자가 어떤 절차를 거쳐 다음 단계로 진행할지 의사를 확실히 밝혀야 한다. 이런 후속 조치가 있어야 참석자들이 다시 모였을 때 안건이 유야무야되지 않는다.

모두가 편하게 말할 수 있는 환경을 만든다

신입 시절 나는 사람이 많은 회의일수록 말을 아끼고 조용히 있었다. 일대일 면담 때는 말을 많이 했지만 회의 참석자가 일곱 명 이상이 되면 마치 자객처럼 최대한 나의 존재를 숨겼다. 관리자가 된 후 팀원들에게서도 그런 모습을 많이 봤다. 모든 사람이 남들 앞에서 생각나는 대로 유창하게 말할 수 있지는 않다. 나는 비난이 무서워서 아무 말도 하지 못했다. 한심한 의견으로 사람들의 시간만 뺏을까 두려웠다.

내가 비로소 목소리를 낼 수 있게 된 것은 비판하지 않고 응원해주는 편안한 환경이 만들어진 덕분이었다. 한두 사람이 시종일관 말할 때보다 모든 사람이 자기 의견을 말할 때 나도 말을 꺼내기가 한결 쉬웠다. 아니면 누가 진심으로 궁금해서 내 의견을 묻거나("줄리, 아직 아무 말도 안 했는데 이 기획안에 대해 어떻게 생각해요?") 내가 다른 참석자들과 친해서 한심한 소리를 해도 무능하다고 생각하지 않으리란 것을 알 때도 편하게 말할 수 있었다.

아이디어 창출, 의사결정, 팀워크 강화를 위한 자리를 마련할 때는 모든 사람이 적극적으로 대화에 참여하게 유도해야 더 좋은 결과를 얻을 수 있다. 그래서 질문, 토론, 반박을 환영하는 분위기를 조성해야 한다. 나는 참신한 아이디어라고 생각해서 말했는데 다른 사람들은 속으로 말도 안 된다고 생각하면서도 입을 꾹 다물고 있다면 내게 득 될 게 없다. 벌거벗은 임금님이 되지 않으려면 이렇게 해보자.

어떤 태도를 원하는지 분명히 밝힌다

모든 사람이 회의에 적극적으로 참여하길 바란다면 그렇게 해달라고 말하는 게 가장 쉬운 방법일 수 있다. 나는 정기적으로 팀원들에게 질문을 받고 답을 하는 회의를 연다. 이때는 팀원들이 껄끄러운 질문을 해도 내가 눈치를 안 주고 솔직하게 대답해줄 것이라고 믿는 게 중요하다. 그런데 처음에는 회의를 10번쯤 할 때까지 내게 곤란한 질문을 하는 사람이 거의 없었다. 서로 멀뚱멀뚱 보기만 하는 게 누가 먼저 용기 있게 나서기를 기다리는 것 같았다.

껄끄러운 질문이 왜 없었겠는가. 팀원들이 어떤 전략에 회의적이라거나, 왜 어떤 프로젝트가 순조롭게 진행되지 않는지 의아해한다는 말이

건너건너 내 귀에 들어올 때가 많았다. 하지만 정작 질의응답 시간에는 그런 질문이 전혀 나오지 않았다. 참다못한 내가 직접 그 문제를 거론하기로 했다. 그래서 다음번 회의를 시작하며 이렇게 말했다. "내가 일부러 질문을 받고 답하는 자리를 마련한 건 우리가 팀에서 일어나는 모든 일에 대해 진심 어린 대화를 해야 하기 때문이에요. 그런데 솔직히 말해서 여러분이 마음속에 있는 중요한 말을 다 안 하는 것 같아요. 그래서 이렇게 대놓고 말합니다. 껄끄러운 질문도 좋아요! 제발 속에 있는 말을 하세요! 나도 최대한 투명하게 대답할게요."

그 말이 통했다. 내가 투명성을 중시하고 껄끄러운 질문을 환영한다고 말하자 그런 질문을 하는 사람이 훨씬 많아졌다.

적극적인 참여를 유도하도록 회의 방식을 바꾼다

회의에 정해진 체계가 없으면 참석자들이 말하고 싶을 때만 말한다. 그러면 내성적인 사람은 말을 아끼고 외향적인 사람이 회의를 지배할 수 있다. 직급, 연차, 친밀감도 얼마나 편하게 말을 꺼내느냐에 영향을 미친다. 이처럼 자연스럽게 생기는 대화 구도는 회의에 체계를 더함으로써 깨트릴 수 있다. 예를 들면 정해진 순서대로 돌아가면서 발언하게 하는 것이다. 만일 세 가지 안 중에서 하나를 선택해야 한다면 참석자 전원에게 무엇이 왜 마음에 드는지 물어봄으로써 한 사람도 빠짐없이 의견을 말하게 할 수 있다.

나는 포스트잇으로 토론을 시작하는 방법도 좋아한다. 복잡한 주제(마케팅 목표를 무엇으로 설정해야 하는가, 3년 후 무엇을 기준으로 성공 여부를 판단할 것인가 등)를 논하기 전에 포스트잇 묶음을 나눠주고 10~15분 동안 조용히 집중해서 생각을 적어보라고 한다. 그 후에 각자 화이트보드에 포스트잇을 붙이면서 의견을 말한다. 이때 비슷한 의견끼리 그룹을 짓는다. 그리고 마지막 포스트잇까지 붙이고 나면 각 그룹에 대해 논의한다. 이렇게 생각을 말하기 전에 일단 종이에 쓰게 했더니 발언을 가로막는 장벽이 낮아졌다.

발언 시간을 조율한다

몇몇 사람이 회의를 독점한다면 발언 시간을 잘 배분하자. 말 끊기를 경계해야 한다. 누가 말을 하고 있는데 다른 사람이 큰 소리로 끼어든다면 "잠깐만요, 애나의 말이 아직 안 끝났어요."라는 식으로 저지하자. 이렇게 하면 덤으로 팀장의 신뢰도도 높아진다.

누군가 말할 타이밍을 보고 있는 것 같으면 "존이 의견이 있는 것 같네요."라고 물꼬를 터주자. 예전에 나 말고도 20명이 모인 간부급 검토 회의 때 동료 한 명이 내게 그렇게 해줬는데 지금도 그때 느꼈던 감동이 생생하다. 눈치 빠른 관리자라면 "수잔, 뭔가 이해가 안 된다는 표정인데 우리가 어떻게 하는 게 좋을 것 같아요?", "릭, 아직 한 마디도 안 했는데 어떻게 생각해요?"라고 직접 물어볼 수도 있을 것이다. 혼자서 말을 너무 많이 하는 사람이 있다면 "이언, 하고 싶은 말이 더 있겠지만 일단 다른 사람들도 말할 기회를 줍시다." 하는 식으로 다른 사람이 말할 차례라는 것을 정중하면서도 분명하게 알려주자.

누군가의 말을 끊고 대화의 흐름을 바꾸는 게 편하지만은 않을 테지만, 그럼으로써 더 다양한 의견을 들어야 더 좋은 결과를 도출할 수 있다는 신념은 확실하게 전달된다.

회의에 대한 피드백을 받는다

회의가 시간 낭비인 것 같다고 솔직하게 말해줄 수 있는 팀원이 있다면 운이 좋은 케이스다. 하지만 꼭 운에 기댈 필요는 없다. 팀장인 내가 먼저 피드백을 요청하는 습관을 들이면 된다. 특히 참석자가 많고 반복되는 회의일수록 피드백이 중요하다. 피드백을 잘 받으려면 구체적으로 무엇에 대해 알고 싶은지 밝히고 상대방이 편하게 의견을 말할 수 있는 분위기를 만들어야 한다. 당신이 아무래도 어떤 부분이 문제인 것 같다고 먼저 말하면 상대방에게도 비판적인 말을 해도 된다는 메시지가 전달된다.

내가 만든 근황 회의가 실패작으로 막을 내리기 전에 팀원들에게 이렇게 물었으면 어땠을까? "주간 근황 회의가 얼마나 유익한 것 같아요? 내 목표는 누가 무슨 일을 하고 있는지 서로 잘 알아서 팀워크가 향상되는 거예요. 그런데 지금은 너무 지엽적인 얘기를 많이 하는 것 아닌가 싶네요. 어떻게 생각해요?"

가장 좋았던 회의를 떠올려보자. 그때 어떤 기분이 들었는가? 나는 우호적이고 진정으로 호기심이 넘치는 분위기의 회의를 가장 좋아한다. 그럴 때는 은근한 긴장감이나 압박감이 존재하지 않는다. 참석자들이 황당한 의견을 들어도 "나는 그 생각에 반대예요."라고 편하게 말한다. 다들 자기가 그 자리에 나와서 의견을 개진하는 게 고맙게 받아들여진다는 것을 안다. 우리는 바로 그런 회의를 지향해야 한다.

내가 없어도 되는 회의와 굳이 안 해도 되는 회의

몇 년 전에 자정을 넘기는 야근과 주말 근무를 밥 먹듯이 하며 고생하던 시기가 있었다. 속으로 생각했다. '계속 이럴 수는 없어. 왜 자꾸만 뭐든 쫓아가기 급급한 것 같은 기분이 드는 걸까?' 남편에게 말했더니 대뜸 이런 질문이 돌아왔다. "요즘 일과가 어떤데?" 내가 "바쁘지. 회의가 꽉 꽉 차 있어."라고 대답하자 남편은 다시 물었다. "흠. 그걸 꼭 다 참석해야 해?"

그 말이 내 일과에 대해 곰곰이 생각해보는 계기가 됐다. 이후로 일주일간 내가 무슨 회의에 참석했고 끝났을 때 어떤 기분이었는지 빠짐없이 기록했다. 내가 적극적으로 참여했는가? 회의 결과가 만족스러운가? 직접 참여해서 의미 있는 것을 얻었는가? 일주일이 지나고서 보니 '아니오'라고 적은 회의가 무려 전체의 40퍼센트쯤 됐다. 솔직히 말하자면 뭘 좀 안다고 우쭐해지고 싶어서, 혹은 참석 요청을 받아 얼굴이라도 비춰야 예의일 것 같아서 참석한 회의도 있었다. 그 시간을 더 급한 일에 썼으면 야근을 안 해도 됐을 텐데!

처음에는 내가 특이한 것이라 생각했는데 알고 보니 그렇지도 않았다. 하버드 경영대학원의 레슬리 펄로Leslie Perlow와 동료 연구자들이 여러 기업의 임원 182명에게 설문조사를 실시했다. 그중에서 65퍼센트가 회의 때문에 업무에 지장을 받는다고, 71퍼센트가 회의를 비생산적이고 비효율적이라고 생각한다고, 64퍼센트가 회의로 인해 깊이 생각할 시간을 빼앗긴다고 응답했다.[6]

나는 일과를 분석한 후 대대적인 일정표 개선 작업에 착수했다. 내가 별로 기여하지 못하는 회의를 싹 다 쳐버렸다. 업무와 관련된 결정 사항을 알아야 할 때는 회의 주관자에게 회의 전후로 내게도 관련 문건과 기록을 보내달라고 요청했다. 그렇게 시간을 벌고 균형을 잡은 덕분에 중요한 일을 더 잘 처리할 수 있었다. 이렇듯 관리자로서 당신의 시간은 소중하고 한정되어 있으니 용이 보물 상자를 지키듯이 목숨을 걸고 지켜야 한다. 회의 때 당신이 없어도 좋은 결과가 나올 것 같다면 굳이 참석할 필요가 없다.

또한 '아무한테도' 의미가 없는 회의 역시 주의해야 한다. 그런 회의는 없애거나 뜯어고치는 게 상책이다. 네일 레먼-윌렌브로크Nale Lehmann-Willenbrock와 동료들의 연구에서 잘 계획된 회의(불러야 할 사람만 부르고, 안건이 정리되어 있으며, 의미 있는 논의가 진행되는 회의)는 팀 성과, 팀원 만족도 등과 직접적인 관계가 있음이 밝혀졌다. 레먼-윌렌브로크는 나쁜 회의가 '팀원의 불만을 키우는 한편 에너지를 고갈시켜 번아웃을 부를 수 있지만' 좋은 회의는 '팀원의 사기를 진작시킨다'고 썼다.[7]

나는 예전에 수요일마다 열리는 회의가 너무 긴장감 넘치고 공격적인 분위기라 꺼려졌다. 모든 참석자가 팔짱을 끼고 앉아 노려보는 게 꼭 프로세스 개선 방안이 아니라 핵무기 정책을 놓고 논쟁을 벌이는 자리 같았다. 무슨 말만 나왔다 하면 곧장 반박이 가해지거나 긴 침묵이 깔렸다. 다행히도 그 회의는 대대적인 조직 개편의 결과로 사라졌다.

몇 년 후 그 회의에 같이 참석했던 사람과 대화를 나누다가 둘 다 그 회의를 시간 낭비라고 생각했다는 것을 알게 됐다. 참석자들 간에 신뢰가 형성되지 않아 무슨 말이 나오든 너 죽고 나 살자는 식으로 대화가 흘러가니까 비생산적일 수밖에 없었다. 우리는 "그때 알았으면 더 일찍 없앴을 텐데 왜 몰랐을까요?"라며 탄식했다. 우리가 얻은 교훈이었다. 혹시 반복되는 회의가 과연 효용성이 있는지 의심이 든다면 주관자에게 정중하게 그 의견을 말하는 게 모든 사람을 위하는 길이다. 평균 이하 수준의 회의에 시간을 낭비하기엔 인생이 너무 짧다. 당신이 참석하는 모든 회의가 유익하고, 탁월하고, 활기가 넘치게 만들자. 그러면 팀이 더 많은 성취를 경험하게 될 것이다.

THE MAKING OF A MANAGER

TRIAL OF SELF-DOUBT
MEETINGS
CONSTRUCTIVE FEEDBACK
CHAPTER 7

누구를 뽑아야 할까?

나쁜 예
"지원 동기가
뭔가요?"
"귀사의 로고 색깔이
마음에 들어서입니다."
급하니까 일단
아무나 뽑자.
"합격입니다."

좋은 예
"지원 동기가
뭔가요?"
"귀사의 로고 색깔이
마음에 들어서입니다."
"수고하셨습니다.
다음 분 들어오세요!"

아직 면접관으로 나서는 게 낯설고 떨렸던 초보 관리자 시절, 이제 막 대학원을 졸업한 톰이라는 지원자를 면접했다. 내 소개를 들으면서 그는 수줍게 웃었다. 첫 번째 문제를 제시하자 그는 매직을 쥐고 화이트보드에 해법을 써 내려갔다. 손이 바들바들 떨리는게 보였다. 톰은 몇 가지 깊이 있는 질문을 던졌다. 문제를 풀다가 막히자 손을 멈추고 한 발짝 물러나서 떠오르는 생각을 소리 내어 말했다.

그날 그는 내가 제시한 문제들을 다 해결하지 못했다. 실망한 기색이 역력했다. 집에 돌아가면 노트를 펼쳐놓고 기어이 해법을 찾아낼 때까지 씨름할 것 같았다. 딱 보면 알 수 있었다. 그래서 나는 다른 지원자들만큼 문제를 잘 풀지는 못한 그에게 '합격' 표를 던졌다. 나 스스로도 놀랄 일이었다. 나는 원래 채용에 보수적으로 투표하는 사람이었다. 지원자에 대한 확신이 없으면 '불합격' 표를 줘야 안심이 됐기에 그런 도박은 그때가 처음이었다. 톰이 어딘가 특별하다는 느낌을 떨칠 수가 없었다. 그는 그저 똑똑하기만 한 게 아니라 남다른 근성과 사고의 깊이가 있다는 게 느껴졌다. 그래서 같이 일하고 싶었다.

다행히도 다른 면접관들과 논의한 끝에 톰의 채용이 결정됐다. 몇 년 후 파티장에서 톰을 만났는데 그가 내게 다가와 이렇게 말했다. "아직도 면접 때 기억이 나요. 제가 긴장을 너무 많이 해서 문제를 잘 못 풀었잖아요. 당연히 떨어뜨리실 줄 알았어요." 나는 싱긋 웃으면서 내 예지력으로 그가 얼마나 대단한 활약을 할지 미리 내다봤다고 농담을 날렸다. 빈말이 아니라 톰의 활약은 정말로 대단해서, 입사 후 마치 로켓과 같은 궤적을 그렸다. 단 몇 년 만에 풋내기 대학원 졸업생에서 엔지니어링 부문의 고위 리더로 우뚝 올라선 것이다. 비록 우리가 가까이서 일하진 못했지만 건너건너 들리는 말은 항상 그에 대한 깊은 존경심이 밴 찬사였다. 그는 엄청나게 똑똑했고 여전히 사내에서 근성과 생각의 깊이로는 따라갈 사람이 거의 없었다.

성장하는 조직의 관리자에게는 사람을 잘 뽑는 일이 제일 중요하다고 해도 과언이 아니다. 내가 지금까지 면접하고 영입을 도운 사람이 수백 명이고 그들이 또 영입한 사람이 수천 명이다. 만약에 내가 처음 일을 시작했을 때 누가 앞으로 내 결정이 그 정도의 영향력을 발휘할 것이라고 말했다면 미친 소리로 치부했을 것이다. 물론 많이 뽑는 것만이 능사는 아니다. 단 한 사람을 뽑더라도 훌륭한 인재를 뽑으면 팀의 성과가 크게 달라진다. 중요한 것은 채용이 해결해야 할 '문제'가 아니라 조직의 미래를 건설할 '기회'라는 사실이다.

이 사실을 깨닫기까지 오랜 시간이 걸렸다. 우리 팀이 초고속으로 성장하고 있었기 때문에 채용이란 게 걷어도 걷어도 나를 휘감는 안개처럼 느껴졌다. 항상 일손이 부족한 느낌이었다. 프로젝트마다 인력이 부족해 팀원들이 고생이었다. 그래서 사람을 뽑는 일이 그런 문제를 해결하기 위해 해야 하는 '의무'로 다가왔다. 당장 발등에 붙은 불부터 끄고 싶은 심정이었다. 하지만 채용은 단순히 구멍을 메우는 일이 아니다. 구멍을 메우기에만 급급하면 최고의 인재를 기용하지 못한다. 채용을 할 때는 어떻게 하면 팀은 물론이고 자신의 '삶'이 훨씬 더 나아질지 고민해야 한다. 좋은 동료는 팀의 성과에 기여할 뿐만 아니라, 새로운 지식을 전달하고, 의욕을 불러일으키고, 든든한 지원군이 되고, 회사 생활을 훨씬 재미있게 만들어준다. 돌아보면 어떤 사람을 만나서 그 사람의 저력을 알게 되고 수년간 의미 있는 문제들을 함께 해결하는 것만큼 보람 찬 일도 없다.

그런데 적절한 사람을 잘 뽑는 일이란 무척 어렵다. 동화에 비유하자면 왕자로 변신할 개구리를 만나기 위해서는 일단 수많은 개구리를 만나봐야 한다. 이 장에서는 훌륭한 팀 구축을 위한 최선의 인재 기용 방법을 알아볼 것이다.

의도적으로 팀을 디자인한다

팀이 인력난에 시달릴 때 지금 당장 일을 시켜도 될 만한 사람을 거부하기란 매우 어렵다. 그 사람이 실제로 팀이 요구하는 인재상과 일치하지 않아도 모른 척 넘어갈 수 있다. 배가 꼬르륵거리면 냉장고에 있는 피클, 케첩, 식빵으로 대충 끼니를 때우려고 하는 것과 같은 이치다. 건강한 식습관을 유지하고 훌륭한 팀을 만드는 비결은 미리 계획을 세우는 것이다. 일요일에 마트에 가서 매일 저녁을 제대로 먹기 위한 재료를 사놓으면 수요일 저녁에 갑자기 배가 고파도 맛있는 치킨샐러드를 만들어 먹을 수 있다.

그래서 나는 매년 1월이면 연말에 우리 팀이 도달해 있었으면 좋겠다 싶은 목적지를 정하고 그곳에 이르기 위한 계획을 수립한다. 미래의 조직도를 그리고 능력, 강점, 경험상의 빈틈을 분석하며 사람을 뽑아야 할 자리를 일목요연하게 정리한다. 당신도 다음과 같은 질문으로 똑같이 할 수 있다.

- 올해 우리 팀에 사람을 얼마나 채용해야 하는가?(회사의 성장도, 인력 감소 예측치, 예산, 우선순위 등을 고려했을 때)
- 각 채용자들은 어느 정도의 경험이 있어야 하는가?
- 우리 팀에 구체적으로 어떤 능력이나 강점이 필요한가?(예: 창조적 사고력, 탁월한 행정력, AI 전문성 등)
- 현재 우리 팀이 보유하고 있기 때문에 채용자가 다소 부족해도 상관없는 능력이나 강점은 무엇인가?
- 어떤 특징, 이력, 성격이 우리 팀의 다양성을 키울 것인가?

찬찬히 1년 계획을 세워 놓으면 사람을 여유 있게 뽑을 수 있고 지원자를 체계적으로 평가할 수 있다. 그래서 들어오겠다는 사람을 아무나 좋다고 맞아들이는 함정에 빠지지 않는다. 설사 조직의 구조 조정, 팀원의 갑작스러운 퇴직, 우선순위 변경 같은 변화가 생긴다고 해도 머릿속에 항상 이상적인 팀의 모습이 선명히 존재하면 상황에 맞춰 적절히 계획을 수정할 수 있다.

만약 당신이 속한 조직이 새로운 사람을 많이 뽑을 필요가 없다면 이야기가 조금은 달라질 수 있겠다. 그런 조직이라면 1년 후 팀의 규모와 구성이 지금과 비슷할지도 모른다. 그래도 인력 감소의 가능성을 고려해 누군가가 팀을 떠난다면 어디서 사람을 찾아야 할지 미리 생각해두면 좋을 것이다. 지금껏 우수한 팀원들을 어디서 찾았는가? 팀에 새롭게 공급됐으면 하는 능력은 무엇인가? 만일 공석이 생긴다면 어떤 사람을 영입하기를 원하는가?

채용은 '당신'의 책임이다

혹시 운 좋게도 리크루팅팀(채용 공고, 이력서 검토, 면접, 연봉 협상 등 채용 프로세스 전반을 지원하면서 사내에서 요청이 들어왔을 때만 아니라 상시적으로 외부에서 우수 인력을 발굴해 채용 후보군을 확보하는 능동적 인재 영입 조직—옮긴이)이 따로 존재한다면 마음 편히 최고의 지원자가 문 앞에 배달되기를 기다리면 된다고 생각할지도 모르겠다. 그러나 꿈 깨시길. 리크루터는 '당신'의 팀에 이상적인 지원자가 어떤 사람인지 알 리가 없다. 그리고 엑스레이 판독이나 코드 작성 같은 전문 능력을 평가하는 것도 도와줄 수 없다. 당신의 팀은 다른 누구도 아닌 당신이 책임지고 만들어가야 한다. 사람을 잘 뽑는 관리자는 리크루팅팀과 긴밀히 협력해 최고의 지원자를 가려내고 면접해서 영입한다. 유능한 리크루터는 네트워크와 노하우를 총동원해 지원자를 물색해서 관리자에게 소개하고, 지원자에게 면접 과정을 안내하고, 양측이 채용 조건을 조율하는 데 도움을 준다. 사람을 잘 뽑는 관리자는 현재 충원이 필요한 자리에 어떤 능력이 필요하고 그 일이 왜 흥미로운지 잘 설명할 수 있고, 일부러 시간을 내서 지원자를 직접 만나본다.

별도의 리크루팅팀이 없는 경우에는 혼자서 두 가지 역할을 다 해야 한다. 다음은 리크루터와 잘 협력하는 요령이다.

이상적인 지원자의 조건을 최대한 정확히 설명한다

어떤 자리가 비었고 어떤 사람이 적임자인지 파악하는 일은 관리자의 업무다. 직접 그 자리의 직무기술서를 작성하자. 특히 자신이 원하는 능력이나 경험을 구체적으로 적자. 똑같은 직군이라 해도 실제 업무는 크게 다를 수 있다. 예를 들어 어떤 프로덕트 매니저는 부서 간 협업 조율이 주 업무인 반면, 다른 프로덕트 매니저는 기술 명세서 작성, 스프린트 관리, 전략 수립 등 실무에 더 집중할 수 있다. 어떤 사람은 데이터 분석 및 실험을 통해 고객의 구매율 개선에 매진하고, 또 다른 사람은 비전 실현과 고객 분석 업무를 주도한다. 이처럼 동일한 보직이라도 담당 업무는 천차만별이다. 리크루터가 그런 세세한 부분까지 이해하면 조건에 부합하는 사람을 선별하는 게 한결 쉬워진다.

탐색 전략을 세운다

어떤 사람이 필요한지 파악했으면 리크루터와 함께 어디서 이상적인 지원자를 찾을 수 있을지 브레인스토밍을 해보면 좋다. 그러다 보면 링크드인LinkedIn에서 어떤 직함이나 조직을 검색해야 할지, 누구에게 추천을 부탁해야 할지, 어떤 행사에 참석해야 할지, 어떤 식으로 구인 광고를 내야 할지 가닥이 잡힌다. 이력서에서 어떤 패턴이나 키워드를 살펴봐야 할지도 생각해보자. 나는 예전에 어떤 직무에 대해 리크루터와 논의하면서, 스타트업과 대기업 모두에서 경험을 쌓은 사람이라면 작고 기민한 조직과 크고 안정적인 조직의 장점을 골고루 체득했을 가능성이 높아 이상적이라는 결론에 도달했다. 그리고 지원자가 안내 메일을 받았을 때 사무적인 느낌이 들지 않고 자신을 알아봐준다는 느낌을 받도록 리크루터가 아닌 내가 직접 메일을 보내기로 했다.

때로는 특이한 패턴이 훌륭한 지원자를 찾는 길이 되기도 한다. 넷플릭스의 최고인재책임자였던 패티 맥코드는 리크루팅팀을 운영하면서 사내에서 데이터과학을 주도하는 우수한 인재들 중에 음악을 좋아하는 사람이 놀라울 만큼 많다는 사실을 발견했다. 그래서 이력서에서 일반적인 데이터 관련 키워드만 검색하지 않고 피아노나 기타를 연주하는지도 확인하기 시작했다. 맥코드는 "그런 사람이 좌뇌와 우뇌를 쉽게 오갈 수 있다고 결론을 내렸다. 그것은 데이터 분석에 요긴한 능력이다."라고 이야기했다.[1]

훌륭한 면접 경험을 선사한다

지금까지 셀 수 없이 많은 지원자가 우리의 입사 제안을 수락하면서 그 이유 중 하나로 꼽은 게 있었으니, 바로 군더더기 없이 신속하면서도 자신을 배려하는 느낌을 주는 면접 과정이었다. 면접을 보면서 우리 회사와 자신이 일하게 될 팀에 대한 신뢰가 생겼다고 했다. 물론 모든 면접자에게 입사 제안을 하게 되지는 않겠지만, 그렇더라도 면접이 좋은 경험이 되면 잠재적인 입사자들에게 회사가 조직의 미래가 될 사람을 중요하게 여긴다는 인식을 심어줄 수 있다. 그러려면 관리자와 리크루터가 긴밀한 관계를 맺고 있어야 한다. 나와 매번 같이 일하는 리크루터가 있는데 우리는 어떤 지원자가 면접을 보러 오든 간에 마치 배트맨과 로빈처럼 손발이 척척 맞는다. 우리는 하루에도 몇 번씩 메시지를 주고받으며 면접 과정을 꼼꼼히 챙긴다. 면접관들에게 면접자의 기본 정보가 잘 전달됐는가? 누가 어떤 능력을 평가하는가? 면접자와 전에 같은 회사에 다닌 사람이라든가 면접자와 공감대가 있는 면접관을 찾을 수 있는가? 누가 면접자에게 결과를 통보하고 시간을 내줘서 고맙다고 말할 것인가?

그리고 우리는 좋은 면접 경험을 만들기 위해 다음 면접 혹은 결과 발표를 일주일 넘게 미루는 것, 면접자가 했던 말을 또 하게 만드는 것, 서로 상충하거나 혼란스러운 정보를 제공하는 것 등의 실수을 하지 않는다.

지원자를 간절히 원하는 마음을 드러낸다

지원자에게 입사 제의를 했으면 리크루터뿐만 아니라 당신도 부디 수락하길 바란다는 마음을 전해야 한다. 일주일 후에야 연락하는 것처럼 시차가 크면 그만큼 지원자가 거절할 가능성도 커진다. 나는 입사 제의를 했으면 이틀에 한 번씩 연락해서 내가 그 사람에게 관심이 있고 진심으로 영입하고 싶다는 뜻을 내비친다. 혹시 궁금한 점이 있으면 언제든지 물어보라고 하고, 같이 점심이나 저녁을 먹으면서 일에 대해 더 자세히 이야기할 때도 있다. 특히 지원자의 연차와 직급이 높을수록 당신의 정성이 성패를 크게 좌우한다. 그런 사람은 달리 갈 곳이 많은데 당신은 꼭 그 사람을 리더로 앉히고 싶기 때문이다. 그러니까 그 사람이 앞으로 회사에서 어떻게 영향력을 발휘하게 될지 생생하게 말해주자. 그가 맡을 일이 얼마나 흥미진진한 일인지, 왜 그 사람이 굵직굵직한 문제들을 해결하기 위한 적임자인지 알려주자.

채용은 도박이지만 도박도 현명하게 해야 한다

단 몇 시간 이야기하는 것으로 그 사람의 잠재력을 얼마나 정확히 알 수 있을까? 우리는 스스로 사람을 잘 보는 줄 안다고 생각하지만 그렇지 않다는 증거가 무척이나 많다. 몇 년 전에 구글에서 수만 건의 면접 관련 수치를 데이터화해서 면접관이 매긴 점수와 지원자의 향후 성과 사이에 어떤 연관성이 있는지 조사했다. 그 결과는 그 둘이 '전혀 무관하고' 데이터가 '무작위 난장판'이라는 것이었다.[2]

나로서는 그 결과가 전혀 놀랍지 않았다. 우리가 면접 때 기가 막히다고 뽑은 사람이 조직에 잘 맞지 않는 것과 반대로 내가 '불합격' 의견을 준 지원자가 나중에 팀의 1등 공신이 되는 것을 모두 경험했기 때문이다. 몇 번의 면접만으로 지원자의 성공 여부를 예측하는 데는 무리가 있다. 그 이유는 세 가지다.

첫째, 고작 30분에서 한 시간 정도 대화하는 동안 팀의 실제 업무 환경을 재현할 수 없기 때문이다. 실제 프로젝트는 보통 많은 인원이 몇 주, 몇 달, 몇 년간 매달려야 할 만큼 복잡하다. 하지만 면접 때는 거기에 비하면 극히 짧은 시간 동안 사소한 문제를 얼마나 잘 해결하는지만 알 수 있을 뿐이다.

둘째, 면접관의 편견이 평가에 영향을 미치기 때문이다. 우리는 첫인상에 잘 휘둘리고 지원자가 자신이 생각하는 '탁월함'의 조건에 맞는지만 보려고 하는 경향이 있다. 원래 남성 위주였던 미국 교향악단들이 지원자가 커튼 뒤에서 연주하는 '블라인드 오디션'을 실시하자 여성이 1차 전형을 통과할 확률이 50퍼센트 증가했다는 하버드대 연구 결과도 있다.[3]

셋째, 사람은 어마어마한 변화가 가능한 존재이기 때문이다. 구글은 이제 지원자가 갓 대학을 졸업한 경우가 아니라면 학점에 큰 의미를 두지 않는다. 구글의 인재 운영 부문 수석부사장 라즐로 복Laszlo Bock은 "대학을 졸업하고 2~3년이 지난 시점에서 학교 성적은 앞으로 구글에서 발휘할 수행 능력과 전혀 상관이 없다. 구글에서 요구하는 능력은 대학에서 요구하는 능력과 크게 다르기 때문이다. 그 정도 시간이 지났으면 이제 딴사람이 됐다고 봐도 된다. 그동안 배우고, 성장하고, 생각이 바뀌었기 때문이다."라고 했다.[4]

새로운 사람을 뽑는 것은 항상 위험이 따르는 도박이지만 영리하게 움직이면 그 도박도 성공할 가능성이 커진다.

과거에 유사한 일을 한 경험이 있는지 살펴본다

어떤 사람이 앞으로 어떤 성과를 낼지 가늠하기 위한 기준으로 완벽하진 않아도 현실적으로 가장 좋은 것은 과거에 유사한 환경에서 유사한 프로젝트를 수행한 경험이다. 그래서 인턴십이 중요하다. 몇 달간 팀에 데리고 있어보면 그 사람이 어떻게 일하는지 훨씬 잘 알 수 있다. 그다음으로 좋은 기준은 과거의 작업물이다. 우리는 디자이너 면접 때 지원자가 그동안 수행한 프로젝트 중 몇 가지를 소개하는 '포트폴리오 리뷰'를 중시한다. 구체적인 결과물을 예로 들어 작업 과정을 설명하는 모습을 보면 그 사람의 능력과 문제 해결법에 대해 많이 알 수 있다. 교육계에 있는 내 친구는 같은 이유로 강사 지원자에게 시연 수업을 요구한다.

지원자에게 그간 개발한 애플리케이션, 작성한 기사, 실시한 프레젠테이션 등을 직접 보여달라고 해서 실제 작업물의 품질을 평가하자. 지원자가 제시하는 예가 팀의 작업물이라면 구체적으로 어떤 부분을 담당했는지 물어보자.

믿을 만한 사람의 의견을 듣는다

믿을 만한 사람에게서 '제인은 훌륭하지만 잭은 다시는 같이 일하고 싶지 않은 사람'이라는 말을 들었다면 그 말을 진지하게 고려할 필요가 있다. 두 시간짜리 면접의 신뢰성이란 지원자와 실제로 부딪혀본 사람의 증언에 비하면 아무것도 아니다. 새로운 사람을 찾을 때 나는 팀 전체에 그 사실을 알린다. 팀원들에게 "이 자리에 누구든 앉힐 수 있다면 누가 가장 이상적일 것 같아요?"라고 묻는다. 그러면 우리 회사에 한번 지원해볼 의향이 없는지 연락해볼 만한 사람의 명단이 만들어진다. 그뿐만 아니라 어디서 또 사람을 찾아야 할지도 알 수 있다. 추천받은 사람들의 능력, 그들이 다녔던 회사, 그들이 했던 경험에서 어떤 공통점이 보이면 그 부분을 더 파고드는 것이다.

평판 조회로도 믿을 만한 의견을 쉽게 얻을 수 있다. 길트 그룹Gilt Groupe과 《비즈니스 인사이더》의 창립자인 케빈 라이언Kevin Ryan은 평판 조회 예찬론자다. "채용 절차는 크게 세 가지로 구성된다. 이력서, 면접, 평판 조회다. 대부분의 관리자가 이력서와 면접을 과대평가하고 평판 조회를 과소평가한다. 하지만 평판 조회야말로 가장 중요하다."[5] 라이언에 따르면 평판 조회의 관건은 지원자에 대해 정직하게 말해줄 사람을 찾는 것이다. "있는 그대로 가감 없이 말해줄 사람을 찾으려면 많은 노력이 필요하지만 그럴 만한 가치가 있다." 그러나 지원자가 알려주는 사람이나 당신이 잘 모르는 사람에게 연락해서는 아마도 그닥 진정성 있는 대답을 듣기는 어려울 것이다. 그럴 때는 주변의 믿을 만한 사람들에게 지원자를 잘 알고 신뢰가 가는 인물이 있다면 소개시켜달라고 부탁하는 편이 좋다.

평판 조회를 할 때 명심해야 할 게 있다. 대부분의 사람은 시간이 지날수록 실력이 향상된다는 사실이다. 그러니까 오래전의 경험에서 나오는 부정적인 말은 적당히 걸러 들어야 한다. 가령 친구에게서 5년 전에 잭이 계약을 잘 성사시키지 못했다는 말을 들었어도 지금 잭은 그때보다 훨씬 발전했을 가능성이 있다. 그리고 기존의 네트워크 안에서만 사람을 찾으려고 하면 다양한 사람을 찾지 못하게 된다. 그러므로 그 자리에 이상적인 사람의 조건을 염두에 두고 최대한 넓게 그물을 던지자.

여러 사람을 면접관으로 참여시킨다

면접관은 여러 명을 두는 편이 좋다. 해당 직무에 어떤 역량이 필요한지 잘 아는 사람들이 면접관으로 나서서 지원자에게 각기 다른 질문을 하면 전체적으로 균형 잡힌 관점이 형성된다. 예를 들어 변호사를 뽑는다면, 한 면접관은 커뮤니케이션과 협업 능력을 평가하고, 다른 면접관은 해당 업계의 특성을 반영한 심도 있는 법률 질문을 던지며, 또 다른 면접관은 과거 업무 경험을 알아보는 식이다. 면접관이 여러 명이면 편향성이 줄어들고 한 사람이었으면 눈치 채지 못했을 적신호를 감지할 수 있다. 면접 후 심사 회의 때는 먼저 각 면접관이 '합격', '불합격' 의견과 그 이유를 기록한 후 토론에 들어가야 한다. 그래야 눈치 보느라 의견이 한쪽으로 쏠리는 것을 막을 수 있다.

만장일치가 아니라 열성 지지자가 있는지 본다

우리가 면접관을 늘리자 심사 회의 때 '어정쩡한 합격'에 대한 말이 나오기 시작했다. 어정쩡한 합격은 모든 면접관이 '합격' 의견을 줬지만(무려 만장일치!) 모두 뜨뜻미지근한 반응을 보이는 경우를 말한다. 다들 "우리 팀에 맞는 사람인지는 잘 모르겠는데 다른 팀에 가면 잘할 것 같아요.", "굳이 안 뽑을 이유가 없잖아요." 같은 말을 하는 상황이다. 어정쩡한 합격에 해당하는 지원자들은 눈에 띄는 문제가 없이 성격도, 대답도, 경험도 무난한 사람들이었다. 하지만 어떤 면에서도 감탄할 구석이 없었다. 불합격 처리된다고 해도 꼭 뽑아야 한다고 들고 일어날 면접관이 단 한 명도 없었다.

안 그래도 사람을 뽑는 것은 도박인데 어정쩡한 합격자를 뽑으면 곤란하다. 그런 사람은 사고를 치지도 않지만 크게 보탬이 되지도 않는다. 기왕에 도박을 하려면 누군가가 열성적으로 밀어주는 사람에게 베팅하는 것이 좋다. 어떤 지원자에 대한 호불호가 갈리는 가운데 합격 의견을 준 면접관들이 꼭 그 사람과 같이 일하고 싶다며 강경하게 나온다면 그 지원자는 모르긴 몰라도 뭔가 대단한 게 있다고 봐도 무방하다.

사전에 면접 질문을 준비한다

면접을 잘하려면 지원자에 대해 무엇을 알고 싶은지 확실히 정해놓아야 한다. 다시 말해 지원자에 대한 배경 지식을 숙지하고 미리 질문을 준비해야 한다. 한 자리를 놓고 여러 명의 지원자를 면접하는 경우라면 모든 지원자에게 동일한 질문을 하자. 말했다시피 우리는 모두 편향성이 있다. 그래서 동일한 질문을 하지 않으면 답변의 내용으로 평가하지 못하고 지원자의 인상이나 대화의 분위기에 휘둘리게 된다. 예전에 겁먹고 소심해 보이는 지원자(메이슨이라 하자)를 면접한 적 있다. 메이슨은 눈을 잘 안 맞추고 말을 하는 도중에 숨을 헐떡이는가 하면 했던 말을 또 하기 일쑤였다. 하지만 나는 그의 능력과 경험을 알아보기 위한 질문이 준비되어 있었다. ○○ 프로젝트를 할 때 어떻게 목표를 설정했죠? 지금까지 일하면서 가장 어려웠던 문제가 뭐였고 어떻게 해결했나요? 자신의 강점과 약점을 솔직하게 말해줄 수 있나요(자신의 약점 중 하나가 커뮤니케이션이라는 걸 인정할까)? 이런 질문으로 메이슨이 문제를 어떻게 다루는지 알 수 있었고, 메이슨은 다른 지원자들보다 상세하고 심도 있는 답변으로 홈런을 날렸다. 그리고 우리는 그를 채용했다. 그는 부족한 커뮤니케이션 능력을 키우기 위해 노력했고 단기간에 최고의 직원으로 등극했다.

무엇을 물을지 정할 수 있는 사람은 당신뿐이다. 당신이 무엇을 찾고 있는지는 당신만 알기 때문이다. 특히 고도의 전문성을 요하는 자리라면 전문적인 질문이 요구된다. 혹시 어디서부터 시작해야 할지 모르겠다면 내가 주로 쓰는 만능 질문을 참고하기 바란다.

- 어떤 유형의 문제에 도전할 때 흥미를 느끼나요? 이유는요? 좋아하는 프로

젝트가 어떤 건지 설명해줄래요? (▶ 지원자가 무엇에 열정과 열의를 느끼는지 알 수 있다.)

- 자신의 최대 강점이 뭐라고 생각해요? 주변 사람들은 어떤 부분에서 성장이 필요하다고 생각할까요? (▶ 지원자가 스스로를 어떻게 평가하는지 알 수 있고 어떤 강점과 약점이 있는지 파악 가능하다.)
- 3년 후를 상상해보세요. 지금과 비교해서 어떻게 달라졌으면 좋겠어요? (▶ 지원자의 포부가 무엇인지, 얼마나 목표 지향적이고 자기를 많이 돌아보는지 알 수 있다.)
- 지난 1년 동안 가장 힘들었던 갈등 상황이 뭐였나요? 그 상황이 어떻게 끝났고 거기서 뭘 배웠죠? (▶ 지원자가 타인과 어떻게 일하고 갈등을 어떻게 다루는지 알 수 있다.)
- 최근에 일하다가 가슴이 설레거나 뭉클했던 때가 언제였나요? (▶ 지원자가 흥미롭거나 가치 있게 여기는 게 무엇인지 알 수 있다.)

행실이 불량한 사람은 거부한다

앞에서 말한 대로 팀에서 또라이는 절대로 용납하면 안 된다. 면접 때 주의해서 봐야 할 이상 징후를 몇 가지 들자면 이렇다. 전 직장을 욕한다("팀장이 쓰레기였어요."). 자기 일에 남 탓을 한다("최근에 제가 맡았던 프로젝트가 실패한 건 사내 정치 때문입니다."). 다른 집단을 비방한다("영업팀이 다 등신들이었어요."). 자신이 회사를 위해 할 수 있는 일보다 회사가 자신을 위해 해줄 수 있는 일에 더 관심이 많다("여기 들어오면 제 커리어가 한 단계 발전하는 거예요."). 오만하거나 주제를 모른다("이런 자리는 나같이 이 바닥에서 잔뼈가 굵고 노련한 사람이 아니면 안 되니까 지원했죠.").

다양한 관점이 공존하는 팀을 만든다

오래전에 우리 팀이 성장하는 와중에 상사인 케이트가 새로운 리더들을 뽑기 위한 절차에 돌입했다. 이름만 들으면 다 아는 회사에서 온 지원자들이 프레젠테이션하는 것을 쭉 지켜봤다. 그들은 복잡한 사용자 페르소나user persona(구체적인 사용자를 가정하고 디자인하기 위해 만드는 가상의 인물—옮긴이)를 만들고, 수개월에 걸쳐 사용자 조사를 실시하고, 수백 장의 포스트잇을 동원해 아이디어 창출 스프린트sprint (소프트웨어 개발에서 구체적인 결과물을 내놓는 단기 작업 주기를 뜻하며, 보통 한달 이내이다.—옮긴이)를 진행하는 등 치밀한 디자인 과정을 세련된 슬라이드로 설명했다.

당시 우리 팀은 작은 규모였고, 나는 그냥 엔지니어들과 같이 앉아서 몇 주면 제품을 뚝딱 만들고 디자인할 수 있는데 왜 저러는지 이해가 잘 안 됐다. 그렇게 골치 아픈 과정을 밟자면 시간과 비용만 많이 들 것 같았다. 대기업 출신 베테랑들이 우리처럼 산만한 스타트업 환경에 잘 적응할 수 있을까? 내가 볼 때는 미지수였다. 하지만 케이트가 몇 명을 채용한 후 의문이 풀렸다. 처음에는 새로 온 관리자들과 많이 부딪혔다. 우리는 채용 전략, 합평회 방식, A급 디자이너의 기준 등등에 대한 생각이 달랐다. 솔직히 나는 '굴러온 돌들' 때문에 일이 괜히 더 복잡해지는 것 같았고, 그들은 그들대로 내가 꽉 막혔다고 생각했다. 하지만 시간이 지나면 진실이 드러나는 법이었다. 회사가 50명 규모에서 250명 규모로 성장하는 시기에 뭘 어떻게 해야 하는지 잘 아는 관리자들이 딱 버티고 있으니까 엄청난 힘이 됐다. 나는 그들의 강점이 내 약점이라는 사실을 조금씩 인정했다. 아닌 게 아니라 우리는 운영 방식을 개선할 필요가 있었다. 새로운 유형의 인재를 기용해야 했고, 더 체계적인 프로세스를 도입해야 했으며, 점점 늘어나는 사용자에게 더 좋은 경험을 제공하기 위해 페르소나와 스프린트 같은 개념을 도입해야 했다.

다양성은 포스터나 슬로건만 잘 만든다고 갖춰지지 않는다. 성, 인종, 경력, 인생사 등 모든 영역에서 다양성이 존중될 때 더 좋은 아이디어와 결과가 나온다는 믿음이 필요하다. 여기에는 과학적 근거가 있다. 2014년에 S&P 500 기업을 대상으로 조사했더니 관리직의 민족, 인종적 다양성이 상위권에 속한 기업이 업계 평균보다 높은 재무 수익을 거둘 확률이 다양성 하위권 기업보다 35퍼센트 높았다고 한다.[6] 2,400개 기업에 대한 조사에서는 이사회에 여성이 단 한 명이라도 있는 회사가 그렇지 않은 회사보다 좋은 성과를 보였다.[7] 대학교의 남학생 클럽과 여학생 클럽을 동원한 연구에서는 같은 집단의 구성원끼리 모인 팀보다 '외부인'이 끼어 있는 팀이 문제를 더 정확하게 풀었다.[8]

굳이 데이터를 보지 않고 논리적으로 생각해봐도 그렇다. 서로 생김새, 생각, 행동이 비슷한 사람들이 모였을 때와 서로 다른 관점을 가진 사람들이 모였을 때 중에서 어디에서 혁신적인 아이디어가 더 잘 나오겠는가? 다양성을 중시한다면 뭔가 다른 것을 제공할 수 있는 지원자를 적극적으로 물색해야 한다. 내부에서 승진시키지만 말고 외부에서도 사람을 뽑아야 한다. 자신을 포함해 누구나 신념을 갖고 있지만 그 신념에 얼마든지 이의를 제기할 수 있다는 것을 인정해야 한다. 다양성은 팀이 편향을 피하고, 더 나은 결정을 내리고, 더 창조적인 생각을 하게 만드는 위력이 있다.

그 이상을 할 수 있는 사람을 채용한다

"지금 당장 X만 할 수 있는 사람이면 돼요. Y와 Z까지 할 필요는 없어요." 많은 관리자들에게서 종종 듣는 말이다. 정말 그럴까? 물론 일선에서 영업을 뛸 사람을 뽑는데 CEO급 지원자를 만날 필요는 없을 것이다. 하지만 지식 노동을 할 사람을 뽑는데 지금 당장 필요한 역량보다 더 많은 역량을 가진 사람을 뽑는다면 앞으로 더 큰 문제를 해결하는 데 도움이 될 것이다. 나는 지금까지 수년간 팀을 이끌면서 '에이, 우리가 이런 인재들을 다 데리고 있어야 할 만큼 어려운 문제가 많은 것도 아니잖아'라고 생각해본 적이 단 한 번도 없다.

오히려 항상 정반대였다. 얼마 전에 다른 팀에서 대형 프로젝트를 시작하면서 관리자를 뽑았다. 그 팀은 규모가 그리 크지 않았는데 새로 뽑은 관리자는 다른 데서 훨씬 큰 집단을 운영한 경험이 있는 디렉터급 인사였다. 그냥 보기에는 그 자리에 과분한 사람 같았다. 하지만 몇 달이 지난 지금 그는 애초에 회사가 맡긴 프로젝트에서 기막힌 리더십을 발휘하는 것은 물론이고 그 밖에도 사업 확장에 도움이 될 만한 프로젝트를 주도적으로 발굴해서 실행하고 있다. 다른 프로젝트에 리더가 필요하면 나는 그가 제일 먼저 생각난다. 그는 입사한 지 1년도 안 돼서 다수의 핵심 프로젝트를 관리 중이다.

관리자로서 팀의 영향력을 배가시키고자 한다면 최고의 인재를 기용해 그 사람이 더는 무리다 싶을 때까지 점점 더 많은 일을 할 권한을 주는 게 현명한 방법이다.

많은 개구리를 만나는 과정이 가치 있다고 믿는다

나는 사람을 뽑을 때 불확실성 때문에 스트레스를 제일 많이 받았다. 지원자에게 메일을 보내면 답장이 온다는 보장이 없었다. 답장을 받고 통화 약속을 잡은 후에도 지원자 본인이나 내 마음이 바뀔 가능성이 있었다. 지원자가 면접에 와서 질문에 답변을 잘 못하는 경우도 있었다. 그리고 이제 드디어 반짝반짝 빛나는 근로계약서에 서명하는 일만 남았는데 지원자가 입사하지 않겠다고 거부하기도 했다. 말하자면 어떤 단계에서든 실망스러운 일이 생겨서 시간만 낭비했다는 생각이 들 수 있었다. 하지만 나는 좀 더 넓은 시야에서 보면 채용 과정이 지원자의 수를 줄이는 깔때기와 같다는 것을 알게 됐다. 지원자가 수십 명에 이를 때 이 깔때기는 비교적 일관성 있게 작동한다. 예를 들어 20통의 메일을 보내면 10명이 관심을 보인다. 그 10명과 면담한 후 면접 대상이 네 명으로 추려진다. 네 명의 면접자 중에서 한 명이 입사 제안을 받는다. 그리고 입사 제안이 거절될 확률이 50퍼센트다.

정확한 수치는 팀, 직무, 조직에 따라 달라지겠지만 어쨌든 '최초에 평균 몇 통의 메일을 보내면 한 명의 채용자가 나온다'라는 방정식이 만들어지게 된다. 이런 식으로 생각하니까 내가 사람을 뽑기 위해 많은 시간과 에너지를 쏟으면 간혹 예외가 있긴 해도 대체로 노력한 만큼 보상이 따른다는 확신이 생겼다.

다섯 명, 열 명, 수백 명을 채용해야 할 때

몇 년 전 우리 팀에 인력 충원이 절실했을 때, 매일같이 인력 부족으로 문제가 생기고 있다는 보고가 쇄도했다. 프로젝트는 지연되고, 기존 팀원들은 탈진 직전이었으며, 곳곳에서 불만의 목소리가 터져 나왔다. 나는 "나도 한다고 하고 있어요!"라고 항변했다. 실제로 그랬다. 날마다 리크루팅팀과 연락을 하고, 이 사람 저 사람에게 메일을 보내고, 면접을 진행하는 등 뭔가를 계속 하고 있었다. "유능한 인재들을 뽑고 싶은데 그러려면 시간이 걸리잖아요."라는 말을 입에 달고 살았다.

그렇게 몇 주가 흘렀을 때 상사인 크리스와 평소처럼 일대일 면담을 하던 중에 채용에 대한 이야기가 나왔다. 그가 물었다. "지금 사람을 뽑는 데 충분히 시간을 쓰고 있다고 생각해요?" 나는 그렇다고 대답하며 다른 사람들에게 했던 말 그대로 단 하루도 애쓰지 않는 날이 없다고 토로했다.

긴 침묵. 이윽고 크리스가 내 눈을 보며 물었다. "만약에 사람을 잘 뽑는 게 유일하게 중요한 문제라고 한다면 지금 하고 있는 일이 달라질까요?" 나는 눈을 끔뻑였다. 그렇게 말한다면 물론 달라질 건 있었다. 매일 채용에 힘쓰고 있긴 했지만 로드맵 검토, 시제품 비평, 팀원 면담 같이 다른 일에 더 많은 시간을 쓰고 있었기 때문이다. 한데 채용을 내가 '유일하게' 잘해야 할 일이라고 생각하자 불현듯 수많은 아이디어가 뇌리를 스쳤다. 내 네트워크를 총동원해 더 많은 사람을 추천받자. 더 많은 지원자와 커피 약속을 잡자. 믿을 만한 동료들의 도움을 받아 내가 지원자들에게 우리 회사와 그들에게 제시하는 자리에 대해 더 매력적으로 말할 수 있게 하자.

그 후로 넉 달간 전에 없이 생산적인 시간을 보냈다. 비어 있던 리더 자리를 모두 채웠고 많은 인재를 직원으로 맞아들였다. 그러면서 사람을 뽑는 게 창의력을 발휘해야 하는 문제를 해결하는 것과 다르지 않음을 느꼈다. 처음에는 답이 무엇인지, 시간이 얼마나 걸릴지 모른다. 하지만 그 과정이 가치 있다고 믿어야 한다. 그래서 시간과 에너지를 투입하면, 예를 들어 10개의 기획안을 도출하거나 10명의 지원자와 대화를 나누면 결국에 가서 최선의 해법을 찾게 된다. 반드시 그렇다.

인재 영입이 관리자의 핵심적인 직무에 속한다는 말은 앞에서 한 바 있다. 그런데 팀이 고속 성장 중일 때는 대개 관리자의 채용 능력이 핵심을 넘어 최우선순위에 놓인다. 큰 팀을 꾸려야 하는데 좋은 관리자가 충분히 확보되지 않으면 문제가 걷잡을 수 없이 커진다. 그러므로 꾸준히 유능한 사람을 영입하고 그들도 채용을 잘할 수 있게 만들지 않으면 결코 팀이 탁월한 성과를 낼 수 없다. 내 경험에 비춰보면 급성장 중인 조직에서 사람을 뽑을 때는 다음과 같은 것들을 유념해야 한다.

채용 과정을 효과적으로 운영해야 한다

어떤 자리의 적임자를 찾으려면 운에 따라서 2주가 걸리기도 하고 2개월이 걸리기도 한다. 한마디로 불확실하다. 하지만 회사가 성장하느라 두 명이 아니라 20명, 200명을 새로 뽑아야 한다면 평균의 존재로 이런 불확실성이 완화될 수 있다. 가령 당신의 팀에 한 명의 입사자가 나오기까지 평균 두 건의 입사 제안, 여덟 번의 면접, 20번의 면담, 40통의 메일이 필요하다고 할 경우에 20명의 입사자가 나오려면 1년간 약 800통의 메일을 보내야 한다. 큰 수치지만 불확실성은 기분 좋게 해소된다. 그러면 당신이 할 일은 모든 단계에서 채용의 깔때기가 막힘없이 작동하도록 효율적인 시스템을 구축하는 것이다.

당신 밑에 네 명의 관리자가 있다고 해보자. 채용 목표를 달성하려면 각 관리자가 연간 약 200통, 따라서 주당 약 네 통의 메일을 보내야 한다. 너무 심하다고 할 수준은 아니다. 160번의 면접을 실시하려면 매주 세 명의 지원자를 부르는 것을 목표로 삼아야 한다. 이때 지원자를 객관적이고 일관성 있게 평가할 인력이 확보돼야 하므로 면접관 교육이 필요할 것이다.

깔때기의 효율을 키울 방법도 찾아보자. 메일을 더 흡인력 있게 써서 더 많은 답장이 오게 하면 어떨까? 행사를 통해 잠재적 지원자들이 면접을 보고 싶게 할 수는 없을까? 지원자에 대해 더 많은 정보를 얻을 수 있는 질문은 무엇일까? 관건은 채용 과정을 얼마나 효과적으로 운영하느냐다. 문제를 세분화하고 전 팀원에게 팀이 성장하고 번창할 수 있도록 한 몫씩 해달라고 부탁하자.

리더를 뽑을 때는 직접 조사한다

관리자나 직급이 높은 기여자를 영입하는 것은 큰 투자다. 리더는 영향력이 큰 만큼 잘못 뽑으면 엄청난 파괴력을 발휘한다. 당신과 가치관이 맞지 않는 사람을 관리자로 기용하면 그 사람이 당신의 눈에 탐탁지 않은 사람을 채용할 수 있다. 그 관리자가 협력이라고는 모르는 성격이라면 불만을 품은 사람이 줄을 설 것이다. 리더를 뽑을 때는 서두르지 말고 먼저 이상적인 채용자상을 확실히 정하는 게 현명하다. 이때 제일 쉬운 방법은 최대한 많은 잠재적 지원자와 대화를 나누는 것이다. 여기에는 굳이 지원하지 않을 것 같아도 그 자리에 대해 잘 아는 사람도 포함된다. 특히 당신에게 익숙하지 않은 직무 분야의 사람을 뽑을 때는 여기저기 알아보고 올바른 기준을 세워야 한다.

영업 출신의 영리한 CEO가 엔지니어링 팀장을 뽑는다고 해보자. 엔지니어링에는 문외한인데 어떻게 해야 할까? 우선 네트워크를 총동원해 엔지니어링 업계의 우수한 리더들을 소개받는다. 설령 그들이 그 자리에 관심이 없다고 해도 같이 이야기를 나누다 보면 배울 점이 있다. 그들은 이력서에서 주로 무엇을 보는가? 면접 때는 무슨 질문을 하고 어떤 답변을 기대하는가? 좋은 지원자를 찾을 만한 곳을 추천해줄 수 있는가?

우리의 CEO는 다음으로 사내의 엔지니어들에게서 리더의 중요한 자질이 무엇이라 생각하는지 듣는다. 그리고 그중 몇 명에게 지원자의 기술적 능력을 평가하는 데 도움을 달라고 요청한다. 면접 때 놓치지 말아야 할 것을 놓치지 않기 위해 여러 사람을 동원한다. 그 결과로 그녀는 출중한 엔지니어링 팀장을 자신 있게 기용한다.

잘 뽑은 리더 한 명이 오랫동안 팀에 엄청난 영향을 미친다. 그러니까 무턱대고 뽑아서는 안 된다. 수고스럽더라도 미리 조사를 하면 그만큼 보상이 따르기 마련이다.

장기적인 안목으로 우수한 인재를 본다

사람을 뽑다 보면 하도 많이 겪어서 이제는 예삿일 같은 상황이 있다. 이런 식이다. 출중한 리더를 영입하기 위해 적극적으로 지원자를 물색한다. 어떤 사람을 만났는데 정신이 번쩍 들면서 즉시 눈앞에 반짝이는 미래가 펼쳐진다. 우리가 함께 문제를 해결해서 대박을 치는 모습이 떠오른다. 이미 그 사람을 출근 첫날 팀원들에게 소개하는 장면을 생각하고 있다. 나는 잔뜩 흥분해서 입사를 제안하고 이후로 모든 일이 술술 풀리는 와중에… 문득 불길한 전화를 받는다. "저기, 생각해봤는데 안 되겠어요…." 속은 쓰리지만 행운을 빌어주고 의자에 털썩 기댄다. 명단에서 이름을 지운다. 다시 탐색을 시작한다.

그런데 잠깐, 이 이야기는 해피엔딩이다. 몇 달 혹은 몇 년 후에 메일이 한 통 날아온다. 그때 그 지원자가 보낸 것이다. 상황이 바뀌어서 이제 새로운 일을 시작할 준비가 됐다고 한다. "혹시 거기 자리 있나요?"

여기서 우리는 우수한 인재를 영입하려면 좋은 관계를 맺어야 한다는 교훈을 얻을 수 있다. 유능하고 노련한 리더들은 누구나 데려가고 싶어 하기 때문에 언제든 갈 데가 있다. 보통 그들은 자리를 옮기려고 할 때면 기존에 알고 있던 곳 중에서 좋은 곳을 선택한다. 그곳은 친한 사람이 애사심을 갖고 일하는 회사일 수도 있고, 전에 이미 리더들을 만나본 회사일 수도 있다. 어디든 들어갈 수 있는데 굳이 아는 사람 하나 없는 곳을 선택할 이유가 있을까? 그래서 최고의 인재를 기용하려면 장기적인 관점에서 투자해야 한다. 당신이 종사하는 분야에서 떠오르는 샛별에 주목하고 콘퍼런스, 저녁 모임 같은 행사에서 친분을 쌓자. 꾸준히 네트워크를 확장하자. 그러면서 팀의 명성을 쌓는 것도 잊지 말아야 한다. 팀의 이름을 알리는 방법으로는 사회 공헌 활동, 해당 분야의 지식 창출, 언론 인터뷰 등이 있고, 당신이 일류가 되면 자연히 팀의 위상도 높아진다.

나는 지금까지 수도 없이 거절을 당했지만 그게 무의미한 일이라고 생각하지 않는다. 우리 팀의 많은 리더가 한두 번쯤 퇴짜를 놓은 후에 합류했다. 이제는 내 제안을 거절하는 사람에게 앞으로 또 우리의 길이 교차할 날이 오길 바란다고 말한다. 직장은 잠깐일지 몰라도 커리어는 길다. 어쩌면 아직 때가 아닐 수도 있고 어쩌면 그들이 아직 새로운 일을 할 준비가 안 됐을 수도 있다. 나중에 상황이 바뀐다면 그들이 우리를 떠올렸으면 좋겠다.

선수 벤치를 잘 채운다

내가 우리 팀 리더들과 종종 생각해보는 시나리오가 있다. 이름하여 '장기 휴가' 테스트. ('교통사고 입원' 테스트라고 부르는 사람도 있지만 그건 너무 끔찍하다.) 이런 질문을 던져보는 것이다. 만일 내가 몇 달 동안 안식휴가를 갖는다면 업무가 순조롭게 돌아가기 위해 상사가 얼마나 개입해야 할까? 만일 대답이 "별로 개입할 필요없다."라면 축하한다! 선수 벤치가 잘 채워져 있는 것이다. 만일 대답이 "흐음, 상사가 고생 좀 할 텐데."라면 당신 밑의 리더들을 보강해야 한다.

선수 벤치가 잘 채워져 있으면 당신이 불시에 자리를 비워도 부사수들이 당신 몫을 대신할 수 있다. 당신이 단일장애점single point of failure(미작동 시 시스템 전체가 멈춰버리는 구성 요소—옮긴이)이 아니라는 뜻이다. 당신이 없다고 불이 나지도, 난장판이 벌어지지도, 업무가 중단되지도 않는다. 선수 벤치가 잘 채워져 있다는 것은 출중한 리더십의 증거다. 당신이 키를 잡지 않아도 당신이 만든 팀이 배를 잘 운항할 수 있다는 뜻이기 때문이다. 그러면 이렇게 묻는 사람들이 있다. "잠깐만요. 그게 이론상으로는 좋지만 내가 없어도 팀이 잘 굴러간다면 내가 쓸모없다는 뜻 아닌가요?"

좋은 질문이다. 하지만 한번 생각해보자. 아무리 탁월한 리더라고 해도 코칭을 통해 더 나은 리더가 될 수 있지 않을까? 그러니까 당신 밑의 리더들에게 멀티플라이어 효과를 일으키는 사람으로서 당신의 역할은 여전히 유효하다. 더 중요한 것은 선수 벤치가 잘 채워져 있으면 관리자가 다음 고지를 향해 나아갈 여유가 생긴다는 사실이다. 아마존이 온라인 서점으로 시작했을 때, 제프 베이조스는 직접 차고에서 물건을 포장하고 발송했다. 이후 최초의 직원들을 영입했을 때 그가 불필요한 존재가 된 것은 아니었다. 오히려 더 중요한 일에 집중할 시간이 생겨 새로운 품목 도입, 물류 개선, 아마존웹서비스의 토대 구축에 나설 수 있었다.

현재 아마존은 베이조스 없이도 탄탄히 운영된다. 이는 실제로 2021년 그가 앤디 재시Andy Jassy에게 CEO직을 넘기면서 입증된 사실이다. 하지만 그는 아마존의 수장으로 재임하는 동안 대담하게 목표를 설정하고 한계를 돌파하는 능력을 통해 아마존을 지금과 같은 세계 굴지의 기업으로 성장시켰다.

인재 영입을 중시하는 문화를 만든다

팀이 성장해서 관리자가 더 필요한 시점이 오면 채용에 대한 책임을 서로 나눠서 져야 한다. 당신이 면접 때마다 다 들어갈 수는 없고 면접 심사 회의 때마다 다 결정을 내릴 수도 없는 노릇이다. 1년에 수십, 수백 명을 뽑자면 그런 식으로는 안 된다. 이때 자신이 영향력을 잃는 것 같은 느낌이 들 수 있다. 챈-저커버그 이니셔티브 재단 부사장인 몰리 그레이엄Molly Graham의 말을 빌리자면 '레고 블록을 빼앗기는 기분'이다.[9] 몰리는 구글, 페이스북, 그 외 유명한 스타트업에서 일하면서 초고속 성장을 온몸으로 경험했다. 그녀는 그런 상황에서 느끼는 불안감을 원래는 혼자서 레고를 만들었지만 이제는 다른 아이들과 블록을 나눠 써야 하는 아이의 기분에 비유한다.

그런데 다르게 생각해보자. 이제 당신은 당신이 떠난 후로도 지속되면서 조직이 더 커져도 당신의 가치관을 길이길이 보전할 문화를 확립할 기회가 생긴 것이다. 그렇게 하려면 채용에 대한 인식을 잘 심어줘야 한다. 리더들이 좋은 팀을 만들기 위해 심혈을 기울이도록, 또 주목할 만한 지원자들과 좋은 관계를 맺기 위해 충분한 시간과 관심을 기울이도록 코칭하자. 수시로 당신이 가치 있게 여기는 것을 이야기해서 모든 사람이 탁월한 인재의 기준이 뭔지 알게 하자. 무엇보다도 좋은 팀을 만드는 게 한 사람이 아니라 모든 사람의 책임이라는 것을 주지시키자.

우리는 전체 회의 때 신입을 소개하는 오래된 전통이 있다. 처음에는 나 혼자 파티의 주최자가 되어 새로 알게 된 사람을 오랜 친구들에게 소개하는 것 같았다. 하지만 시간이 지나면서 다른 관리자들도 자기가 채용한 사람들을 소개하기 시작했다. 그러던 어느 날, 거대한 회의실을 가득 채운 사람들과 대면식을 하고 있는데 주위의 뉴페이스들을 보니 내가 아는 사람이 단 한 명도 없었다! 놀랍기도 했지만 그때만큼 뿌듯한 순간도 없었다. 한 사람씩 소개하는 말을 들어보니 모두 대단한 인물이었다. 내가 직접 채용하진 않았지만 어서 그들과 함께 일하고 싶어서 참을 수가 없었다.

THE MAKING OF A MANAGER

CHAPTER 8

무엇이 성과를 내는 팀을 만드는가

나쁜 예
"자, 이게 다
우리가 해야 할 일이에요."
전략
파괴적
목표
MVP
KPI
NPS
사업
가치
니즈
우리!
해킹!
전문 용어

좋은 예
"자, 이게
우리의 공략 계획입니다."
① 비전을
이해한다
(1주차)
② 우선순위를
정한다
③ 작전을 개시
한다!
(3주차)

MAKING THINGS HAPPEN

옛날 옛적에 켄터키 위스키를 좋아하는 케빈이라는 남자가 살았다. 케빈은 사람들이 친구들과 계획을 세우고, 어디를 다녀왔다고 알리고, 모임 사진을 올릴 수 있는 공간을 만들고 싶었다. 그래서 버븐Burbn이라는 앱을 뚝딱 만들어 세상에 내놓았고 친구 마이클을 설득해 동업자로 영입했다. 그러고 나서 둘은 사람들이 그 앱을 어떻게 쓰는지 유심히 관찰했다.

그들이 만든 앱은 복잡하기만 했지 별로 유용하진 않았다. 자기가 다녀온 곳에 발도장을 찍는 기능이 서비스의 핵심이었는데 사용자들은 별로 관심을 보이지 않았다. 대신 제법 많이 쓰이는 기능이 하나 있었다. 사진 공유였다. 사람들은 길거리, 식당, 커피, 맥주, 친구, 셀카 등 일상에서 찍은 사진을 올렸다. 케빈과 마이크는 거기에 한껏 고무되어 더 깊이 파고들었다. 사람들이 폰으로 사진을 공유하는 방식을 모조리 조사했다.

몇 달 후 그들은 앱의 방향성을 바꾸기로 했다. 계획을 세우고 발도장을 찍는 기능은 없애고 멋진 사진을 쉽게 공유할 수 있도록 만드는 데 열중했다. 참, 버븐이라는 이름도 바꿨다. 인스타그램으로.

현재 인스타그램은 전 세계에서 20억 명 이상이 사용한다(2026년 기준 30억 명을 넘었다.-편집자).

위대한 기업의 탄생기에는 한 가지 공통점이 있다. 성공의 길이 절대로 직선이 아니라는 것이다. 번뜩이는 아이디어 하나로 일거에 판을 휩쓰는 회사는 없다. 성공의 비결은 꾸준히 계획을 수립하고 집행하는 것이다. 말하자면 이런 식이다. 괜찮은 아이디어가 생긴다. 신속히 실행한다. 마음을 열고 호기심 있게 관찰한다. 뭔가를 배운다. 안 되는 것은 버리고 잘 되는 것은 더 살린다. 이것을 반복하고, 또 반복하고, 또 반복한다. 이것이 바로 일이 되게 하는 프로세스다.

'프로세스'. 많은 사람이 힘들어하는 말이다. 산더미 같은 서류를 작성하거나 긴 줄을 서서 기다리는 이미지가 떠오르기 때문이다. 하지만 프로세스 그 자체는 좋은 것도, 나쁜 것도 아니다. 프로세스는 "우리가 목표를 달성하기 위해 필요한 행동은 무엇인가?"라는 질문의 답일 뿐이다. 그 답은 설령 어디에 기록되어 있진 않더라도 분명히 존재한다. 나쁜 프로세스는 답답하고 뒤죽박죽이다. 자꾸만 장애물 달리기를 하는 기분이 든다. 하지만 좋은 프로세스는 우리가 최고의 기량을 발휘하게 도와준다. 실수에서 배우고, 신속하게 움직이고, 미래를 위해 더 현명한 선택을 하게 만든다. 어떻게 해야 팀에 효과적인 프로세스가 정착되게 할 수 있을까? 이제부터 일을 되게 하기 위한 기본적인 원칙 몇 가지를 알아보자.

구체적인 비전에서 출발한다

페이스북 '그룹' 제품의 6개월 로드맵을 세울 때였다. 일단 우리의 목적을 명확히 밝히기 위해 "사람들이 공통된 관심사를 통해 하나가 되도록 돕는다."라는 문장을 쓴 후 우리의 전략과 주요 실행 단계를 기술했다. 상사인 크리스와 일대일 면담을 할 때 그 문건을 보여주며 피드백을 요청했다. 그는 첫 문장만 읽고 펜을 꺼내서 밑줄을 쳤다. "사람들이 공통된 관심사를 통해 하나가 되도록 돕는다." 그리고 나직이 "너무 물렁한데."라고 말했다. 내가 무슨 뜻인지 물었다. 내가 볼 때는 우리가 하려는 일을 아주 정확하게 나타낸 문장이었는데 말이다. 그가 다시 설명을 시도했다. "그러니까, 뭐랄까, 흐리멍덩하다고요. 뭐가 달라질지를 말해주지 않잖아요."

그제야 무슨 말인지 이해가 갔다. 목표를 말할 때 '돕는다', '개선한다', '향상한다' 같은 표현을 많이 쓰지만 그런 말로는 선명한 그림이 그려지지 않는다. 팀에서 누군가가 버그 하나를 고치면 사용자 경험이 '개선'될까? 물론이다. 그게 '사람들이 공통된 관심사를 통해 하나가 되도록 돕는' 데 보탬이 될까? 되고말고. 하지만 우리 팀이 6개월 동안 한 일이 그것뿐이라면 과연 만족스러울까? 그럴 리 없다. '돕는다'라든가 '개선한다' 같은 말은 굉장히 주관적인 표현이기 때문에 공통된 목적의식을 만드는 데 그리 도움이 안 된다.

진짜 강력한 힘은 생생한 비전에서 발휘된다. 미국 31대 대통령 허버트 후버Herbert Hoover는 기막힌 대선 슬로건을 남겼다. "밥상마다 닭고기를A chicken in every pot." 흐리멍덩한 말과 달리 피부에 확 와 닿는다. 후버 캠프는 '더 부강한 미국을 만들겠습니다'라거나 '국민에게 경제적 번영을 선사하겠습니다'라고 약속하지 않았다. '밥상마다 닭고기를'은 수많은 가정에서 든든하게 저녁을 먹는 풍경을 떠올리게 한다. 사실 후버가 직접 그 말을 한 적은 없다고 한다.[1] 이 슬로건은 공화당 선거공보물에 기재된 문장이었다. 그런데 그 단순한 약속의 말이 워낙 강렬하게 기억에 남다 보니까 널리 널리 퍼져서 거의 100년이 지난 지금은 후버가 남긴 말로 통하고 있다. 이게 바로 구체적인 비전의 위력이다.

또 다른 예로, 존 F. 케네디의 유명한 달 탐사 선언, "우리는 달에 가기로 했습니다"가 있다. 목표는 단순히 우주 공학을 발전시키거나 과학 지식을 증진시키는 것이 아니라 인간이 달에 착륙한 후 무사히 귀환하는 것이었다. 너무나 명확했다.

패트릭 콜리슨Patrick Collison과 존 콜리슨John Collison이 제시한 스트라이프Stripe(온라인 결제, 금융 인프라를 제공하는 미국의 핀테크 기업-옮긴이)의 비전, "인터넷의 GDP를 증가시키자"는 또 어떤가? 그들은 단순히 온라인 결제의 편의성을 높이거나 결제 경험을 개선하는 것을 목표로 삼지 않았다. 그들은 온라인 사업을 시작하고 확장하는 행위가 경제에 의미 있게 기여하는 세계를 상상했다.

마음을 움직이는 비전은 대담하고 선명하다. 적당히 얼버무리지 않는다. 측정 가능하기 때문에 실현됐는지 안 됐는지를 단번에 알 수 있다. 또한 이 사람, 저 사람에게 쉽게 전달된다. '어떻게'를 말하지 않고(그것은 당신의 팀이 알아낼 것이다) 어떤 결과가 나올지만 말한다. 내가 우리 팀원들에게 늘 하는 말이 있다. 비전을 전해 들은 사람 다섯 명에게 그 비전을 다시 말해보라고 했을 때 모두 똑같은 말을 한다면 비전이 잘 설명된 것이라고 말이다.

관리자는 팀 전체가 이루고자 하는 바를 구체적으로 설명하는 비전을 만들고 전달할 수 있어야 한다. 예컨대 대입 강의 서비스를 운영 중이라면 모든 학생의 SAT 성적을 최소 200점 높이는 게 목표라고 말할 수 있을 것이다. 연구소의 목표는 2년 내에 오류율을 50퍼센트 줄이는 게 될 수 있다. 비영리단체의 모금 부서는 3년간 5,000만 달러를 모금하는 것을 목표로 세울 수 있다. 페이스북 그룹을 기획할 때는 페이스북에서 10억 명이 의미 있는 커뮤니티를 찾도록 한다는 게 최종 목표가 됐다.

비전을 세울 때 도움이 될 만한 질문으로는 다음과 같은 것들이 있다.

- 팀에 무슨 일이든 완벽하게 해낼 수 있는 요술 지팡이가 있다면 2~3년 후에 지금과 무엇이 달라져 있으면 좋겠는가?
- 옆 팀 사람이 당신 팀의 업무를 설명할 때 어떤 말이 나왔으면 좋겠는가? 몇 년 후에 팀의 평판이 어떻길 바라는가? 그것과 현실의 격차는 어느 정도인가?
- 당신의 팀이 갖고 있는 남다른 초능력은 무엇인가? 팀이 최고의 기량을 발휘할 때는 어떻게 가치를 창출하는가? 팀의 역량이 두 배로 향상된다면 어떤 광경이 펼쳐질 것 같은가? 역량이 다섯 배로 향상된다면?
- 당신의 팀이 형편없는 성과, 무난한 성과, 기막힌 성과를 내고 있는지 누구나 쉽고 빠르게 판단할 수 있는 평가법을 만든다면 무엇이겠는가?

자, 구체적인 비전을 세우고 무엇을 기준으로 성공 여부를 판단할지도 정했다고 하자. 다음은 무엇일까? 비전을 실현할 계획을 짜야 한다(이를 전략 수립이라고도 한다). "계획은 무익하나 계획을 세우는 과정은 유익하다."[2] 역사상 최고의 명장으로 2차 세계대전 당시 노르망디 상륙작전을 입안하고 진두지휘한 드와이트 아이젠하워Dwight Eisenhower의 말이다. 비록 모든 게 우리 뜻대로 되진 않고 예상치 못한 일이 생기기도 하지만, 그럼에도 우리는 계획을 세우는 과정에서 상황을 파악하고 성공을 목표로 한 행동 방안을 마련할 수 있다. 비상사태가 터졌을 때 탄탄한 전략이 확보되어 있으면 모든 게 무용지물이 되어 갈팡질팡하지 않고 신속하게 계획을 조정할 수 있다.

좋은 전략의 조건은 무엇인가? 일단 현실적인 방안을 제시해야 한다. 누가 '레모네이드 가게의 전국 진출'을 위한 전략이 뭐냐고 물었을 때 전 세계의 톱스타들을 홍보대사로 세우는 것이라고 대답한다면 뜨악한 표정을 마주하게 될 것이다. 그러자면 엄청난 돈을 써야 할 텐데 그것은 현명한 투자라고 보기 어렵다. 아니면 트래비스 켈시Travis Kelce나 테일러 스위프트 같은 사람들이 협찬 없이도 이용할 만큼 제품이 엄청나게 좋아야 하는데 그것도 별로 가능성이 없다.

좋은 전략은 해결하고자 하는 문제의 정곡을 찌른다. 목표 달성을 위해 가장 중요한 부분에 팀의 남다른 강점, 자원, 에너지를 집중시킨다. 만일 당신이 큰 조직의 일부를 담당하고 있다면 당신이 관리하는 팀의 계획은 조직의 최상위 전략에 부합해야 한다. 예를 들어 나이키의 사명은 세계의 모든 스포츠인에게 영감과 혁신을 제공하는 것이다. 이 전사적 비전이 운동화부터 디지털 경험에 이르기까지 모든 부문의 토대가 된다.

가령 나이키 런 클럽을 개발하는 팀은 개인 맞춤형 코칭과 커뮤니티 기능을 통해 러너들에게 꾸준히 동기부여를 하는 데 주력한다면, 지속가능 경영팀은 환경 발자국을 최소화하려는 회사의 노력에 발맞춰 친환경 원료를 개발하는 데 힘쓰는 식이다. 이처럼 각 팀의 고유한 전략이 전사적 사명의 실천에 기여해야 한다. 미래를 위한 계획을 세울 때는 다음과 같은 것을 기억하자.

팀의 강점을 토대로 계획을 세운다

당신이 어떤 사람이고 무엇을 잘하는지에 따라 관리 스타일이 달라지듯이 계획에도 팀의 남다른 역량이 반영돼야 한다. 가령 일반적으로 제품 디자이너들은 모바일과 데스크톱 상호작용 디자인의 전문가들이다. 소프트웨어 기업의 디자인팀이 주로 하는 일이 그것이므로 그런 능력을 가진 사람을 뽑고 훈련시킨다. 하지만 근사한 마케팅 영상이나 다량의 일러스트가 필요한 경우에는 보통 그런 분야를 전문으로 하는 외부의 디자인 업체에 일을 맡긴다. 그런 것이 이해가 잘 안 된다는 사람도 종종 본다. 예전에 나는 엔지니어링 쪽 사람들에게 "제품 디자이너면 그림을 그리고 애니메이션을 만드는 일을 할 수 있지 않나요? 왜 굳이 다른 팀을 쓰죠?"와 같은 질문을 많이 받았다. 그러면 나는 팀원 중에 그런 작업을 '할 수 있는' 사람이 많다고 해서 꼭 '해야 하는' 것은 아니라고 말해준다. 그것이 그들의 핵심 역량이 아니므로 그쪽 전문가들보다 시간을 두 배 더 쓴다고 해도 품질은 전문가들의 80퍼센트 정도밖에 안 될 것이다.

정찰 임무에 기갑부대를 파견하지 않는 것처럼 팀의 주특기와 맞지 않는 계획을 세우면 안 된다. 보통 A지점에서 B지점으로 가는 길은 수십 개가 존재한다. 그렇다면 육지, 바다, 하늘 중 어디로 가겠는가? 육로를 택했다면 밀림을 지나겠는가, 산길을 통과하겠는가? 정답은 없다. 팀의 상대적 강점과 약점을 잘 반영한 계획이 가장 현명한 계획이다.

잘하는 것 몇 가지에만 집중한다

파레토 법칙이라고 들어봤는가? 19세기 이탈리아에서 흥미로운 부의 분배 패턴을 발견한 경제학자의 이름을 딴 법칙인데 지금은 1998년에 출간된 리처드 코치Richard Koch의 초대형 베스트셀러 《80/20 법칙》 덕분에 80/20 법칙으로 더 잘 알려져 있다. 이 이론을 한마디로 설명하면 '소수의 원인에서 대다수의 결과가 나온다'이다. 그렇다면 관건은 그렇게 중요한 원인이 무엇인지 밝히는 것이다. 흔히 성공의 비결은 부지런히 노력하고 역경을 극복하는 데 있다고들 한다. 현명한 조언이긴 하지만 집중의 중요성을 간과하고 있다. 그래서 코치는 이렇게 썼다.

"목표를 정말로 진지하게 생각하는 사람은 드물다. 사람들은 소수의 중요한 일에 우수한 생각과 노력을 기울이지 않고 너무 많은 일에 평균적인 노력을 기울인다. 크게 성취하는 이들을 보면 의지력도 좋지만 선택을 까다롭게 한다."[3]

신제품을 만들 때 개발자는 무엇이 핵심 기능이고 무엇이 '있으면 좋은' 기능인지 판단해야 한다. 새로운 팀을 구성할 때 관리자는 먼저 리더 혹은 '정신적 지주'부터 뽑는다. 응급실에서 의사는 증상이 가장 시급한 사람부터 본다. 즉, 우선순위를 정하는 게 관건이자 관리자의 필수 능력이다.

우선순위를 정하는 연습을 하려면 무슨 목록이든 중요도순으로 정리하는 게 가장 좋다. 일단 목록의 최상단에 있는 항목을 처리한 후에 다음으로 넘어가야 한다. 가령 오늘 할 일 목록에 다섯 개 항목이 있다고 치면 우선순위에 따라 정렬한 후 1번 항목을 완수하고 2번 항목으로 넘어가자. 팀의 상반기 목표가 세 개라면 "그중에서 딱 하나만 달성할 수 있다면 무엇을 달성하겠는가?"에 답해보자. 사람을 뽑아야 할 자리가 다섯 개라면 일단 가장 중요한 자리부터 채우자.(우선순위를 정하는 방법은 '11장 하락기의 관리법'에 더 자세히 나와 있다.)

노력이 다가 아니다. 중요한 것은 결과다. 나는 최근 가장 혁신적인 제품이었다고 할 애플 아이팟의 탄생기를 접한 후 그 사실을 깨달았다. 2000년대 초반에 디지털 음악 플레이어 시장은 이미 포화 상태였다. 소니, 크리에이티브Creative, 리오Rio 같은 기업이 오래전부터 더 많은 저장 공간, 더 좋은 음질, 개인 맞춤 기능을 갖춘 신제품을 꾸준히 출시하고 있었다. 많은 제품이 메모리 확장성, FM 라디오, 다양한 오디오 포맷 지원 등을 강점으로 내세우며 기술적 우위를 주장했다.

그때 애플 아이팟이 등장했다. 출시 당시 아이팟은 경쟁 제품들에 비해 부족한 부분이 많았다. 최초의 디지털 음악 플레이어도 아니었고, 음질이나 저장 공간이 최고 수준도 아니었다. 하지만 두 가지 측면에서 차별화됐었는데, 바로 간편성과 디자인이었다.

아이팟은 엄청나게 많은 버튼과 메뉴로 사용자를 피곤하게 하는 대신 클릭휠을 도입해 수천 곡이 저장되어 있더라도 헤매지 않고 직관적으로 탐색할 수 있었다. 또한 아이튠스와 연동되어 아주 쉽게 음원을 구입, 정리, 전송할 수 있었다. 경쟁사들이 기술 사양에 집착할 때 애플은 사용자 경험에 집중했다.

그 결과는 어떠했을까? 아이팟이 경쟁 제품들을 제치고 시장의 70퍼센트 이상을 점유했다. 왜 그랬을까? 사람들에게 가장 중요한 것은 FM 라디오나 높은 비트레이트 지원이 아니었기 때문이다. 정말 중요한 것은 좋아하는 음악을 편하게 들으며 남들에게 멋지게 보이는 것이었다.

애플의 선구자 스티브 잡스는 말했다. "사람들은 집중이라고 하면 집중해야 할 것에 '예'라고 말하는 것을 생각한다. 하지만 집중은 그런 의미가 아니다. 집중은 다른 좋은 아이디어 100가지에 '아니오'라고 말하는 것이다. 신중한 선택이 요구된다. 나는 우리가 한 일만큼 하지 않은 일도 자랑스럽다. 혁신은 1,000가지 아이디어에 아니라고 말하는 것이다."[4]

책임자를 정한다

이런 시나리오를 가정해보자. 앱에서 더 편리하게 섹션을 이동하는 방법을 찾기 위해 다섯 명이 브레인스토밍을 하고 있다. 아이디어가 맹렬한 속도로 발사되고 튕겨서 논쟁을 일으킨다. 한 사람이 말한다. "AI 요약 기능을 넣읍시다!" 다른 사람이 묻는다. "그런데 사람들이 AI 요약을 신뢰할까요?" 또 다른 사람이 제안한다. "그러면 일단 소그룹 테스트를 통해 사람들이 어떻게 사용하는지 확인해보죠." "좋아요. 테스트하는 김에 요약본을 수정하는 사람은 얼마나 되는지도 알아봅시다." "AI 요약은… 글쎄요. 그것도 좋겠지만 차라리 AI 편집 기능에 주력하는 건 어떨까요?" 이런 식으로 끝도 없이 대화가 이어진다. 그러면 이제 AI 요약건은 어떻게 진행될까?

아마도 아무런 진척도 없을 것이다. 테스트를 하고 데이터를 검토해보자는 말이 나오긴 했지만 담당자가 명확히 정해지지 않았다. 아이디어만 덩그러니 남았다. 뭐든 책임자가 분명하지 않으면 흐지부지 끝난다. 회의 때만 그런 게 아니다. 후속 조치가 필요한 사안을 놓고 두 명 이상에게 메일을 보내면 받는 사람들은 누구에게 뭘 하라는 것인지 몰라서 난감

할 수 있다. 서로 다른 사람이 알아서 하겠지 생각할 가능성도 크다.

부끄럽지만 나도 책임자를 분명히 정하는 게 얼마나 중요한지 알기까지 한참의 시간이 걸렸다. 아무리 의욕적인 사람들이 모여 있다고 해도 역할 정의가 모호해지면 문제의 소지가 있다. 한번은 우리 팀에 골치 아픈 문제가 생겨서 가장 유능한 팀원 두 명을 불러다가 서로 협심해서 해법을 찾아보라고 했다. 나는 그들의 강점이 서로를 보완할 것이라 생각했다. 그런데 두 사람은 대응책에 대한 생각이 달라도 너무 달랐다. 하지만 내가 어떤 식으로 협력하라거나 최종 결정권자는 누구라고 확실하게 말해주지 않았기 때문에 서로 상대방을 설득하겠다고 논쟁만 반복하고 있었다. 진척이 더디다 싶더니 아예 작업이 중단됐다. 이 일을 겪으면서 나는 누가 무엇을 맡아야 하는지 책임자를 확실히 정해야 혼선을 줄일 수 있다는 사실을 깨달았다.

이제 와서 생각해보면 처음부터 명확하게 말했어야 했다. "댄의 주도로 여러 대응책을 정리하고 사라는 각 대응책에 대한 인력 배치 계획을 책임지세요."라든가 "어떻게 디자인할지 각자 생각해보고 의견을 교환하세요. 그리고 합의가 안 되는 부분이 있으면 내가 들어보고 결정할게요."라고 말이다.

큰 목표를 잘게 나눈다

20세기 영국의 역사학자였던 시릴 파킨슨Cyril Parkinson이 만든 파킨슨 법칙은 '어떤 일이든 주어진 시간이 소진될 때까지는 무한정 늘어진다'는 이론이다.[5] 출판사와 처음으로 이 책의 출간 일정을 논의했을 때 초고를 작성하는 데 1년이면 충분하다고 판단했다. 통화를 끝낼 때 나는 기고만

장했다. '1년이면 충분하고도 남지. 6개월 안에도 끝낼 수 있어.' 그런데 어떻게 됐을까? 1년째 되는 날 다 완성되지도 않은 초고를 보내며 얼마나 부끄러웠는지 모른다.

처음 9개월 동안은 시간이 많은 줄 알았다. 그래서 급한 일이 생기거나 딱히 글을 쓰고 싶지 않을 때면 '하루쯤 거른다고 뭔 차이가 있겠어'라고 생각했다. 초고를 넘긴 후 수정 단계가 됐을 때서야 비로소 정신을 차렸다. 그 일을 마감일이 까마득히 멀리 떨어져 있는 하나의 거대한 프로젝트로 생각해서는 안 됐다. 일정을 세분화해서 출판사에 매주 한 챕터씩 수정하겠다고 약속했다. 그랬더니 훨씬 부지런해졌다. 목표를 달성하려면 매일 저녁 2페이지 정도를 손봐야 했다. 이렇게 작은 단계로 나눴더니 하루라도 작업을 안 하면 다음날 배로 고생해야 한다는 것을 절감했다. 능률이 세 배나 오르고, 마침내 출판사와의 약속을 지킬 수 있었다.

무엇이든 가치 있는 것은 하루아침에 이뤄지지 않는다. 원대한 꿈은 수천 개의 작은 걸음이 모여서 성취된다. 초기 넷플릭스는 전 세계를 아우르는 초대형 스트리밍 서비스가 아니었다. 그저 영화 DVD를 우편으로 대여하는 업체에 불과했다. 자체 제작 드라마도, 스트리밍도, 모바일 앱도 존재하지 않았다. 하지만 차근차근 단계를 밟아가면서 구독 모델을 도입하고, 추천 알고리즘을 개선하고, 디지털 카탈로그를 구축했다. 그러다 마침내 스트리밍 서비스 업체로 도약했고 이후 자체 제작 콘텐츠까지 선보이며 세계 굴지의 엔터테인먼트 기업으로 성장했다. 긴 경주의 결승선만 생각하면 너무 멀게 느껴져서 힘이 빠지기 쉽다. 오늘 뭘 하고 안 한들 무슨 차이가 있을까 하는 생각도 든다. 하지만 계획을 작게 나눠서 다음 단계(당면 과제 완수하기, 다음 회의 준비하기, 2페이지 완료하기 등)에 집중하면 갑자기 성공이 손에 잡히는 거리에 들어온다. 그리고 미루면 안 된다는 시급성이 느껴진다.

대형 프로젝트를 여러 개의 소형 프로젝트가 이어진 것이라고 생각하자. 건축가가 집을 짓는다고 하면 제일 처음에 해야 할 1단계는 대지를 측량해서 지형, 토질, 침수 위험성 등에 대한 정확한 정보를 파악하는 것이다. 이어서 2단계는 대지의 어느 위치에 집을 지을지 판단하는 것, 3단계는 어떤 방이 필요한지 정하는 것 등등이다. 몇 달, 몇 년 후의 일은 걱정하지 말고 당장 눈앞에 있는 것부터 신경 쓰자. 팀원들과 각 단계의 목표일자를 현실적이면서도 대담하게 정하자. 이때는 계획 오류를 염두에 둬야 한다. 계획 오류란 우리가 어떤 일에 들어갈 시간과 돈을 실제보다 적게 예측하는 본성적 편향을 말한다.[6] 예기치 못한 문제가 발생할 때를 대비해 어느 정도 여유를 둘 필요가 있다.

목표일자가 정해졌으면 이제 거기서부터 역순으로 생각하면서 각 주에 누가 무엇을 할지 정하자. 팀원들이 공개적으로 주간 목표를 설정하게 하자. 그래야 책임감이 생긴다. 정기적으로 진척도를 점검하는 것도 흐름을 유지하는 좋은 방법이다. 내가 아는 어떤 팀은 필요하면 일주일에 두 번씩이라도 점검 회의를 열고 긴급 사항을 논의한다. 만약에 팀이 동시에 여러 가지 일을 수행하고 있다면 중요도에 따라 일의 순위를 정하자. 무엇이 '필수'이고 무엇이 '하면 좋은 것'인가? 항상 '필수'부터 처리해야 한다는 사실을 잊지 말자.

유명한 관리자 커리어 코치인 마크 호스트먼Mark Horstman은 "일은 우리가 배정하는 시간에 맞춰 수축된다."[7]고 말했다. 도저히 완수가 불가능할 것 같은 여정도 며칠 단위로, 다시 몇 킬로미터 단위로, 다시 몇 걸음 단위로 세분화할 방법은 반드시 있다. 한 걸음씩 차근차근 내딛다 보면 결국에는 산도 넘을 수 있다.

완벽한 전략보다 완벽한 실행이 중요하다

어느 CEO가 인터뷰에서 자신은 어떤 상황에서든 완벽한 전략보다 완벽한 실행을 더 중요시한다고 말했다. 둘의 차이가 무엇일까? 체스에 비유하자면 전략을 잘못 세웠을 때는 역공을 당하는 수를 두게 된다. 하지만 실행을 잘못하면 룩을 E5에 놓으려고 했는데 엉뚱하게 비숍을 D10에 놓는, 그야말로 체스를 발로 두는 형국이 된다. 이렇듯 아무리 계획을 잘 세워도 정확하고 신속하게 이행하지 못해 흐지부지되면 안 세우는 것만 못하다. 업계의 판도를 뒤집을 혁명적 아이디어를 보여주는 수정구슬이 있다고 해봤자 최종적으로 나온 결과물이 경쟁 제품보다 느리고 버그가 많다면, 혹은 신속히 출시되지 않는다면 말짱 꽝이다.

내가 이것을 깨달은 계기는 동료인 나오미와 함께 일하면서였다. 그때 실행의 묘를 확인했다. 당시 나오미의 팀은 몇 주 간격의 짧은 스프린트 주기에 맞춰 로드맵을 만들었다. 첫 번째 주에 그녀는 세 시간 동안 브레인스토밍 회의를 했다. 팀원들이 회의실에 모여 피자를 먹으면서 제안하는 목표와 아이디어가 그대로 화이트보드에 기록됐다. 그리고 투표를 통해 실제로 실행할 목표와 아이디어를 몇 개로 줄였다.

“잠깐만요.” 내가 끼어들었다. 나는 그런 과정을 처음 봤고 모든 아이디어가 실현 가능할 것 같지는 않았다. 그중 일부만이라도 잘 실행하려면 몇 달이 걸릴 텐데 스프린트는 고작 몇 주에 불과했다. 하지만 나오미는 이렇게 말했다. "앞으로 몇 주 동안 어떤 아이디어가 최고인지 논의하면 돼요. 아니면 실제로 '부딪혀 보면서' 신속하게 판단하든가요. 우리의 목표는 간단한 테스트를 통해 무엇에 더 집중하고 무엇을 목록에서 빼버릴지 명확하게 파악하는 거예요. 아이디어가 쓸 만하면 다음 스프린트 때 박차를 가할 거고요."

듣고 보니 몇 주 간격의 짧은 주기가 왜 중요한지 알 수 있었다. 그러면 아이디어 하나가 실패해도 잃을 게 별로 없었다. 그리고 장기적으로 보자면 그렇게 반복 가능한 프로세스를 통해 그때그때 배운 것의 효과를 극대화할 수 있었다.

누구나 일하면서 수많은 실수를 저지른다. 실수를 하고 가장 답답할 때는 그 원인이 전략과 실행 중 어느 쪽에 있는지 명확히 알 수 없어서 아무 교훈도 얻지 못하는 경우다. 좋은 시나리오를 갖고도 졸작이 나오고, 최첨단 아이디어를 가진 기업이 기존 기업에 시장을 내주고, 천재 교수가 하는 수업이 형편없을 때는 모두 실행이 문제라고 볼 수 있다. 아무리 세계 최강의 계획이 있다고 해도 제대로 이행하지 못하면 무의미하다. 올바른 실행은 합리적인 방향을 선택하고, 무엇이 효과가 있고 없는지 신속히 파악하고, 그때그때 상황에 적절히 대응해 소기의 성과를 거둔다는 뜻이다. 이때는 속도가 무척 중요하다. 빠른 주자가 아무리 중간에 길을 몇 번 잘못 들고 느린 주자가 아무리 지름길을 알고 있다고 해도 결국 승자는 발이 빠른 쪽이다. 팀이 실행을 잘하고 있는지는 다음과 같은 것으로 판단할 수 있다.

- 프로젝트나 업무 목록이 중요도순으로 정렬되어 있고 상위 항목에 더 많은 시간과 관심이 투입된다.
- 효율적인 의사결정 프로세스가 존재하고 모든 사람이 그 프로세스를 이해하고 신뢰한다.
- 필요하면 결정을 뒤집을 수 있다고 믿으며 신속하게 움직인다. 아마존의 CEO 제프 베조스는 "웬만하면 원하는 정보 중 70퍼센트 정도가 확보됐을 때 결정을 내려야 한다. 90퍼센트까지 기다리면 늦다."라고 말했다.[8]
- 일단 결정이 내려지면 찬반을 떠나서 모든 팀원이 거기에 맞춰 일사불란하게 움직인다. 새로운 정보가 입수되지 않는 한 결정 사항에 토를 달거나 일부러 늑장을 부리지 않는다.
- 새롭고 중요한 정보가 드러났을 때 그에 따라 기존 계획을 수정할 필요가 있는지, 필요하다면 어떻게 수정해야 하는지 기민하게 검토하는 프로세스가 존재한다.
- 모든 업무에 '책임자'와 '기한'이 정해져 있고 책임자가 업무를 확실히 처리한다.
- 실패했을 때 좌절하지 않고 교훈을 얻는다. 같은 실수를 반복하지 않게 되어 팀이 더욱 강해진다.

단기 성과와 장기 성과의 균형 잡기

일이 되게 하는 사람들은 다음날, 다음주, 다음달의 상황을 현실적으로 예측하면서 1년, 3년, 10년 후에 가고자 하는 방향도 확실히 정한다. 이쯤 됐으면 당연히 알겠지만 관리의 핵심은 균형 잡기다. 계획을 세우고 집행할 때 앞으로의 3개월만 생각하면 근시안적으로 결정을 내려 차후에 문제가 발생할 수 있다. 반대로 항상 몇 년 후만 생각하면 그날그날 처리해야 할 것을 신속하게 처리하지 못한다. 너무 한쪽으로만 치우치면 다음과 같은 사태가 발생한다.

채용: 팀의 중요한 자리에 사람을 뽑아야 한다	
단기적으로만 생각할 때	무난한 사람이 나타나자마자 영입한다. 하지만 그 사람은 지금 필요한 일을 할 수 있긴 해도 그 자리에서 성장할 재목은 아니다. 1년 후 또 다시 리더를 뽑아야 하는 상황이 온다.
장기적으로만 생각할 때	기준을 너무 높이 잡아서 완벽히 만족하는 사람을 찾기가 사실상 불가능하다. 사람들이 지원하는 족족 탈락한다. 6개월이 지나도 여전히 그 자리는 공석으로 남아 있고 팀의 성과는 엉망이 된다.

계획 수립: 경쟁이 치열한 업계의 CEO 입장에서 어디에 자금을 투입할지 고민 중이다	
단기적으로만 생각할 때	단기적으로 기회비용이 크다고 판단해 미래를 위한 투자(예를 들면 장비 업그레이드)를 하지 않는다. 하지만 경쟁사는 그런 투자를 해서 2년 후 더 적은 비용으로 더 빠르게 제품을 생산한다.
장기적으로만 생각할 때	현재 시장에 대한 이해를 토대로 다수의 3개년 프로젝트를 승인한다. 하지만 1년 후 시장 상황이 바뀌어 계획이 물거품이 된다.

성과 관리: 현재 X프로젝트를 맡고 있는 팀원의 성과가 우려스러운 수준이다	
단기적으로만 생각할 때	사소한 부분까지 간섭하거나 직접 나서서 프로젝트를 처리하는 등의 미봉책을 쓴다. 하지만 그런 식의 개입은 오래 지속할 수 없다.
장기적으로만 생각할 때	팀원의 성과가 향상되도록 코칭에 투자한다. 하지만 빨리 변화가 일어나지 않아 프로젝트가 좌초될 위기에 처한다.

이상의 사례에서 보듯이 단기적이든 장기적이든 어떤 한 가지 관점만 취하면 곤란하다. 어떤 결정을 내릴 때는 장 · 단기적으로 유리하고 불리한 점을 다 따져보고 저울질해야 한다. 그렇다면 어떻게 해야 적절한 균형을 잡을 수 있을까?

장기 비전을 세우고 역순으로 계획한다

"어디로 가는지 모르면 엉뚱한 곳에 도착할 수밖에 없다." 전설의 포수 요기 베라Yogi Berra가 남긴 말이다.[9] 무엇이든 가치 있는 것을 만들 때도 마찬가지다. 명확한 비전이 없으면 의사결정이 산발적으로 이뤄져 팀이 초점을 잃는다.

슬랙의 예를 보자. 슬랙의 사명은 '더 단순하게 일하고, 더 즐겁게 일하고, 더 생산적으로 일하게 돕는다'이다. 이 비전은 인터페이스를 디자인하거나 기능의 우선순위를 정할 때처럼 여러 측면에 크고 작은 영향을 미치며 슬랙이 발전하는 토대가 되었다. 처음에 슬랙의 목표는 범용적 업무 보조 도구가 되는 것이 아니었다. 그때는 오로지 기업의 엔지니어링 부서에서 원활히 소통할 수 있도록 돕는 데 초점을 맞췄다. 얼리어댑터들의 마음을 얻어 개발자들의 필수 툴로 자리잡기 위해 가벼운 대화 스레드thread(특정한 주제에 관한 메시지의 집합체-옮긴이), 빠른 검색, 깃헙GitHub 등 툴과의 연동성을 최우선으로 개발했다.

슬랙이 성장하며 기업의 마케팅, 영업, 고객지원 부서에서도 이를 사용하기 시작하자 새로운 기능에 대한 건의가 많이 들어왔다. 하지만 슬랙은 모든 요청을 수용하지 않고 본래의 사명에 집중했다. 일례로 사용자들이 대화를 완전히 '음소거'하는 기능을 요청했을 때 슬랙팀은 고민에 빠졌다. 그들의 목표는 사람들이 서로를 무시하도록 만드는 것이 아니라 협업을 증진하는 것이었다. 그래서 음소거 버튼 대신 방해 금지, 채널 하이라이트, 스마트 알림 같은 기능을 넣어 사람들이 서로 연결되지만 그것이 과도한 부담으로 다가오지는 않게 했다.

상사였던 크리스에게 자주 들었던 말이 있다. "아직 평면도도 확정되지 않았는데 부엌 전기콘센트의 위치를 고민하는 건 현명하지 않다." 먼저 큰 그림부터 봐야 한다는 소리다. 지금 하고 있는 일로 해결하고자 하는 문제가 무엇인가? 우리의 작업물이 사람들에게 어떤 가치를 창출하기를 바라는가? 그렇게 볼 때 지금 우리 팀의 최우선순위는 무엇인가?

포트폴리오 전략을 취한다

"지금 당장 해야 할 일도 산더미인데 어떻게 장기적인 일에 집중할 시간을 내나요?" 내가 관리자들에게서 가장 많이 받는 질문이다. 이 질문에는 몇 달, 몇 년 후를 계획하려면 단기적인 계획을 집행하는 데 차질이 생긴다는 인식이 담겨 있다. 하지만 꼭 그렇진 않다. 전 직장의 동료였던 피지는 흡사 투자자와 같은 전략으로 팀을 운영했다. 투자자가 한 종류의 자산에 전 재산을 넣지 않듯이 한 종류의 시간 전망만 갖고 프로젝트를 진행해서는 안 된다. 피지는 팀원 중 3분의 1은 몇 주 안에 완료될 단기 프로젝트에, 또 3분의 1은 몇 달이 걸리는 중기 프로젝트에, 나머지 3분의 1은 혁신적인 아이디어를 토대로 이제 막 시작해 앞으로 몇 년간 가시적인 성과가 없을지도 모르는 장기 프로젝트에 투입했다.

이런 포트폴리오 전략 덕분에 그녀의 팀은 핵심 기능을 꾸준히 개선하면서도 항상 미래를 보는, 절묘한 균형을 유지할 수 있었다. 이 전략의 효과는 10년이란 세월 동안 입증됐다. 그들은 3년을 주기로 새로운 기회를 발굴해 엄청난 사업으로 확장시키는 눈부신 실적을 냈다.

모든 것이 비전과 어떤 연관성이 있는지 생각한다

조직에는 최상위 비전이 존재한다. 그것은 '밥상마다 닭고기를'이 될 수도 있고 '세계에서 가장 소비자 중심적인 기업이 된다'(아마존)라거나[10] '미국에서 가장 성공하고 존경받는 자동차회사가 된다'(토요타USA)일 수도 있다.[11] 그리고 그런 조직의 비전을 성취하기 위해 새로운 조세 정책 수립, 업계 최고의 고객 서비스 실현, 불량률 0퍼센트 도전 등 팀마다 수행해야 할 역할도 존재한다.

팀의 포부가 실현되기까지는 몇 달 혹은 몇 년이 걸릴 것이다. 그리고 조직의 큰 뜻을 달성하는 데는 수십 년이 소요될 수도 있다. 그렇다고 해도 모든 사람이 궁극적인 목표를 이해하고 믿는다면 그날그날 미시적인 결정을 내리기가 한결 쉬워진다. "무엇을 선택할 때 우리가 원하는 미래에 더 가까이 다가갈 수 있는가?" 하는 기준으로 사안을 보기 때문이다. 반대로 무엇이 왜 제일 중요한지 모르는 사람이 많으면 갈등이 불거진다.

챗GPT를 개발하는 오픈AI[OpenAI]의 이야기를 해보겠다. 처음에 오픈AI는 인공지능으로 전 인류를 이롭게 한다는 사명을 내세운 비영리 연구소였다. 하지만 AI 분야가 발전하자 문제도 늘어났다. 오픈AI는 선택의 기로에 섰다. 막대한 연산 자원이 요구되는 AI 연구에서 뒤처질 것을 각오하고 계속 비영리 조직으로 남을 것인가, 아니면 영리 조직으로 전환해 투자를 유치하고 인공일반지능AGI 개발에 박차를 가할 것인가?

격론이 벌어졌다. 일각에서는 투자를 유치하는 순간 안전성과 개방성을 중시하는 오픈AI의 정신이 훼손될 수 있다고 우려했다. 하지만 AI 개발에 수십억 달러를 쏟아붓는 거대 기술 기업들과 경쟁하려면 투자를 통해 자원을 확충할 수밖에 없다는 의견도 존재했다. 결국 오픈AI의 수뇌부는 산하에 영리 법인을 신설하는 방안을 채택했다. 이로써 투자를 유치하면서도 여전히 의사결정을 할 때는 조직의 사명이 중시되는 구조가 확립됐다. 이는 이 시대의 선구적 AI 기업 역사에서 중대한 전환점이었다.

그런데 목적을 목적 달성도를 평가하기 위해 쓰는 대용물과 혼동하면 안 된다. 예를 들어 업계 최고의 고객 서비스 실현이 목적이라고 해보자. 이때는 고객의 불만을 해소하는 데 소요되는 시간에 대한 데이터를 수집할 필요가 있을 것이다. 탁월한 고객 서비스는 문제 해결 속도와 밀접한 관련이 있기 때문이다. 그래서 팀의 목표를 '모든 고객의 불만을 3일 내에 해결한다'로 세웠다고 하자. 좋은 목표다. 하지만 이것은 어디까지나 '최고의 고객 서비스 실현'이라는 최종 목표의 근사치에 불과하다는 사실을 잊지 말아야 한다. '3일 내 해결'이라는 목표에만 집중하다 보면 직원들이 성급한 결정으로 오히려 고객의 기대를 저버리는 사태가 발생할 수 있다. 문제 해결 속도는 빨라지지만 서비스 품질은 떨어져 비전에 가까이 다가서지 못하는 것이다.

그래서 팀원들이 정말로 중요한 것이 무엇인지 알도록 해야 한다. 당신이 보고 싶은 세상이 어떤 세상인지 누누이 말해야 한다. 팀의 업무, 프로젝트, 결정 사항, 목표가 모두 조직의 최상위 목적에 부합하도록 만들어야 한다. 모든 사람이 그 꿈을 알면 팀의 행보가 그것을 실현하는 데 맞춰진다.

좋은 프로세스는 끊임없이 진화한다

나는 입사 후 제품 개발, 특히 디지털 제품 개발에 '완성'이란 없다는 것을 배웠다. 버전 1.0을 출시한다고 끝이 아니다. 그 후로 더 배우고 더 개선해서 2.0을 만들고 3.0을 만든다. 내 휴대폰은 고등학교 때 파랗고 조그만 노키아 3310로 시작해서 지금까지 수도 없이 바뀌었다. 내가 만든 제품들도 첫 화면이 수도 없이 변경됐다. 우리의 성취를 제약하는 것은 상상력의 한계뿐이다. 더 큰 꿈을 꿀 수 있으면 더 큰 일을 이룰 수 있다. 제품만 그런 게 아니라 프로세스도 마찬가지다. 우리가 일을 진행하는 과정도 완성으로 끝나는 게 아니라 꾸준히 발전해야 한다.

프로세스 개선에 가장 효과적인 방법은 포스트모텀postmortem(부검)이라고도 하는 사후 분석이다. 사후 분석은 프로젝트가 완료됐을 때만 하는 게 아니다. 정기적으로도 하고, 예상치 못한 사태나 오류가 발생했을 때도 한다. 간단히 말하자면 팀원들이 모여 한두 시간 정도 그간에 있었던 일을 돌아보는 회의다. 무엇이 잘되고 잘 안됐는지, 다음번에는 어떻게 하면 좋을지 이야기한다.

사후 분석은 후련함과 교훈을 함께 준다. 어떤 일을 했을 때 아무리 긍정적인 결과가 나왔다고 해도 배울 점이 있게 마련이다(다른 프로젝트를 할 때 이번에 잘된 부분을 어떻게 적용할 수 있을까?). 결과가 좋지 않을 때는 사후 분석을 통해 똑같은 실수를 방지할 수 있다. 사후 분석의 목표는 심판이 아니다. 사후 분석을 재판으로 여기면 안 된다. 그러면 그 의미가 순식간에 퇴색된다. 사후 분석은 교훈으로 삼을 경험을 발굴할 기회다. 그러려면 열린 마음으로 솔직하게 말할 수 있는 분위기를 조성해야 한다. 이를 위해 사실을 최대한 객관적으로 제시하자("날짜순으로 정리해보죠. 10월 20일에 브라이언과 재니스가 처음으로 이 프로젝트의 가능성에 대해 논의했어요. 11월 16일에 두 사람이 기획안을 발표해서 새로운 팀을 만드는 게 허가가 났고…"). 누구 한 사람을 탓하지 않고 공동의 책임을 인정하는 말을 사용하자("레슬리가 잘못했어요." 말고 "우리의 프로세스가 잘못됐어요."라는 식으로). 잘못된 부분을 이야기하고 교훈을 얻는 게 바람직하다는 것을 인식시키자.

사후 분석을 끝낸 후에는 거기서 얻은 교훈을 정리해서 널리 공유할 필요가 있다. 팀이 성공과 실수를 겪으며 단단해지는 것도 좋지만, 다른 팀도 발전하거나 비슷한 실수를 하지 않도록 도와줄 수 있다면 더더욱 좋다. 회복탄력성이 있는 조직은 절대로 실수를 저지르지 않는 조직이 아니라 실수를 딛고 더욱 강해지는 조직이다.

그리고 그런 조직은 반복되는 일에 관해 모범 사례를 구축하고자 노력한다. 현대 사회에서 무엇이든 일이 되게 하려면 보통은 무척 복잡한 작업이 요구된다. 비행기가 이륙하기까지 객실 청소, 연료 보충, 탑승객 체크인, 수하물 적재, 안전점검 등 얼마나 많은 단계를 거쳐야 하는지 생각해보자. 그 모든 과정을 머리로만 기억해 실행하는 것은 불가능에 가깝다. 이런 일들은 아무 준비 없이 대뜸 처리할 수 있는 일이 절대 아니다. 그래서 비행기 이륙, 미숙아 분만 등 복잡한 일에는 현재 변수를 고려했을 때 어떤 절차를 밟아야 하는지 명확하게 알려주는 지침서가 필요하다. 관리자로서 당신은 그런 지침서를 개발할 책임이 있다.

다시 말해 팀 회의를 진행하는 법, 신규 인력을 채용하는 법, 기한과 예산에 맞춰 프로젝트를 완료하는 법 등을 명확히 정리해야 한다. 당신이 반복하고 또 반복하는 일이 있다면 아마도 그 절차와 요령을 매뉴얼이나 체크리스트로 정리할 수 있을 것이다. 그러면 앞으로 그 일을 더 원활히 수행할 수 있다. 그 지침서를 다른 사람들에게도 전달한다면 그들 또한 배워서 실행력이 나아질 테니 금상첨화다.

몇 년 전에 나는 팀원들에게 주간 업무 현황을 요약한 메일을 보내기 시작했다. 처음에는 혼자서 머릿속으로 현재 진행 중인 프로젝트들을 돌아보고 중요한 하이라이트를 적는 게 어렵지 않았다. 그런데 1년쯤 지나서 프로젝트의 수가 두 배, 세 배로 늘어나니까 내 프로세스에서 빈틈이 드러났다. 내가 팀원들이 진행하는 일을 자꾸 깜빡깜빡하는 것이었다. 월요일 아침이면 “왜 주간 메일에서 제 프로젝트는 빼셨어요? 제 건 별로 안 중요한가요?”라는 메시지를 받기 일쑤였다. 나 때문에 업무 현황을 공유하는 데 병목 현상이 일어나고 있었다. 그때 아이디어가 하나 떠올랐다. 팀원들에게 주간 현황 메일에 넣고 싶은 내용을 보내달라고 한 것이다. 그렇게 하자 내가 모든 프로젝트를 기억해야 한다는 부담감이 사라져서 어깨가 가벼웠다. 이 새로운 크라우드소싱 기법 덕분에 나는 느긋하게 팀원들의 메일을 기다렸다가 정리만 하면 됐다.

그렇게 정리만 하면 끝날 줄 알았는데 또 그렇지도 않았다. 팀원들의 메일은 문체도, 구체성도 저마다 제각각이었다. 그래서 내가 편집자가 되어 한 사람이 쓴 것처럼 읽히게 일일이 손봐야 했다. 팀원이 보낸 메일에 설명이 부족하면 다시 메일을 주고받으면서 내용을 보충해야 했다. 새로운 프로세스로 큰 문제가 해결되긴 했지만 새로운 문제가 생긴 셈이었다. 그래서 주간 메일을 작성하는 데 여전히 많은 시간이 소요됐다. 그래서 나는 3단계에 접어들었다. 내가 팀원들에게 자꾸만 똑같은 피드백을 준다는 사실을 깨닫고 '주간 현황 메일을 위한 하이라이트 제출법'이라는 문서를 만들었다. 그 안에는 주간 메일을 쓰는 목적, 좋은 하이라이트의 요건, 하이라이트 작성 시 유의할 점이 열거됐다. 나는 이 문서를 팀원들과 공유했고 새로운 팀원이 들어올 때마다 전달했다.

하지만 이렇게 작은 프로세스라고 해도 상황이 바뀌면 또 그에 맞게 진화해야 할 것이다. 따지고 보면 이 책도 내가 개인적으로 만들어온 지침서의 최신판이라 할 수 있다. 다년간 관리자의 길을 걸으며 애쓰고 성공하고 실패한 경험의 집약체다. 이 책은 독자만이 아니라 나를 위해 쓰고 있는 것이기도 하다. 내가 저지른 실수와 거기서 얻은 교훈을 기억하기 위해서 말이다.

그리스의 철학자 헤라클레이토스는 "그 누구도 똑같은 강물에 두 번

발을 담글 수는 없다. 물도 같은 물이 아니요, 사람도 같은 사람이 아니기 때문이다."라고 말했다.[12] 모든 도전은 강물을 건너는 행위와 같다. 징검다리, 물살, 눈에 안 보이는 소용돌이를 꼼꼼히 조사해야 한다. 그리고 계획을 세운 뒤 건너편으로 가기 위한 첫발을 내디뎌야 한다. 강을 건너다 발이 미끄러질 수도 있다. 물에 빠질 수도 있다. 처음부터 다시 시작해야 할 수도 있다. 하지만 미끄러질수록 당신은 더욱 현명해진다. 이때는 잠깐 시간을 내서 그 과정에서 무엇을 배웠는지, 다음번에는 어떻게 계획을 세워야 할지 탐구해보자. 그래서 다음번에 또 거세게 흐르는 물길을 만났을 때는 대담하고도 느긋하게 건너게 되길 바란다.

성장하는 팀을 어떻게 이끌어야 하는가

나쁜 예
"그쪽 팀은 X, Y, Z를 하세요."
"네."

좋은 예
"지금 A, B, C가 문제예요."
"그럼 우리 팀은 X, Y, Z를 할게요."

LEADING A GROWING TEAM

아직 우리 팀이 회의실 테이블 하나에 다 둘러앉을 수 있었던 시절에 새 식구가 생기는 것은 기념비적 사건이었다. 다들 신이 나서 우리가 어떤 식으로 일하는지, 그러니까 어디에 파일을 저장하고, 어떤 툴을 다운받아야 하고, 어떤 회의에 참석해야 하는지 등등을 알려줬다. 우리가 더 많은 것을 성취할 수 있도록 누군가가 합류했다는 것 자체로 감사했다. 더욱이 신참은 작업물을 보는 예리한 눈이었던가, 인간의 동기에 대한 깊은 이해였던가, 아니면 기발한 아이디어를 내는 창의력이었던가, 여하튼 새로운 초능력을 가지고 나타났다. 합평회 때 의자를 하나 더 가져다 놓아야 했고 더 넓은 시각에서 대화가 오갔다. 그래도 여전히 피자 두 판으로 모든 사람이 배를 채울 수 있었다.

몇 달 후 또 다른 사람이 들어왔다. 그리고 또 들어오고 또 들어왔다. 그럴 때마다 같은 일이 반복됐다. 기존 팀원들은 신참이 어떤 사람이고 어떤 초능력을 갖고 있는지 소개받고 신참은 기존 프로세스를 안내받았다.

그러다 보면 문득 더는 예전의 방식이 통하지 않는다는 것을 깨닫는 날이 온다. 내게 그 전환점은 합평회에 들어갔다가 자리가 모자란 것을 본 순간이었다. 그 자체로는 큰 문제가 아니었다. 몇 사람이 얼른 나가서

의자를 더 가지고 들어왔다. 그런데 발표 희망자를 받았더니 무려 10명이나 됐다. 예전에는 합평회 때 대여섯 개 프로젝트만 검토할 수 있어도 운이 좋은 거라고 생각했는데! 게다가 그날 신청자 중에서 절반은 시간 때문에 발표를 할 수도 없었다. 합평회의 목적이 허심탄회하게 피드백을 주고받는 것이었던 만큼 변화가 필요했다.

합평회만 문제가 아니었다. 우리 팀의 성장에 맞춰 내가 해야 할 일이 점점 더 쌓이고 있었다. 예상치 못한 문제가 더 많이 불거졌고, 팀원들에게 공지해야 할 게 늘어났고, 결정 사항이 바르게 이행되고 있는지 확인해야 하는 일이 많아졌다. 그런 증가세가 쭉 이어졌다. 프로세스를 개선하기가 무섭게 새로운 사람들이 들어와서 또다시 삐거덕대기 시작했다. 팀이 잘 굴러가게 하려면 계속 변화하고 적응하는 수밖에 없었다. 처음 관리자가 됐을 때는 팀원이 몇 명 안 됐다. 그런데 시간이 지나 팀원이 두 배로 늘었고 몇 년 간격으로 계속 두 배로 증가했다. 그럴 때마다 나는 관리자로서 내가 하는 일이 완전히 달라졌다는 느낌을 받았다. 관리의 핵심 원칙은 그대로였어도 내 일과는 크게 바뀌었던 것이다.

처음으로 관리자가 되면 팀의 상황을 코앞에서 보지만 시간이 흐를수록 멀리 떨어져서 넓게 조망하게 된다. 그리고 그 간극을 메우기 위해 비전을 수립하고, 리더를 영입하고, 업무를 위임하고, 커뮤니케이션을 관리하는 능력을 갖추게 된다. 이번 장에서는 팀이 성장할 때 당신이 앞으로 어떤 차이를 경험하고 어떻게 도약해야 하는지 알아보려고 한다.

큰 팀과 작은 팀의 차이

실리콘밸리에서는 초고속 성장을 하는 기업이 정말 많다. 야심 찬 꿈이 부르는 노래에 취해 눈부신 속도로 팀이 확장된다. 채용 안내 페이지에 수많은 직무가 나열되고, 매주 오리엔테이션은 뉴페이스들로 붐빈다. 변치 않는 것은 변화와 혼돈뿐이며 나머지는 모두 그때그때 즉흥적으로 대응해야 한다는 인식이 실리콘밸리 전반에 깔려 있다. 나는 직원이 될 수도 있는 사람들에게 내가 이 일을 좋아하는 이유가 바로 거기에 있다고 말한다. 매일 새로운 도전 과제가 생기고 어디를 보든 배움의 기회를 찾을 수 있는 게 이곳만의 매력이다.

처음 관리자가 됐을 때와 지금 내가 하는 일이 어떻게 다르냐고 묻는 사람이 많다. 지난날을 돌아보면 작은 팀과 큰 팀을 관리하는 것은 다음과 같은 점에서 선명한 차이가 있다.

직접 관리에서 간접 관리로

팀원이 다섯 명이면 한 명 한 명과 친밀한 관계를 맺을 수 있다. 그들이 구체적으로 무슨 일을 하고 있는지, 무엇을 좋아하고 무엇을 잘하는지, 심지어는 회사 밖에서 어떤 취미를 즐기는지도 알 수 있다. 그러나 팀원이 30명이면 모든 사람을 직접 관리할 수 없다. 적어도 예전과 같은 수준으로 관리할 수는 없다. 각 팀원과 매주 30분씩 일대일 면담을 한다고 치면 그것만으로도 15시간이 소요된다. 주간 노동 시간의 절반가량이다! 거기다 면담 때 합의된 사항을 제대로 이행하고 있는지 확인하는 시간까지 더하면 사실상 다른 일을 할 시간이 남지 않는다. 나는 팀원이 여덟 명을 넘어서면서 모든 팀원을 일일이 챙기기 위해 채용에 대해 생각하고, 디자인 작업물의 품질을 높이고, 제품 전략 수립에 기여할 시간이 부족하다는 느낌이 들었다.

그래서 성장하는 팀의 관리자는 결국 자기 밑의 관리자를 뽑거나 키우게 된다. 그러면 일선 팀원과 실무에서는 자연스럽게 멀어진다. 여전히 팀의 성과를 책임지긴 하지만 세세한 부분까지 관여할 수는 없게 된다. 당신의 관여 없이 결정이 내려지고, 당신이 직접 했다면 쓰지 않았을 방식으로 일이 처리된다. 처음에는 이게 다 뭔가 싶고 지배력을 잃은 것 같은 느낌이 들 수 있다. 하지만 당신 밑의 리더를 키우는 것은 반드시 필요한 일이다. 성장 중인 팀을 관리할 때 가장 어려운 일은 어떤 사안을 직접 파고드는 것과 한 발짝 물러나서 다른 사람에게 맡기는 것 사이에서 균형을 잡는 것이다.

사람들이 예전과 다르게 대한다

예전에 내가 모든 팀원과 친밀한 관계를 맺을 수 있는 수준을 넘어섰을 때 일이다. 검토 회의 때 내 밑의 매니저들이 관리하는 직원 세 명이 최근 작업물을 발표했다. 나는 그들에게 피드백을 주고 다음주에 다시 검토 회의를 열자고 했다. 끝나기 전에 혹시 내 피드백에 대한 의견이나 질문이 있는지 물어봤다. 모두 고개를 저었다. 나는 생산적인 회의를 했다고 생각하며 회의실을 나섰다.

그날 오후에 그 회의에 같이 참석했던 매니저 중 한 명을 만났다. 그가 심각한 표정으로 말했다. "팀원들이 하는 얘기를 들었는데 아침에 있었던 검토 회의에 불만이 좀 있는 것 같습니다." 나는 농담인 줄 알았다. 무슨 불만이냐고 물었더니 "디렉터님 피드백에 동의하지 않는대요."라는 대답이 돌아왔다. "그런데 왜 아무 말 안 했대요?" 나는 무슨 소리냐는 듯 물었다. 그는 잠깐 뜸을 들였다. "그게요, 디렉터님 같은 거물한테 어떻게 함부로 말할 수 있냐고 겁을 먹은 거죠."

누가 나를 '거물'이라고 부르기는 처음이었다. 선뜻 이해가 안 됐다. 내가 언제부터 남들이 겁을 먹을 만한 사람이 됐단 말인가? 나는 내가 '다가가기 쉬운 사람'이라는 걸 항상 자랑으로 여겼다. 하지만 내가 나를 어떻게 생각하느냐는 중요하지 않았다. 나를 잘 모르는 사람들은 직급을 생각하며 내가 틀렸다고 판단해도 불편한 진실을 말하거나 이의를 제기하기가 어렵다. 내가 제발 좀 그런 말을 해달라고 해도 마찬가지다. 그들은 어차피 결정은 내가 내릴 텐데 구태여 말할 필요가 있겠냐고 생각할 수 있다. 괜히 나를 실망시키거나 부정적 인상을 주고 싶지 않은 것일 수도 있다. 아니면 내 짐을 덜어주려고 일부러 나에게 새로운 문제를 안기지 않거나 내 시간을 빼앗지 않으려는 의도일지도 모른다.

이런 구도가 생기는 것을 경계해야 한다. 혹시 당신의 제안이 '명령'으로 받아들여지고 있진 않은가? 당신의 질문이 '지적'으로 비치고 있진 않은가? 당신이 뭘 모르고 상황을 마냥 긍정적으로 생각하고 있는 건 아닌가? 다행스럽게도 팀원들이 진실을 더 편하게 말하도록 하는 방법이 존재한다. 바로 반대 의견을 환영한다는 태도를 강조하고 그런 의견을 개진하는 사람에게 보상을 주자. 팀원들 앞에서 당신의 실수를 인정하고 당신도 똑같은 인간이라는 것을 알려주자. "혹시 내가 잘못 생각하는 걸 수도 있으니까 반대하면 반대한다고 말하세요. 그래서 내 의견이 뭐냐면….”처럼 논의를 유도하는 표현을 쓰자. “만약에 지금 내 입장이라면 어떻게 할 것 같아요?” 하는 식으로 직접 조언을 구하는 것도 좋다.

매일 매 순간 스위치를 바꿔줘야 한다

작은 팀을 관리할 때는 오후 내내 팀원 몇 명과 화이트보드 앞에 앉아서 새로운 아이디어를 탐색하는 날이 많았다. 깊이 빠져들면 시간이 가는 줄도 몰랐다. 하지만 팀이 성장하면서부터는 내가 하나의 안건으로 장시간 집중적인 토의에 참여하는 게 점점 어려워졌다. 팀원이 늘어난 만큼 프로젝트도 늘어났고, 따라서 내 시간을 점점 더 짧게 쪼개서 써야 했다. 메일이 10통 날아오면 저마다 다른 안건에 관한 것이었다. 회의가 연달아 있으니까 방금 논의한 내용을 머릿속에서 비워버리고 바로 다음 회의를 준비해야 했다. 그게 잘 안 될 때는 자꾸만 이 건을 생각하다가 저 건을 생각하느라 머리가 복잡하고 힘에 부치는 느낌이 들었다. 프레젠테이션 때 집중이 잘 안 됐다. “하루가 일주일 같아.”라고 탄식했다.

시간이 지나면서 그게 바로 내 일이라는 것을 알게 됐다. 책임진 프로젝트가 두 배, 세 배, 네 배로 늘어나는 것에 맞춰서 맥락을 전환하는 능력도 발전해야 했다. 이때 몇 가지 도움이 되는 기법이 있었다. 매일 아침 일정표를 보고 각각의 회의와 면담에 대비하기, 탄탄한 메모 및 작업 관리 체계 확립하기, 한 주를 마감하며 일주일을 돌아보는 시간 확보하기였다. 지금도 여전히 정신이 산만한 날이 있다. 하지만 이제 나는 언제나 내 앞에는 크든 작든, 예상했든 예상하지 못했든 여러 문제가 산적해 있을 것이고 큰 팀의 관리자라면 그런 상황에 유연하게 대처할 줄 알아야 한다는 것을 인정하게 됐다.

일을 골라서 해야 한다

작은 팀을 관리할 때는 못 끝낸 일 없이 홀가분한 마음으로 노트북을 닫고 산책을 나가는 날이 있었다. 메일함도 깨끗이 비었고, 할 일 목록에 있는 항목도 모두 처리했고, 달리 내가 신경 써야 할 일도 없었다. 하지만 관리 범위가 확장되자 그런 날이 점점 줄어들더니 결국에는 완전히 사라져버렸다.

비례 효과랄까, 챙겨야 할 게 많아질수록 그중에서 원활히 돌아가지 않는 게 나올 확률이 높아진다. 프로젝트가 지연되고, 오해가 생기고, 팀원의 요구가 충족되지 않는다. 나는 내가 개선하기 위해 노력해야 할 영역을 언제든 잔뜩 나열할 수 있다. 하지만 우리의 몸은 하나뿐이고 시간도 제한되어 있다. 모든 일을 처리할 수는 없으니까 우선순위를 정해야 한다. 가장 신경 써야 할 사안은 무엇이고, 안 된다고 선을 그어야 할 일은 무엇인가? 여기에 완벽주의는 낄 틈이 없다. 내가 손댈 수 있는 일이 수두룩하다고 해도 그 수에 압도당하지 않고 그중에서 중요한 일만 골라서 하는 게 편해지기까지는 꽤 오랜 시간이 걸렸다.

갈수록 사람을 관리하는 능력이 중요해진다

마치 의자 앉기 게임을 하듯이 몇 년마다 간부들의 보직을 변경하는 CEO가 있다는 말을 들었다. 진위가 의심스러웠다. 직장에서 역지사지가 중요하다는 것을 강조하기 위해 지어낸 이야기 같았다. 아니, 영업 쪽 임원이 어떻게 엔지니어링 조직을 이끌고, 최고재무관리자가 어떻게 유능한 최고마케팅관리자가 된단 말인가? 하지만 요즘은 임원 보직 순환이 예전만큼 황당하게 느껴지지 않는다. 팀이 성장하면 관리자가 실무에 쓸 수 있는 시간은 점점 줄어든다. 그보다는 팀의 성과를 최고로 끌어올리는 게 더 중요하다. 생각해보면 세상에 영업과 디자인, 엔지니어링과 마케팅, 재무와 인사관리, 법률과 시설 관리에 두루 전문성을 갖춘 CEO는 없다. 그럼에도 CEO들은 그 모든 기능을 하는 조직을 만들고 이끈다.

관리자들은 직급이 높아지면 출신 분야와 상관없이 해야 하는 일이 비슷해진다. 우수한 리더를 영입하고, 자립적인 팀을 만들고, 명확한 비전을 수립하고, 커뮤니케이션을 잘하는 것, 이렇게 필수적인 능력 몇 가지가 성공을 좌우한다.

위임이라는 외줄타기의 기술

우리 팀이 성장할 때 팀 전체의 역량이 어느 한 개인이 가질 수 있는 능력을 훌쩍 넘어서는 것을 보면서 가장 큰 보람을 느꼈다. 반대로 나를 가장 애먹인 것은 위임 요령을 터득하는 일이었다. 나는 위임을 '직접 뛰어들 때와 한 발짝 물러나서 타인에게 맡길 때를 가늠하는 기술'이라 정의한다. 그러나 눈을 가리고 외줄을 탈 때처럼 그 균형을 유지하기란 쉽진 않다.

그 양극단에서는 시트콤 같은 상황이 벌어진다. 직접 뛰어들 때가 너무 많으면 사사건건 참견하는 관리자가 된다. 팀원들에게 모든 사안에 대해 결재받을 것을 요구한다. 번번이 진행 상황을 묻고 자잘한 일에까지 직접 나선다. "존은 지난번 보고서 수정했어요?", "중국에서 보낸 건 언제 온대요?", "여기 라벨에 파란색 들어간 거 별로 마음에 안 들어요." 이 책상 저 책상 기웃거리면서 화면에 뭐만 보였다 하면 지적하는 사람이라는 오명이 따라붙는다. 그렇게 해서 성과를 낸다고 해도 팀원들은 숨이 턱턱 막힌다. 유능한 사람들은 못 참고 떠난다. 자기를 못 믿고 숨 쉴 틈도 주지 않는 상사 밑에서 일하긴 싫고, 스스로 문제를 해결할 기회가 없어서 배우는 것도 없기 때문이다. 그런 관리자에게는 자기 분부만 따르는 로봇 군단을 원한다는 뒷말이 따라붙는다.

반대편 극단에 있는 관리자는 뒤로 물러날 때가 너무 많으니 투명 인간이 된다. 팀원 중 일부는 독립적으로 일할 수 있어서 좋다고 생각하겠지만 대부분은 관리자가 좀 더 자신을 도와주길 바란다. 그런 팀은 문제가 발생하면 무법천지의 서부 개척지와 같아진다. 법을 집행할 보안관이 없기 때문이다. 이런 관리자는 직접 소매를 걷어붙이고 나서는 법이 거의 없으므로 항상 손이 깨끗하다. 어려운 결정은 피하고 결코 앞장서서 일을 추진하지 않는다. 시간이 지날수록 리더로서 위신이 깎인다. 하는 일이 없으니까 당연하다. 팀원들은 코칭이나 지적을 못 받고 방치되니까 배우는 게 없다. 다들 뒤에서 관리자를 '월급 도둑'이라고 욕한다.

물론 현실에서 극단에 있는 사람은 드물다. 하지만 각자의 가치관에 따라 어느 한쪽으로 기울기 쉬운 것도 사실이다. 나만 해도 초보 관리자 때는 투명 인간 쪽에 가까웠다. 나 자신이 사사건건 간섭받는 것을 싫어하기 때문이었다. 그러다 팀원들에게서 더 적극적으로 나서달라는 피드백을 받고 이번에는 또 너무 그쪽으로 치우치는 바람에 "어휴, 이건 좀 심하잖아요!"라는 소리를 들었다. 그리고 사안에 따라 기우는 방향이 달라지는 경우도 흔하다. 일례로 나는 같은 주간에 한 팀원에게는 특정한 디자인 요소에 대해 너무 간섭이 심하다는 말을 듣고 또 다른 팀원에게는 프로젝트 전략을 수립하는 데 더 신경 써달라는 말을 들었다. 두 사람은 필요로 하는 게 달랐다. 한쪽은 자기가 하는 일에 확신이 있었기 때문에 내가 끼어드는 것을 월권이라고 생각했다. 다른 쪽은 반대로 내 도움을 더 많이 받기를 원했다.

당장 그 순간에는 자기가 균형을 잘 잡고 있는지 모를 수 있다. 나는 '다 잘되고 있으니까 다른 데 집중하자'는 생각으로 한발 물러났다가 몇 주 후에 내가 더 세심하게 신경 썼어야 한다는 것을 깨닫기도 한다. 100퍼센트 성공하는 위임법 같은 정답은 존재하지 않지만 그래도 참고하면 좋을 원칙 몇 가지를 이제부터 알아보자.

큰 문제를 맡기는 것은 신뢰의 표현이다

어릴 때 우리 할머니는 나를 끔찍이도 챙기셨다. 겨울에 놀러 나가면 스웨터를 들고 쫓아오셨고, 수업을 마치고 집에 가면 접시 한가득 간식이 준비되어 있었다. 내가 펜을 찾고, 퍼즐을 맞추고, 책장 꼭대기의 책을 꺼내는 것처럼 간단한 일을 잘 못해도 하던 일을 제쳐놓고 와서 대신 해주셨다. 애정에서 나오는 행동이었으나 제발 좀 안 그랬으면 하는 마음도 있었다. 나는 할머니의 사랑과 도움을 원하는 한편으로 여느 아이들처럼 독립을 갈망했다. 내 힘으로 문제를 해결할 자유를 원했다.

그렇게 자랐으니까 아마도 위임을 어떻게 해야 하는지 잘 알았을 것이라고 생각할지도 모르겠다. 하지만 아니었다. 나는 팀원에게 어려운 문제를 주는 관리자를 '나쁜' 관리자라고 생각했다. 그런 관리자는 일을 내팽개치고 아침에 골프나 치고 오후에 와인이나 마시는 사람인 줄 알았다. 내가 생각하는 탁월한 관리자는 우리 할머니처럼 팀원을 대신해 가장 무거운 짐을 지는 사람이었다.

그것은 두 가지 측면에서 큰 착각이었다. 첫째, 관리자가 할 수 있는 일을 과대평가했다. 설사 관리자가 다양한 문제를 해결할 능력이 있더라도 혼자서 그 많은 문제를 다 해결할 수는 없다. 어떤 문제에 대한 최고의 해법은 그 문제에 열과 성을 다 바칠 시간적 여유가 있는 사람에게서 나온다. 둘째, 모든 사람이 어려운 문제를 싫어하진 않는다. 사실 유능한 사람들은 특별한 배려나 '쉬운' 프로젝트를 원하지 않는다. 그들은 도전을 갈망한다. 복잡하게 얽혀서 어떻게 풀어야 할지 가닥이 잘 잡히지 않는 문제를 팀원이 어쨌든 풀 수 있을 것이라 믿고 맡기는 것만큼 강한 신뢰의 표현도 없다. 물론 이때는 팀원이 문제를 해결할 역량이 된다고 '진심으로' 믿어야 한다. 그런 믿음이 있다면 한 발짝 물러나서 팀원이 알아서 하게 놔두자. 이제부터 그 팀원이 그 문제의 책임자라고 다른 사람들에게 공지하자. 그렇게 공개적으로 말해야 위임을 받은 팀원에게 책임감이 생기고 힘이 실린다. CEO가 일레인이라는 직원에게 회사의 재무를 맡겼다고 해보자. 일레인이 실력을 발휘하려면 모든 사람이 그녀가 정한 예산을 존중하고 필요한 재무 정보를 제공해야 한다. 그렇다면 CEO가 전 직원에게 "이제부터 일레인이 우리 회사의 최고재무책임자입니다."라고 말할 때와 다른 사람들 모르게 일레인에게만 말할 때 중에서 언제 일레인이 더 편하게 업무를 볼 수 있을까?

어려운 문제를 위임하는 것은 그냥 나 몰라라 하는 것과 다르다. 팀원이 알아서 해법을 찾도록 방치하는 것이 아니라 여전히 같은 배를 타고 있지만 키는 팀원에게 넘기는 것이다. 대신 팀원이 목적지까지 무사히 운항할 수 있도록 필요할 때마다 지원과 지지를 아끼지 말아야 한다.

선명한 비전이 행동을 이끈다

처음에는 관리자가 팀이 돌아가는 사정을 낱낱이 알아야 한다고 생각했다. 그렇지 않으면 어떻게 현명한 결정을 내리고 의미 있는 피드백을 줄 수 있겠는가? 그래서 일대일 면담 때 팀원들에게 꼬박꼬박 근황을 물었다. 최근 디자인 작업물을 같이 살펴보고, 제품과 관련해 어떤 논의가 진행 중인지 듣고, 다음주에는 언제까지 무엇을 하기로 되어 있는지 확인했다. 그러다 보니 늘 면담 시간이 부족했다.

그러나 이런 식으로 일대일 면담 때 정보를 캐내는 방식은 여러 가지 이유에서 나쁜 관리 행태다. 일대일 면담은 관리자를 위한 시간이 아니라 팀원에게 도움이 되는 것을 이야기하는 시간이기 때문이다. 그리고 팀원의 일과를 세세히 다 알 수 있기를 기대하는 것 역시 비현실적이다. 특히 팀이 성장 중이고 팀원 또한 관리자로서 책임지고 있는 일이 많다면 더욱 그렇다.

우리가 기대해야 할 것은 제일 중요한 부분을 같은 시각으로 바라보는 것이다. 역사학자 유발 하라리Yuval Harari는 베스트셀러 《사피엔스》에서 인간을 만물의 영장으로 만든 특징 중 하나로 공통된 비전을 통해 생판 모르는 사람과도 협력할 수 있는 능력을 꼽았다. 하라리에 따르면 "우리가 세상을 지배할 수 있는 이유는 다른 것을 다 떠나서 수많은 개체가 유연하게 협력할 수 있는 유일한 동물이기 때문"이다.[1]

중요한 것에 대한 공통된 비전을 만들려면 자신에게 두 가지 질문을 던져보자. 첫 번째 질문은 "현재 우리 팀의 최우선순위는 무엇인가?"이다. 여기에 답했으면 누가 어떤 역할을 맡을 수 있을지 팀원들과 이야기해보자. 가령 회사가 새로운 전략을 수행 중이라면 왜 그 전략을 택했는지 그게 팀에 어떤 영향을 미칠지 논의해볼 필요가 있다. 만일 제품 출시를 앞두고 야근을 불사하고 있는 상황이라면 일이 순조롭게 진행되도록 누가 무엇을 할 수 있을지 팀원들과 대화를 나눠야 한다. 최우선순위를 다뤘으면 두 번째 질문은 "사람, 목적, 프로세스에 대한 우리의 생각이 서로 일치하는가?"이다. 여기서 한 걸음 더 들어간다면 이렇게 물을 수 있다. 당신이 팀워크를 위해 무엇을 중시하는지 팀원들도 알고 있는가? 팀원 역시 하급자를 관리하는 코치로서 당신이 자신에게 무엇을 기대하는지 알고 있는가? 팀원들이 무엇을 잘하고 무엇이 기대에 못 미치는지에 대해 당신과 팀원이 생각하는 바가 일치하는가?

예전에 있었던 일이다. 검토 회의 때 상사인 크리스에게 보고하기 위해 내 밑의 매니저 몇 명과 프로젝트 진행 상황을 정리했다. 우리는 최근에 출시한 일부 제품에 대한 반응이 기대만큼 좋지 않고 팀 전체가 방전 상태라는 암울한 소식을 전해야만 했다. 그래서 심각한 이야기가 오갈 것에 대비해 마음의 준비를 단단히 하고 회의실에 들어갔다. 그런데 크리스는 "그러니까 이것저것 많이 하고 있다는 거네요. 근데 내 최대 관심사는 팀이에요. 중요한 문제들에 적절한 사람이 배치되어 있나요?"라고 말했다. 정곡을 찌르는 질문이었다. 프로젝트도 다 사람이 하는 일이다. 따라서 탁월한 성과를 내려면 탁월한 팀 구성이 전제돼야 한다.

사람 외에 또 당신과 팀원의 시각이 일치해야 할 부분은 지금 하고 있는 일을 왜 하고 있는가, 성공의 기준이 무엇인가 하는 점이다. 생텍쥐페리가 이런 말을 했다고 한다. "배를 만들기 위해 먼저 할 일은 사람을 모아서 나무를 베어 와라, 이 일을 해라, 저 일을 해라 시키는 게 아니다. 우선 그들이 망망한 대해를 갈망하게 만들어야 한다." 이번 주에 처리해야 할 일, 회의, 메일은 무수한 시간의 백사장에서 한 톨의 모래알에 지나지 않는다. 그런 것들 뒤에 있는 더 큰 목적은 무엇인가? 왜 매일 아침 일어나서 회사에 나오는가? 당신의 팀이 목표를 달성한다면 세상은 어떻게 달라질 것인가? 팀원들과 꾸준히 비전을 이야기해야 모든 사람의 마음속에서 비전이 더욱 선명해진다. 선명한 비전이 있을 때 올바른 행동이 더 잘 나온다.

끝으로, 당신의 팀원들은 각자가 이끄는 팀에서 건전한 프로세스를 만들고 있는가? 우리 디렉터와 매니저들은 나와 일대일 면담을 할 때 새로운 아이디어를 설득력 있게 제시하는 요령, 중요한 변동 사항을 잘 전달하는 방법, 회의 시 해야 할 것과 하지 말아야 할 것 등 관리자 역할을 잘 수행하기 위해 필요한 것을 이야기할 때마다 시간을 유익하게 썼다는 느낌을 받는다고 한다.

관리자가 애를 먹고 있을 때 해야 할 일

당신 밑의 관리자가 기대에 부응하지 못할 때는 어떻게 해야 할까? '그럴 때 밀어주고 끌어주는 게 도리지'라고 생각할지 모르겠다. 틀린 생각은 아니다. 방금 전에도 팀 내의 리더들이 어려운 문제를 해결할 수 있도록 힘을 실어주는 일이 중요하다고 말했다. 리더들에게 완벽함을 요구한다면 다들 뭐 하나 시도할 엄두를 내지 못할 것이다. 위임을 잘하려면 당신 밑의 사람들도 당신처럼 실수를 저지르고 자신을 의심할 때가 있고 그럴 때일수록 그들을 믿어줘야 한다는 것을 알아야 한다.

하지만 이것만으로는 답이 됐다고 할 수 없다. 관리자는 자기가 관리하는 팀의 멀티플라이어가 돼야 한다. 그렇지 않으면 관리자가 쓸데없이 개입해서 프로젝트가 지연되고, 관리자의 어리석은 결정으로 나쁜 결과가 나오고, 팀원들이 원하는 것을 얻지 못해서 불만이 쌓이는 등 손실이 크다. 관리자가 팀을 망치는 정도까지는 아니어도 발목을 잡고 있는 경우도 꽤 있다. 예를 들면 사고를 수습할 줄은 알지만 사고를 미연에 방지할 장치는 마련하지 않는 관리자가 그렇다. 사람을 뽑을 줄은 알지만 최고의 인재를 영입하지는 못하는 관리자도 마찬가지다. 당신이 상사로서 코칭을 해주기엔 시간이 모자랄 만큼 코칭이 많이 필요한 관리자가 있기도 하다.

빠르게 성장하는 조직에서는 새로운 문제에 대응하기 위해 거의 하루아침에 새로운 팀이 만들어지는 일이 비일비재하다. 이런 팀은 규모가 작고 체계가 없다. 그래서 소수의 인원을 데리고 소수의 고위험 프로젝트를 진행할 사람이 관리자로 기용된다. 그러고서 2~3년이 지나면 재능, 노력, 운이 맞물려 그 고위험 프로젝트 중에서 일부가 대박을 친다. 그에 따라 팀이 급속도로 성장한다. 그러면 신생 팀에 적격이었던 관리자는 이제 훨씬 큰 집단을 이끌어야 하는 과제를 떠안는다.

한때는 순항 중이었던 배가 갑작스레 폭풍우를 만나 요동치는 것처럼 느껴진다. 내 밑의 관리자가 그런 상황에 처하면 나는 갈림길에 선 기분이었다. 물론 나는 그들의 저력을 믿었다. 아직 부족한 부분이 있다고 해도 결국에 가서는 개선되리라는 것을 알았다. 나 역시도 그렇게 험난한 파도를 헤치고 나온 사람이었다. 성장 마인드셋을 받아들인 후 누구나 의지, 노력, 시간만 있으면 무엇이든 향상할 수 있다는 신념이 있었다. 문제는 언제까지 기다려야 하는가, 그게 팀에 어떤 영향을 미치는가 하는 부분이었다.

언젠가 내 밑의 관리자(라파엘이라고 하자)와 이런 문제로 고민을 하던 중에 앤디 그로브의 글을 읽었다. "부하 직원의 성과가 형편없었다. 내 동료의 반응은 '사람이 실수도 좀 저질러봐야 배우는 게 있지!'였다. 문제는 그 직원의 수업료가 고객의 주머니에서 나간다는 것이다. 그것은 분명히 잘못된 일이다."[2] 그때 나는 관리의 최종 목표가 '팀의 성과 향상'임을 다시금 깨달았다. 어떤 사람이 자기에게 맞지 않는 자리에 앉아 있다면 비용이 발생한다. 그 비용을 다른 팀원이나 고객에게 전가하겠는가, 아니면 어렵더라도 그 사람을 자리에서 물러나게 하겠는가? 이때 현실을 명확하게 볼 수 있게 해주는 또 다른 질문을 친구에게서 들었다. 그는 이렇게 물었다. "그 자리가 비어 있다고 치자. 그러면 지금 그 사람을 다시 뽑을 거야, 아니면 다른 사람을 뽑는 도박을 해볼 거야?"

그 질문은 진정한 핵심에 초점을 맞추게 하는 힘이 있었다. 당시 나는 라파엘이 어떤 심정일까, 내가 피드백을 충분히 주고 있는가, 다른 사람들은 얼마나 고생하고 있을까 등등 여러 부분에 신경 쓰고 있었지만, 내가 던져야 할 정말로 중요한 질문은 "어떻게 해야 앞으로 몇 년간 팀이 더 큰 성공을 거둘 수 있을까?"였다. 그래서 그다음주에 라파엘을 불러 그 자리에서 물러나는 게 좋겠다고 말했다. 쉽진 않았지만 돌아보면 올바른 선택이었다. 라파엘을 대신한 관리자는 더 큰 팀을 운영해본 경험이 많았다. 그는 전 세계를 항해한 노련한 선장처럼 자신 있게 키를 잡고 배를 폭풍에서 구해냈다. 새 관리자가 부임하고 몇 달이 지났을 때 그 팀은 성과가 향상되어 승승장구하고 있었다.

변화가 힘들더라도 자신의 직감을 믿자. 만일 그 자리가 비었다면 이 사람을 다시 뽑겠는가? 아니라면 과감히 변화를 단행해야 한다.

꾸준히 위임할 방법을 고민한다

내가 아는 탁월한 관리자들이 모두 동의하는 말이 있다. 탁월한 팀을 만들려면 지금 자신이 하고 있는 일을 다른 사람에게 맡길 방법을 끊임없이 고민해야 한다는 것이다. 만일 당신이 X라는 문제를 해결해야 할 책임이 있는데 그 일을 당신만큼 잘할 수 있는(당신보다 '더' 잘할 수 있다면 더욱 좋다) 사람을 찾거나 키워낼 수 있다면 팀 전체의 역량이 향상되고 당신은 다른 일을 할 수 있게 된다. 내 친구는 간단히 말해 "매년 리더십 역량을 두 배로 키우는 것을 목표로 삼는다."고 한다.

그러나 말처럼 쉬운 일은 아니다. 우리는 하던 일을 계속 하려고 하는 습성이 있기 때문이다. 그 이유는 그 일이 좋아서일 수도, 그 일을 할 때 자신이 전문성을 발휘하고 상황을 지배하고 있다는 데 성취감을 느껴서일 수도 있다.

내가 디자인팀을 이끌 때 월요일마다 전사적 디자인 회의를 주재했다. 아직 우리 팀이 소규모였을 때 내가 제안한 회의였다. 그래서 내가 안건을 관리하고 진행자로 나섰다. 매주 디자이너 전원이 모여서 근황을 이야기하고, 영감을 주는 작업물을 보고, 새로운 팀원을 환영하는 그 의식이 자랑스러웠다. 솔직히 회의의 책임자로서 내 노력의 결실을 보는 게 뿌듯했다. 하지만 관리자의 본분은 자신의 욕구 충족이 아니라 팀의 성과를 향상하는 것이다. 처음에 내가 그 회의를 시작한 이유는 우리가 일하면서 얻은 교훈을 이야기하고 공동체 의식을 기를 필요가 있다고 생각했기 때문이다. 내가 안 하면 아무도 안 할 것 같았다. 그러나 몇 년 후 상황이 달라졌다. 우리 팀에 그 회의를 주재할 만한 리더가 넘쳐났다.

내가 그 회의를 위임하게 된 계기는 순전히 우연에 의해서였다. 육아휴직을 하면서 몇 사람에게 내가 없는 동안 그 회의를 맡아달라고 부탁했던 것이다. 그런데 복귀했더니 내가 있을 때보다 회의가 더 잘 돌아가고 있는 게 아닌가. 발표자들이 준비를 더 많이 해오고, 내용도 더 정리가 잘 되어 있고, 신입 환영 시간도 더 재미있었다. 아차 싶었다. 나는 그 회의를 진작 넘겼어야 했다. 그게 습관이 되고 내 정체성의 일부가 됐기 때문에 계속 붙들고 있었다. 그런데 내가 없는 사이에 회의를 맡은 사람들이 새로운 생명을 불어넣었다. 그들은 신이 나서 회의를 주재했고 나는 다른 중요한 일에 집중할 수 있었다. 윈윈이었다.

위임의 법칙을 간단히 말하자면 이렇다. 첫째, 조직을 위해 가장 중요한 일과 둘째, 내가 다른 누구보다 잘할 수 있는 일의 교차점에 시간과 에너지를 투입하는 것이다. 그러면 팀원이 당신만큼 잘할 수 있거나 당신보다 더 잘할 수 있는 일은 위임해야 한다는 것을 알 수 있다.

예전에 몇몇 사람에게서 팀의 단합을 위한 조치가 필요하다는 의견을 들었다. 팀원들이 회의와 일에 치여 서로 친해질 기회가 없다는 것이었다. 공동체 의식을 강화하기 위해 무엇을 할 수 있을까 이야기해보니 점심 회식, 개인 지식 발표회, 그룹 멘토링 등이 나왔다. 모두 마음에 들었다. 다만 내가 강한 영역은 아니었다(남편은 나와 약혼한 후에 내가 결혼식 같은 행사를 계획하는 데 소질이 없다는 것을 알았다). 다행히도 그쪽에 강한 팀원들이 있었고 처음에 논의를 요청한 매니저도 그중 한 명이었다. 새로운 사람을 만나고 모임을 주선하는 것을 즐기는 성격의 그에게 나는 알아서 하라고 일을 일임했다. 그래서 탄생한 행사 중 하나가 매달 한 번씩 열리는 수요친목회였는데, 워낙 인기가 좋아서 우리 팀만 아니라 인근의 디자이너들까지 모여서 친분을 쌓는 정기 모임으로 발전했다.

당신이 팀원보다 잘하는 일이라고 해도 그것이 '가장 중요한 일'에 속하지 않는다면, 또 아직 팀원들이 준비가 되지 않았다고 생각하는 게 아니라면 되도록 위임하고 코칭하는 쪽으로 방향을 틀어야 한다. 나는 우리 디렉터와 매니저들보다 관리자로 오래 있었기 때문에 껄끄러운 대화를 더 잘한다. 그렇다고 매번 내가 껄끄러운 메시지를 전하는 사람이 돼야 할까? 물론 아니다. 기왕이면 모든 팀원의 피드백 능력이 향상되는 편이 낫다. 이것은 단기적 이익과 장기적 이익의 저울질이 필요한 전형적인 사례다. 팀원이 당신이라면 쉽게 해결할 수 있는 문제를 가지고 오면 아마 '내가 알아서 할게요'라는 말이 턱 밑까지 차오를 것이다. 하지만 속담에 나오듯이 물고기를 주면 그 사람은 당장 주린 배를 채울 수 있지만 고기 잡는 법을 알려주면 평생 먹고살 길이 열린다.

그렇다면 위임하지 말아야 할 일은 무엇인가? 조직의 최우선순위에 해당하는 영역에서 자신이 남달리 기여하는 게 무엇인지 생각해보자. 그것은 개인적 강점과 연관이 높을 수 있다. 예컨대 나는 글을 잘 쓰니까 커리어 안내서와 면접 지침서를 만들고 우리가 제품을 개발하면서 얻은 교훈을 내부 교육용으로 정리하는 등 우리 팀에서 가치 있게 여기는 것을 문서로 만드는 일에 힘을 보태고 있다. 내 동료 중 한 명은 행정력이 뛰어나서 리크루팅처럼 복잡한 프로세스를 관리한다. 공동설립자 찬드라는 누구보다 든든한 사람이라서 영업이나 사업상 만나는 사람들과 아주 끈끈한 관계를 유지한다.

물론 개인적인 능력을 떠나 관리자로서 '조직에 중요한 것'과 '내가 남달리 기여할 수 있는 것'의 교차점에서 할 수 있는 일이 몇 가지 있다.

중요한 것을 파악하고 전달한다

당신의 자리에서는 팀원들보다 넓은 시야가 생긴다. 그래서 더 다양한 업무 영역을 보며 팀원들이 놓치기 쉬운 패턴을 발견할 수 있다. 몇 년 전 일이다. 우리가 출시한 제품에 용도는 동일한데 모양과 작동 방식이 다른 부분들이 있었다. 예를 들어 어떤 팀이 '저장 목록'이라고 명명한 기능을 다른 팀은 '북마크'라고 불렀다. 그리고 어디서는 검색창에서 자동 완성 기능이 즉각적으로 작동하고 또 어디서는 사용자가 '입력' 버튼을 눌러야만 추천 검색어가 표시됐다. '뒤로가기' 버튼처럼 단순한 요소도 좌상단에 텍스트 링크로 표시될 때가 있는가 하면 어떨 때는 페이지 하단에 화살표로 표시되는 등 각양각색이었다.

이렇게 일관성이 없으니 사용자는 쉽게 패턴을 예측할 수 없었고, 그래서 제품이 사용하기 더 어렵게 느껴졌다. 그래서 나는 통일성을 높이기 위해 공용 패턴 라이브러리를 만들라고 지시했다. 우리는 각종 요소, 명명 규칙, 상호작용 방식을 표준화해서 비슷한 기능끼리는 어디서나 비슷하게 보이고 비슷하게 작동하게 만들었다.

그러자 사용자의 편의성이 좋아진 것은 물론이고 새로운 기능을 개발할 때 모든 것을 새로 만들 필요가 없어져서 개발 속도가 더 빨라졌다. 이 라이브러리 덕분에 원활한 사용자 경험을 유지하면서도 더 빠르고 더 일관성 있게 움직일 수 있었고, 회사가 커질수록 라이브러리의 중요성도 커졌다.

탁월한 인재를 영입한다

잠재적 지원자들은 대개 고위직 리더와 대화하기를 좋아한다. 그래서 당신은 유리한 고지에서 인재를 찾고 불러올 수 있다. 나는 우리 팀에 사람을 끌어오기 위해 일부러 업계 행사에 참여하고 콘퍼런스에서 연설을 한다. 팀원들에게 혹시 팀에 영입하고 싶은 사람이 있을 때 내게 알려주면 직접 메일을 보내거나 통화를 하겠다고 말해둔다. 내 상사도 내가 채용하고 싶은 사람이 있을 때 그렇게 해준다. 당신이 CEO든 일선 관리자든 간에 탁월한 팀을 꾸리는 것만큼 중요한 일도 없다.

내부 갈등을 해결한다

팀 내에서 두 명의 리더가 각각 맡은 프로젝트가 있는데 둘 다 인력이 부족하다고 해보자. 이때 새로운 사람이 팀에 합류하겠다고 한다. 그렇다면 그 사람을 어느 프로젝트에 배치해야 할까?

상황이 이럴 때는 두 리더에게 서로 합의해서 결과를 가져오라고 하면 안 된다. 둘 다 무엇이 가장 중요한지 알 만한 위치가 아니기 때문이다. 서로 자기 쪽에 사람이 필요하다고 우기면서 시간만 낭비할 게 뻔하다. 결정은 당신이 내려야 한다. 두 개의 목표가 충돌할 때나 우선순위가 명확하지 않을 때는 신속하게 당신에게 보고가 올라오도록 만들어야 한다.

언젠가 항상 위임을 고민해야 한다고 말했더니 매니저 한 명이 이렇게 물었다. "무슨 말씀인지 알겠는데요, 모든 걸 위임하면 그냥 월급만 축내는 사람이 되는 거 아닌가요? 어떻게 해야 계속 쓸모 있는 사람으로 남을 수 있을까요?" 훌륭한 질문이었고 나도 전에 똑같은 질문을 한 적이 있었다. 나는 이렇게 대답해줬다. "오늘 모든 일을 다른 사람에게 위임하면 자신이 해결해야 할 문제가 하나도 남지 않을 거라고 생각해요?"

지금 내가 하는 일은 처음 관리자가 됐을 때와 많이 다르다. 어떤 일을 위임하고 나면 어김없이 내가 맡아야 할 다른 일이 발견됐다. 목표의식을 품고 의욕을 유지한다면, 현재 팀이 할 수 있는 것 이상을 하겠다는 야심을 지킨다면, 계속해서 새로운 도전과제를 발견할 수 있다면 당신이 더욱 큰 영향력을 발휘할 기회는 얼마든지 존재한다. 그리고 그 기회는 보통 아직 잘하지 못하는 일에 도전할 때 생긴다. 그런 일은 지금껏 잘하다가 다른 사람에게 위임한 일과 비교하면 불편하게 느껴질 지도 모른다. 하지만 팀의 규모가 커지고 팀의 역량이 향상되면 거기에 맞춰 당신도 관리자로서 성장해야 한다. 꾸준히 자신을 대신할 사람을 찾는 일은 당신 밑의 리더들은 물론이고 당신도 더욱 발전할 여지를 만드는 것이다. 지금 당신 앞에는 바로 전에 넘은 산보다 더 높고 무서운 산이 버티고 있다. 팀 전체가 꾸준히 산을 오를 때 점점 더 많은 것을 성취할 수 있는 법이다.

THE MAKING OF A MANAGER

CHAPTER 10

좋은 조직문화 만들기

나쁜 예
"동료한테 고함이나 치고
잘하는 짓이다,
한심한 인간아!!!"

좋은 예
"우리 팀에서는 서로를 존중해야 해요.
고함치는 건 안 좋아요."

잠재적 지원자에게 혹시 질문이 있는지 물어보면 어김없이 문화에 대한 이야기로 이어진다. "다른 팀과 차별화되는 특징이 뭔가요?", "팀에서 하는 일 중에서 가장 좋은 건 뭐고 가장 싫은 건 뭔가요?", "의사결정은 어떤 식으로 이뤄지죠?", "회사가 일하는 방식 중에서 하나를 바꿀 수 있다면 뭘 바꾸고 싶으세요?"

내가 존경하는 한 관리자는 어떤 조직의 문화를 이해하려면 웹사이트에 쓰인 말을 볼 게 아니라 그 조직이 가치 있게 여기는 것을 위해 무엇을 포기하는지 봐야 한다고 말했다. 예를 들어 많은 조직에서 문제에 대한 전적인 책임 의식을 강조한다. 아마 "우리는 책임을 회피하고 남 탓하기를 좋아해요."라고 할 조직은 어디에도 없을 것이다.

하지만 책임의식을 강조할 때의 단점도 존재한다. 사람들이 어차피 내 책임이니까 내 방식대로 하겠다고 고집을 부리면서 혼선이 생길 수 있다. 누가 의견을 제시하면 남의 일에 상관 말라는 식으로 반응할 수 있다. 자신과 직접적으로 관련이 없는 문제는 아예 나 몰라라 할 수도 있다. 메타에는 임직원이 절대 잊지 못하도록 사옥 곳곳에 붙어 있는 말이 있다. "우리에게 남의 문제란 없다."

몇 년 전 여름에 신입 인턴이 실수로 코드베이스에 심각한 오류를 집어넣어서 페이스북이 다운되는 사태가 벌어졌다. 다들 문제를 해결하기 위해 고군분투하는 중에 그 인턴의 얼굴을 봤더니 새파랗게 질려 있었다. 분명히 자기가 잘릴 줄 알았을 것이다. 하지만 그는 해고되지 않았다. 대신 그의 상사가 인턴 교육을 제대로 못 시켜서 미안하다고 사과했다. 다른 엔지니어들은 미리 그 오류를 잡아내지 못한 자기들에게도 책임이 있다고 말했다. 그리고 팀 전체가 사후 분석에 참여해 왜 문제가 발생했고 어떻게 하면 비슷한 문제를 예방할 수 있을지 논의했다.

'문화'는 어떤 집단에 작용하는 지배적인 규범과 가치관을 말한다. 예전에 내가 멘토링을 해줬던 매니저는 매니저 3년 차에 이것을 깨달았다고 했다. "처음에는 관리자가 팀원들을 잘 챙기기만 하면 되는 줄 알았어요. 그래서 각 팀원과 좋은 관계를 맺는 데에만 신경 썼죠. 근데 이제 보니까 그 정도로는 충분치 않은 것 같아요. 왜냐하면 저와 팀원들의 관계만 중요한 게 아니니까요. 팀원과 팀원의 관계도 중요하고, 또 팀원과 팀의 관계도 중요하잖아요."

관리해야 할 사람이 늘어날수록 관리자가 문화에 끼치는 영향도 커진다. 자신의 영향력을 과소평가하지 말자. 당신이 CEO가 아니라고 해도 당신의 행동으로 회사의 가치관이 강화된다. 이제부터 스스로 자부심을 느낄 만한 문화를 조성하는 법을 알아보자.

자신이 원하는 팀이 어떤 팀인지 파악한다

팀의 문화는 팀의 성격과 같다. 그것은 당신이 의식하지 않더라도 존재한다. 만약에 팀이 전반적으로 적대적인 분위기라든가, 일을 처리하는 데 많은 시간이 소요된다든가, 끊임없이 불화가 생기는 등 현 상태가 만족스럽지 않다면 그런 문제의 원인이 무엇이고 어떻게 해소할 수 있는지 따져볼 필요가 있다. 5장 '자기 관리'에서 자신의 강점, 성장 영역, 포부를 기록한 것을 기억하는가? 이제 팀에 대해서 그렇게 할 차례다. 여기서 중요한 것은 팀이 잘하는 것과 당신이 팀 문화에서 가치 있게 여겨지길 바라는 것의 교차점을 찾는 일이다. 한 시간 정도 여유가 있을 때 펜을 쥐고 다음 질문에 답을 적어보자.

- **팀의 현주소 이해하기**
  - 팀의 성격을 설명할 때 가장 먼저 떠오르는 단어 세 개는 무엇인가?
  - 팀의 일원인 게 가장 자랑스러웠던 순간은 언제였는가? 왜 그랬는가?
  - 당신의 팀이 다른 팀들보다 잘하는 일은 무엇인가?
  - 팀원 중에서 무작위로 다섯 명을 뽑아서 각 사람에게 "우리 팀이 가치 있게 여기는 게 뭐죠?"라고 물으면 어떤 대답이 나올 것 같은가?
  - 팀의 문화가 전체 조직의 문화와 얼마나 유사한가?
  - 기자가 팀을 취재한다고 해보자. 그 사람은 당신의 팀이 무엇을 잘하거나 못한다고 말할까?
  - 팀에 대한 불만이 제기될 때 가장 많이 언급되는 문제 세 가지는 무엇인가?

• **자신의 포부 이해하기**

- 외부의 관찰자가 당신의 팀 문화를 설명할 때 사용했으면 하는 단어 다섯 개는 무엇인가? 왜 그런가?
- 그 다섯 개의 단어가 양날의 검으로 작용한다고 생각해보자. 각각의 특성을 맹목적으로 고수한다면 어떤 함정에 빠질 수 있을까? 그런 함정을 용인할 수 있는가?
- 다른 팀이나 조직의 문화에서 부러운 점을 나열해보자. 왜 부러운가? 그 결과로 그 팀이나 조직이 감수해야 하는 부정적 측면은 무엇인가?
- 다른 팀이나 조직의 문화에서 본받기 싫은 점을 나열해보자. 왜 본받기 싫은가?

• **격차 이해하기**

- 현재 팀이 당신의 포부에 근접한 정도를 1~9점(1점은 '서로 정반대', 9점은 '서로 부합함')으로 매긴다면 몇 점인가?
- 당신이 가치 있게 여기는 특성이면서 팀의 강점이기도 한 것은 무엇인가?
- 현재 팀 문화와 당신의 포부 사이에서 격차가 가장 큰 부분은 무엇인가?
- 당신의 포부를 실현하는 데 걸림돌이 되는 문제는 무엇인가? 그것을 어떻게 처리할 수 있겠는가?
- 1년 후에 팀이 어떤 모습이면 좋을지 생각해보자. 당신이 바라는 것과 현재의 차이를 팀원에게 어떻게 설명하겠는가?

당신의 포부 중에는 권한 밖의 일도 있을 수 있다. 예를 들어 당신은 팀원들이 완벽한 집중력을 발휘할 수 있도록 다른 팀과의 교류 없이 외딴 곳에서 일하기를 바란다고 해도 조직에서 개방성과 협업을 중시한다면 어쩔 도리가 없다. 그렇다고 조직 내에서 하위문화가 번성하지 말란 법도 없다. 예컨대 재무팀과 시장출시팀은 철저하게 데이터를 기반으로 한 실험과 분석을 중시한다. 인프라스트럭처 엔지니어링팀은 장기 목표에 초점을 맞추는 것으로 알려져 있다. 성장팀은 언제나 빠르게 움직이고 싶어 한다.

팀에서 가치 있게 여겼으면 하는 덕목을 찾았다면 다음 단계는 그런 가치관이 뿌리내리게 할 전략을 수립하는 것이다.

중요한 사안에 대해 끊임없이 말한다

처음 관리자가 됐을 때 나는 했던 말을 또 하는 게 나쁘다고 생각했다. 자꾸 똑같은 말을 하면 팀원들이 듣기 싫어하는 것은 당연하고 내가 거들먹거린다고 생각하지 않을까 걱정됐다. 하지만 셰릴 샌드버그에게서 그렇지 않다는 것을 배웠다. 몇 년 전부터 셰릴은 껄끄러운 대화의 중요성을 누누이 강조했다. 동료에게 짜증나는 습관이 있다거나, 중요한 사안을 두고 서로 의견이 갈린다든가, 누가 생각 없이 행동한다고 보일 때처럼 같이 일하는 사람과 마찰이 있으면 서로 허심탄회하게 이야기하라고 했다. 안 그러면 아무것도 나아지지 않고 악감정만 쌓이기 때문이다.

셰릴이 정확히 언제부터 껄끄러운 대화를 강조했는지는 기억나지 않는다. 그만큼 많이 말했기 때문이다. 이게 바로 중요한 점이다. 그녀는 전 직원이 모이는 행사에서도, 질의응답 시간에도, 자택에서 저녁을 대접할 때도 그 말을 꺼냈다. 지난 한 달 사이에 껄끄러운 대화를 해본 적 있는 사람은 손을 들라고 한 다음 최근에 자신이 했던 껄끄러운 대화에 대해 이야기하는 식이었다.

회사에서 '껄끄러운 대화'가 누구나 일상적으로 쓰는 말이 된 까닭은 셰릴이 건전한 조직 문화를 만들기 위해 그런 대화가 꼭 필요하다고 굳게 믿었기 때문이다. 요즘도 나는 오해가 너무 오랫동안 풀리지 않거나, 어떤 전략에 대한 우려가 생기거나, 누가 나한테 섭섭한 마음을 가졌다거나 하는 등 속이 답답할 때면 셰릴을 떠올린다. 그리고 큰맘 먹고 상대방에게 서로 속을 터놓고 이야기하자고 요청한다.

가치 있게 여기는 것에 대해 이야기하기를 주저하지 말자. 그게 왜 가치 있는지 적극적으로 말하자. 그 메시지가 기억에 남으려면 10번은 들어야 한다고 생각하자. 다른 사람들도 당신의 메시지를 전파하는 데 동참시킨다면 더 큰 영향력을 발휘할 수 있을 것이다.

요즘 나는 내가 중요하게 생각하는 것을 어떻게 전달하면 좋을지 많이 생각한다. 그리고 다양한 방법을 시도한다. 예를 들면 내가 신경 쓰이는 부분에 대해 일대일로 대화를 나누고, 내가 일주일을 돌아보며 느낀 점을 우리 디렉터와 매니저에게 메일로 보내고, 전 팀원에게 우리의 최우선과제를 정리한 문서를 배부하고, 팀원들과 한 자리에 모여 우리의 업무 방식에 대해 서로 묻고 답하는 시간을 마련한다. 내가 중요시 여기는 것(여기에는 내가 저지른 실수와 거기서 얻은 교훈도 포함된다)에 대해 더 빈번하게, 더 열정적으로 말할수록 팀원들도 더욱 긍정적으로 반응한다.

"저도 그게 중요하다고 생각합니다. 제가 어떻게 도울 수 있을까요?"라는 문의가 들어오고, 다른 사람들도 똑같은 메시지를 전하면서 서로 행동을 바꾸도록 독려하는 게 보인다. 물론 내 말에 동의하지 않는 사람이 있을 수도 있지만, 어쨌든 공개적인 대화를 통해 그 사안이 모든 사람의 주목을 받는다.

지금까지 내가 중요하게 여기는 것에 대해 큰 목소리를 냈을 때 누가 듣기 싫다거나 거들먹거리지 말라고 한 적은 단 한 번도 없었다. 오히려 정반대의 피드백이 돌아왔다. 이처럼 자신의 가치관에 대해 자신 있게 말하면 더 진정성 있고 영향력 있는 리더가 된다.

말한 대로 행동한다

사람들은 팀의 가치관과 규범을 알기 위해 상사를 유심히 관찰한다. 우리의 레이더는 권위 있는 사람의 말과 행동이 어긋나는 상황을 귀신같이 잡아낸다. 언행불일치는 신뢰를 잃는 지름길이다. 예를 들면 이런 식이다.

- 팀원들에게 회사 돈을 신중하게 쓰라고 말해놓고 자기는 회사 돈으로 값비싼 책상과 소파를 들여다놓는다.
- 팀원이 회의에 지각하면 짜증을 내면서 본인은 매사에 5분씩 늦는다.
- 팀에 다양한 시각이 존재했으면 좋겠다고 말하면서 자기와 생각이 같은 사

람만 두둔한다.

- 서로 밀어주고 끌어주는 분위기를 만드는 게 최우선 목표라고 말하면서 걸핏하면 팀원에게 화를 내고 고함을 친다.
- 장기적으로 사회에 긍정적인 영향을 미치는 게 회사의 목표라고 말하면서 단기적 이익에만 급급한 결정을 내린다.

말한 대로 행동하지 않으려면 처음부터 말을 꺼내지 말아야 한다. 나는 뼈아픈 경험으로 이것을 배웠다. 언젠가 일대일 면담 때 한 팀원이 성장 속도를 높이려면 어떻게 하는 게 가장 좋겠냐고 물었다. 그녀는 눈에서 빛나는 총기와 강철 같은 의지력으로 어떤 장애물이든 기어이 극복해내는 사람이었다. 그런 질문을 한 게 기특해서 "피드백을 부탁하세요."라고 대답했다. 그리고 남은 시간 동안 내가 얼마나 피드백을 중요하게 여기는지, 적극적으로 피드백을 구하려면 어떻게 하면 좋을지 말해줬다. 꼭 합평회 때가 아니더라도 믿을 만한 동료에게 디자인 작업물을 보여주거나 검토 회의 때 한 발표에 대해 짧게나마 평을 해달라고 하면 좋겠다고 조언했다. 팀원은 고개를 끄덕였다.

한껏 고무된 표정을 보고 나는 그녀가 곧장 내 조언대로 나를 포함해 다른 사람들에게 더 많은 피드백을 요청할 것이라고 예상했다. 하지만 아무런 변화가 느껴지지 않았다. 몇 주 후 360도 피드백이 실시됐다. 그 팀원은 내게 직접 피드백을 전달했다. 커뮤니케이션과 우선순위 설정에 대해 좋은 제안을 한 후 끝으로 비수 같은 말을 던졌다.

"저나 다른 팀원들에게 피드백을 거의 요청하지 않으시는 것 같아요. 피드백을 좀 더 요청하셨으면 좋겠어요." 정신이 번쩍 들었다. 툭하면 피드백의 중요성을 말하면서도 정작 나 자신은 그렇게 살고 있지 않았다. 더욱이 그런 허점을 팀원에게 들키고 만 것이다! 나는 잘못을 뉘우치며 피드백을 요청하는 게 습관이 될 때까지 계속 연습하기로 다짐했다.

당신이 중요하다고 생각한 것을 팀원들도 중요하게 여겼으면 좋겠다고 말했으면 당신이 누구보다 앞서서 그 말대로 행동해야 한다. 그렇지 않으면 남들이 그 말을 따를 리 없다.

올바른 보상과 책임 문화를 정착시킨다

말하는 대로 행동하기만 하면 당신이 갈망하는 문화가 실현될까? 그렇지 않다. 팀의 가치관에 맞게 행동하는 사람에게 보상을 주고 그렇지 않은 사람에게 책임을 묻는 환경이 조성돼야 비로소 퍼즐이 완성된다. 만약에 당신은 투명성을 중요시하는데 팀원들은 중요한 정보를 당신에게 감추는 편이 더 유리하다고 믿는다면? 이처럼 가치관에 어긋나는 인센티브가 존재할 때는 어디서 그런 메시지가 전달되는지 파헤쳐야 한다. 팀에서 어떤 행동이나 성과가 좋은 것으로 여겨지고 무엇이 배척되는가?

아무리 좋은 의도로 시작했어도 엉뚱한 인센티브로 이어지는 경우가 종종 있다. 몇 년 전에 디자인 합평회를 지켜보니 대부분의 사람이 문제를 해결할 디자인을 한 가지만 제시하고 있었다. 최고의 해법은 다양한 아이디어 속에서 탄생하는 만큼 결코 이상적인 상황이 아니었다. 가장 먼저 떠오른 아이디어를 '이 정도만 돼도 괜찮다'고 평가해버리면 더 좋은 아이디어를 발굴하지 못할 공산이 크다. 그래서 다음주에는 무조건 디자인 아이디어를 세 개씩은 가져오라고 지시했다. 팀원들이 더욱 창의성을 발휘할 것이라는 생각에 다음 합평회가 무척 기대됐다.

대망의 합평회 때 첫 번째 발표자는 출시 예정인 신기능을 홍보하는 간단한 디자인 아이디어를 제시했다. "제가 준비한 건 이렇습니다."라며 보여준 화면에는 그림 옆에 텍스트가 있고 더 자세한 내용을 알고 싶을 때 누르는 파란색 버튼이 있었다. 우리는 고개를 끄덕였다. 괜찮은 디자인이었다.

"그리고 최소 세 개씩은 아이디어를 제시하라고 하셔서 더 준비해봤습니다." 그가 화면을 몇 개 더 보여주는데 그림과 텍스트의 위치, 버튼의 색깔만 바꾼 게 다였다. 모두 처음에 보여준 것보다 못했다. 누군가가 "우리 사이트의 버튼은 모두 파란색인데 왜 여기서는 주황색을 썼어요? 그건 좀 이상한데요."라고 지적했다.

합평회가 계속 진행되면서 '최소 세 개의 아이디어'를 제시해야 한다는 원칙이야말로 이상하다는 게 분명해졌다. 흥미로운 아이디어를 여러 개 내놓는 사람도 있었지만 그냥 시키니까 적당히 변형한 아이디어만 보여주는 사람도 있었다. 서로 쓸데없이 시간만 낭비하는 셈이었다.

다른 분야에서도 잘못된 인센티브에 대한 이야기를 종종 듣는다. 엔지니어링 쪽에서 제일 유명한 사례는 코드를 가장 많이 작성하는 엔지니어에게 보상을 주는 것이다. 얼핏 생각하면 논리적으로 들리지만('모든 사람이 더 열심히 일해서 더 빨리 프로그램을 작성하겠지!') 실제로는 간결하게 정돈된 코드가 아니라 복사해서 붙여넣기로 쓸데없이 분량을 늘린 코드만 잔뜩 생성된다. 출판으로 치자면 단어 수로 원고료를 계산하는 셈인데, 그러자면 긴 소설일수록 좋은 소설이라는 전제가 성립돼야 한다. 헤밍웨이가 무덤에서 벌떡 일어날 말이다.

요즘 나는 단순한 인센티브로 엄청난 결과를 노리는 행위를 경계한다. 그런 인센티브는 실제로 보면 단순하지도 않거니와 부수적 피해를 유발하는 경우가 대부분이다. 그보다는 우리가 무엇을 중시해야 하고 '왜' 그래야 하는지에 대해 솔직한 대화를 나누는 편이 더 낫다. 왜 초기 단계에서 더 많은 디자인 아이디어를 살펴봐야 하는가? 왜 코드 작성 속도를 높여야 하는가? 무엇이 왜 중요한지 이해하고 납득하면 사람들은 강요하지 않아도 그것을 실천하기 위해 현명한 선택을 한다.

흔히 빠지기 때문에 주의해야 할 인센티브의 함정으로는 다음의 것들이 있다.

1. 다른 무엇보다 개인의 성과에 큰 보상을 준다. 영업팀이 "개인 할당량을 채우는 것보다 중요한 건 없다."는 말을 들었다고 해보자. 그러면 팀원은 다른 팀원보다 더 저렴한 가격을 제시하는 쉬운 길을 갈 것인가, 새로운 건을 성사시키려고 노력하는 어려운 길을 갈 것인가 하는 갈림길에 서게 된다. 이런 인센티브 체계에서는 전자를 선택할 때 더 잘나간다.
2. 장기적 투자보다 단기적 이득에 더 큰 보상을 준다. 엔지니어링팀의 상여금이 6개월 동안 내놓은 신기능의 개수를 기준으로 책정된다고 해보자. 그러면 팀장은 시시한 기능을 여러 개 만들 것인지, 아니면 고객의 요청이 가장 많지만 완성까지 1년이 걸리는 기능을 만들 것인지 선택해야 한다. 이런 인센티브 체계에서는 시시한 기능 여러 개를 선택할 수밖에 없다.

3. 눈에 띄는 문제나 갈등이 없는 것에 보상을 준다. 툭하면 팀 분위기가 화기애애해서 좋다고 말하는 팀장이 있다고 해보자. 팀원이 의견 충돌이 있다고 말하면 팀장은 '별것 아닌 것'으로 치부하거나 팀에 분란이 존재한다는 사실이 못마땅하다는 티를 낸다. 그러면 팀원들은 갈등이 있어도 팀장에게 숨기게 되고 팀원들 사이의 악감정과 은근한 공격성은 날로 커진다.
4. 큰소리치는 사람에게 보상을 준다. 팀원이 다른 회사에서 면접을 보고 더 높은 보수를 제안받았다고 해보자. 팀원은 팀장에게 임금을 그만큼 인상해주지 않으면 이직하겠다고 말한다. 인력 공백을 막기 위해 팀장은 임금을 올려주겠다고 한다. 이 이야기가 다른 사람들 귀에도 들어가자 너도 나도 다른 회사에서 면접을 보려 한다.

이러한 인센티브의 함정을 발견하고 해결하려면 당신이 중요하다고 말하는 덕목과 팀원들의 실제 행동이 어떻게 다른지 수시로 점검해야 한다. 팀원들이 이러저러한 결정을 내리는 이유가 무엇인가? 잘 모르겠다면 물어보자. "고객들이 요구하는 기능 말고 이 다섯 가지 기능을 개발하기로 한 이유가 뭔가요?" 문제의 원인이 구조적인 것이라면 바람직한 행동에 보상이 주어지도록 인센티브를 변경하자.

구조적인 문제가 아니라 개인이 팀의 가치관에 어긋나는 행위를 하는 것이라면 반드시 적절한 조치가 필요하다. 당신이 서로 존중하는 태도를 중시한다고 해보자. 어느 날 한 팀원이 다른 팀원에게 무례하게 소리를 지르는 것을 듣게 된다. 이때 아무런 행동도 하지 않는다면 그런 행위를 용인한다는 메시지가 다른 사람들에게 전달될 수 있다. 그러니까 즉시 소리 지른 사람을 진정시키거나 두 사람을 밖으로 내보냄으로써 긴장을 완화해야 한다. 그러고서 나중에 그들을 따로 불러서 그런 행동은 용납되지 않는다고 타일러야 한다.

만약에 어떤 사람이 팀의 가치관을 '지키기' 위해 힘든 결정을 했다면 어떻게 해야 할까? 예를 들어 팀원이 큰 수익이 날 수 있는 계약이지만 윤리적인 이유로 이를 거절했다거나, 능력은 출중하지만 업무 분위기를 흐리는 사람을 해고하거나, 자신의 잘못을 공개적으로 인정했다면 힘들어도 올바른 선택을 한 것을 인정해주고 이를 치하해야 한다.

가치관을 살리는 전통을 만든다

페이스북에 입사하고 얼마 되지 않았을 때 엔지니어들의 식사 자리에 낄 기회가 있었다. 이미 열띤 토론이 한창이었다. 한 엔지니어가 세상을 바꿀 만한 아이디어라면서 새로운 기능을 제안했는데 다른 사람들은 납득이 안 간다는 눈치였다. 한 사람이 "난 죽을 때까지 그런 기능 안 쓸 것 같은데?"라고 쏘아붙였다. 그리고 내가 자리에 앉자 나를 가리키며 물었다. "줄리 생각은 어때요?" 대여섯 명의 고개가 내 쪽을 향했다. "음…." 나는 수프를 한 숟가락 떠먹으면서 사실상 나와 아무 관련이 없는 사안에 결정적인 표를 던져야 하는 이 상황을 요령껏 모면할 방법을 궁리했다.

다행히 다른 사람이 끼어들었다. "그럼 직접 그 기능을 만들어서 보여줘요." 다른 엔지니어도 동의했다. "그렇지! 다음번 해커톤 때 해봐요!"

그때 나는 '해커톤hackathon'이 페이스북의 자랑스러운 전통이라는 것을 알게 됐다. 해커톤은 주어진 시간 동안 관심 있는 아이디어의 시제품을 만드는 행사였다. 무엇이 됐든 회사에 도움이 된다고 생각하는 것을 혼자서든 여럿이서든 만들면 됐다. 참가자들은 어마어마한 에너지를 발산하며 머릿속에 있는 아이디어를 실제로 작동하는 결과물로 만들어 자랑스럽게 보여줄 수 있을 때까지 밤을 새는 것도 마다하지 않았다.

해커톤에서 페이스북 챗과 동영상 플랫폼 같은 유명한 성공작이 나오기도 했다. 하지만 그보다 중요한 것은 해커톤이라는 행사가 사람들이 모여서 페이스북 초창기부터 중요시됐던 덕목인 '대담해진다'와 '신속하게 움직인다'를 행동에 옮기는 즐거운 자리였다는 점이다. 이처럼 어떤 반복되는 행사나 의식ritual에는 슬로건과 연설을 능가하는 힘이 있다. 그리고 그러한 의식은 팀원들을 하나로 묶는 행동을 만들어낸다. 또한 얼마든지 개성 있고 재미있을 수 있다. 나는 다른 팀들은 어떤 전통으로 가치관을 실현하는지 듣고 보는 것을 좋아하는데 여기에 몇 가지 사례를 들어보겠다.

- 회의를 시작하기 전에 팀원들이 서로를 더 잘 알 수 있도록 즉석 발표를 한다(어릴 때 가장 좋아했던 영화, 최고의 크리스마스 선물에 대해서 등등).
- 창조력을 키우고 초심자의 마음가짐을 기르기 위해 매달 '그림/조각/공예를 배우는 밤'을 연다.
- 지난 한 달 동안 고객을 위해 열과 성을 다한 사람에게 '고객의 사랑'이라고 적힌 거대한 테디 베어 인형을 수여한다.
- 사람들이 서로의 공로를 알도록 매년 아카데미상 같은 시상식을 개최한다.

- 마음의 소리에 귀를 기울이도록 월요일마다 단체 요가 수련을 한다.
- 허심탄회하게 실수를 이야기하면서 진정성을 기르고 교훈을 얻을 수 있게 '금주의 실패작' 모임을 연다.

나는 초창기 구글의 사례를 좋아한다. 이후 많은 실리콘밸리 기업이 비슷한 의례를 도입하기도 했는데, 래리 페이지와 세르게이 브린이 매주 전 직원 앞에 나가서 무슨 질문이든 받은 것이다.

짜고 치는 쇼가 아니었다. 이제는 전설이 된 그 금요 질문회에서 직원들은 정말로 자유롭게 어떤 질문이든 던질 수 있었다. 예를 들면 누구나 "검색 기능을 개선해야 하는데 자율주행차에 수백만 달러를 쓰는 이유가 뭡니까?"라거나 "지금 개발 중인 신기능이 너무 별로인 것 같은데 왜 만드는 거죠?"라고 물을 수 있었다. 그러면 페이지나 브린이 허심탄회하게 답했다.

이것은 그냥 별난 전통이 아니라 중요한 신호였다. 아무리 구글이 연간 수십억 달러를 버는 대기업이라고 해도, 아무리 그 설립자들이 눈코 뜰 새 없이 바쁘다고 해도 구성원들과 솔직하게 소통하는 시간이 중요하다는 의미였다. 투명성이 중요하다고 말만 하지 않고 몸소 보여준 것이다.

그런 분위기 덕분에 구글 직원들은 불편한 질문을 던지거나 윗선의 결정에 이의를 제기하는 것을 주저하지 않고 더 대담하게 생각할 수 있었다. 경영진이 껄끄러운 대화를 꺼리지 않는데 다른 직원들이 그래야 할 이유가 어디 있겠는가?

어쩌면 당신은 리더의 역할을 생각할 때 문화 육성을 최우선순위로

두지 않을 수도 있다. 세상에 일으키고 싶은 변화를 꿈꾸고 그 꿈을 실현할 총체적 전략을 구상하는 게 먼저라고 생각할지도 모른다. 하지만 성패는 단 몇 번의 거시적인 결정에 좌우되지 않는다. 당신이 얼마나 멀리까지 가느냐는 팀원들이 매일 매 순간 하는 셀 수 없이 많은 미시적 행동에 달려 있다. 팀원들이 서로를 어떻게 대하는가? 문제를 해결하기 위해 어떤 식으로 협력하는가? 가치관을 따르기 위해 기꺼이 포기하는 것은 무엇인가?

당신이 어떤 행동에 보상을 주거나 제재를 가하는지를 의식하는 것은 물론이고 당신이 하는 사소한 말과 행동에도 신경을 쓰자. 그 모든 게 합쳐져서 당신이 무엇을 중시하고 어떤 것을 훌륭한 팀워크라고 믿는지가 드러난다.

하락기에는 팀을 어떻게 관리하는가

"우리는 완전히 괜찮아요….
시장이 비이성적으로 움직이고 있을 뿐입니다."

좋은 예

"우리는 지금 목표 달성 궤도에 있지 않아요….
앞으로의 계획은 다음과 같습니다."

MANAGING DOWNTURNS

나이 지긋한 임원들이 혀를 차며 하는 말이 있었다. "잘나갈 때는 문제가 안 보이는 법이지."

요란하게 목표 달성을 축하하는 파티에서 그들은 술잔을 앞에 두고 고개를 가로저으며 그렇게 말했다. 그러면 나처럼 젊은 사람들은 그놈의 '나 때는 말이야' 레퍼토리가 지긋지긋하다는 표정으로 자리를 피했다. 다트를 던지는 족족 정중앙에 꽂히는 호시절에는 자기가 잘났다고 생각하기 쉽다. '우린 진짜 최고야! 야야, 마셔, 마셔!' 그렇게 또 다트를 몇 움큼 던지며 그 시절이 영원할 것이라고 착각한다.

좋은 시절은 언젠가 끝난다. 그게 예외 없는 세상 이치다. 블록버스터 영화감독이라면 누구나 알고 있고(비극을 겪지 않는 주인공이 어디 있는가), 역사를 사랑하는 사람이라면 누구나 알고 있으며(영원한 제국이 어디 있는가), 당신도 관리자로 산 세월이 짧지 않다면 알고 있을 것이다(하락 없는 호황기가 어디 있는가).

물론 머리로 아는 것과 실제로 경험하는 것은 천지 차이다. 성장은 문제를 수반한다. 새로운 사람과 새로운 아이디어가 유입되며 분위기가 어수선해지고, 매일같이 '지금 당장 해야 할 일'이 바뀌며, 착륙과 비행을 동시에 해야 한다는 압박감이 가중된다. 하지만 성장하지 않는 것은 또 그것대로 심각한 문제다.

성장하지 않는 조직, 혹은 쪼그라드는 조직이 만나게 될 것은 상실이라는 후폭풍이다. 소중한 동료가 사라지고, 탄탄한 기반이 사라지고, 포부가 사라지고, 지도부에 대한 신뢰가 사라지고, 희망이 사라진다. 그 원인이 팬데믹 때문이든 세력 다툼이나 금리 인상, 혹은 전쟁이나 시대적 변화, 아니면 저 멀리 어디선가 나비가 일으킨 날갯짓 때문이든 간에 우리가 가진 카드를 마음대로 쓸 수 없는 시기가 반드시 찾아온다.

그럴 때는 손에 들고 있던 에이스 카드 두 장이 2와 7로 바뀌고, 앞길이 진흙탕으로 바뀌며, 달콤한 포도가 시큼한 레몬으로 바뀐다. 그때가 오면 우리는 포도주 대신 레모네이드를 만드는 수밖에 없다.

정신 상태 파악하기

만일 지금 조직이 구조조정 중이라면 어떤 심정일지 나도 잘 안다. 정말 최악일 것이다. 깊은 유감을 표한다. 하지만 그럴 때일수록 자신의 정신 상태를 잘 파악해야 한다. 생각하는 것보다 부담감이 훨씬 더 클 수 있다. 혹시 어깨가 아프고 속이 울렁거리며 새벽 3시에 벌떡 일어나진 않는가? 당신이 중간관리자이든 회사를 이끄는 임원이든 간에 사람들은 당신을 쳐다보며 답을 기다릴 것이다. 인정하기 싫어도 당신은 그들의 정신적 지주, 견고한 닻이다. 그런 부담감이 어떤 식으로 나타나는지 알아보자.

CEO와 임원: 막중한 책임감

최고위 관리자는 자신이 최종결정권자라는 사실에 심적 부담을 느낀다. 당신은 단순히 팀 하나를 이끄는 게 아니라 회사의 미래를 결정하는 사람이다. 많은 사람의 생계와 회사의 사활이 당신의 손에 달렸다. 이런 책임감 때문에 다음과 같은 감정이 고조된다.

- 죄책감: 정리해고, 예산 삭감, 전략 전환은 당신의 결정이다. 아무리 옳은 결정이었다고 해도 자신이 잘못한 것처럼 느껴진다.
- 불안감: 잘해야 한다는 압박감이 가슴을 짓누른다. 앞길이 막막한 순간에도 사람들은 당신에게 답을 기대한다.
- 고립감: 리더는 외로운 자리일 수 있다. 중간관리자는 서로 위로해줄 동료라도 있지만 임원은 중대한 결단을 내려야 할 때 정상에 홀로 선 기분이 들 때가 많다.

중간관리자: 중간에 끼인 관리자

중간관리자는 경영진과 팀원들의 줄다리기에 끼인 느낌이 들 때가 많다. 경영진은 당신이 회사의 전략을 잘 대변하고 실행해주기를 바란다. 팀원들은 당신이 경영진을 대신해 회사의 결정을 잘 설명해주기를 원한다. 하지만 그런 결정 중에는 당신이 완전히 동의하지 못하거나 아예 이해할 수조차 없는 부분이 존재할 수도 있다. 그래서 복잡한 감정이 교차한다.

- 당혹감: 긴급한 결정은 자세한 설명 없이 내려오기도 하는데, 그러면 당신은 자신도 확신이 없는 상태로 어떻게든 팀원들에게 그 결정의 '이유'를 설

명해야 한다.

- 무력감: 상황을 개선할 방법이 보이지만 발언권이나 재량권이 충분하지 않다는 느낌을 받는다.
- 좌절감: 상부에서 내려오는 지시 사항을 팀원들에게 전달하고 팀원들의 요구도 상부에 전달해야 하는데 그 사이에서 균형을 유지하기가 어렵다. 마치 두 주인을 섬기면서 그 누구도 만족시키지 못하는 것 같은 기분이 든다.

당신은 다른 이야기를 할 수 있다

당신이 느끼는 그 감정은 당신 혼자만 느끼는 게 아니다. 죄책감, 불안감, 고립감, 당혹감, 좌절감처럼 힘든 감정을 경험하는 것은 리더로서 열과 성을 다하고 있다는 증거이기도 하다. 그런 감정을 인지하는 게 출발점이다.

그런 기분을 다스리려고 할 때 좋은 소식과 나쁜 소식이 있다. 나쁜 소식부터 말하자면 어차피 현재의 상황에서는 당신이 어쩔 수 '없는' 부분이 많다는 사실이다. 고객의 지출을 줄어들게 만든 거시적 경제 환경은 당신이 어쩔 수 없다. 당신에게 정리해고를 명령한 CEO의 결정도 당신이 어쩔 수 없다. 당신이, 그리고 다른 모든 사람이 지금 힘든 감정을 느낀다는 사실조차도 당신이 어쩔 수 없는 문제다. 하지만 좋은 소식도 있다. 이런 상황에서도 당신이 속수무책은 아니라는 사실이다. 지금 당신에게는 매우 강력한 힘, 그 무엇보다 중요한 힘이 있다. 바로 현재 상황을 해석하는 이야기를 만드는 능력이다. 일단 한 가지 짚고 넘어가자면 내 탓이든 남 탓이든 '원망'은 백해무익하다.

어떤 회사의 창업자가 정리해고를 단행하면서 내게 말했다. "내가 다 망친 것 같아요. 이 지경이 되도록 대체 뭘 한 걸까요?" 하지만 사실을 말하자면 그 회사가 한창 잘나갈 때 투자자들이 고객 유치에 더 열을 올리라고 부추겼다. 그는 유능한 사람들을 빠르게 영입하고, 야심 찬 비전을 세우고, 성장과 마케팅에 박차를 가했다. 그렇게 다 '잘했는데도' 상황이 그렇게 됐다. 과거의 결정을 두고 이제 와서 자책해봤자 무슨 소용이 있을까? 미래를 다 내다볼 수 있는 예언자는 존재하지 않는다. 바람이 어느 방향으로 불지 어떻게 다 알 수 있을까. 그런데도 자꾸만 완벽하게 예측하지 못한 자신의 잘못이라고 자책을 하니 그는 점점 더 깊은 감정의 수렁에 빠졌다. 당연히 직원들에게도 도움이 되지 않았다.

그런가 하면 정반대로 말하는 창업자들도 있었다. "난 정말 억울하다고!" 그들은 이마에 핏대를 세워 가며 정부의 정책, 은행의 결정, 투자자들의 조언이 잘못됐다고 욕한다. 자신이 그런 절망적인 상황에 처했다는 사실을 인정하기 싫으니까 어떻게든 다른 데서 책임 소재를 찾으려고 한다. 그래봤자 도움이 안 되기는 마찬가지다. 피해자 행세를 하면 잠시 죄책감을 덜 수 있을지 몰라도 직원들이 미래를 낙관하기는 어렵다.

어차피 시간은 흐르고 인생은 예측이 불가능하기 때문에 놀라운 일이 많이 생긴다. 분명히 알아둘 것은 당신이 그 폭풍우를 부른 장본인은 아니라는 사실이다. 하지만 그것을 벗어날 방법은 당신의 손에 달렸다. 그러니까 당신이 해야 할 이야기는 누구를 탓하는 이야기가 아니라, 당신과 당신의 팀이 미래를 만들 힘이 있다는 이야기다.

시나리오: 정리해고	
피해자	"경제가 이 모양인데 나보고 어쩌라고."
완벽주의자	"내가 좀 더 영리하게 사람을 뽑았으면 이 지경이 되진 않았겠지."
유능한 관리자	"내가 원했던 상황은 아니지만 최대한 공정하게 처리하면서 배려심도 잊지 말자."

시나리오: 정리해고 후 업무량 증가	
피해자	"진짜 못 해먹겠네. 그냥 망하란 거지?"
완벽주의자	"내가 더 일찍 대체 인력을 확보했으면 이렇게 되진 않았겠지."
유능한 관리자	"다 함께 힘을 합쳐서 중요한 것부터 처리하면 돼."

시나리오: 팀원의 불만 표출	
피해자	"왜 나한테 난리야? 내가 망쳤냐?"
완벽주의자	"내가 더 좋은 관리자였다면 그런 생각을 하지 않았겠지."
유능한 관리자	"어떤 마음인지 알았으니까 잘 듣고 잘 챙기면서 상황을 투명하게 전달하자."

시나리오: 자원 감소로 인한 프로젝트 지연	
피해자	"시간도 돈도 제대로 안 주면서 뭘 어떻게 하란 거야?"
완벽주의자	"내가 미리 대비책을 마련했으면 이렇게 지체되지 않았겠지."
유능한 관리자	"프로젝트가 지연돼서 답답하긴 하지만 일정을 조정하면서 일단 우리가 할 수 있는 일에 집중하자."

시나리오: CEO의 전격적 전략 전환	
피해자	"그 인간이 이상하게 결정하는 거 하루이틀도 아니고 어떻게 믿어?"
완벽주의자	"이렇게 전략이 바뀔 걸 예측했으면 미리 팀원들을 대비시킬 수 있었을 텐데."
유능한 관리자	"큰 변화이긴 하지만 팀원들이 상황을 이해하고 적절히 대응할 수 있도록 도우면 돼."

하락기에 리더에게 요구되는 것은 완벽함이 아니다. 중요한 것은 전진이다. 팀이, 그리고 회사가 앞으로 나아갈 수 있게 결정을 내려야 한다. 아무리 작은 결정이라도 좋다. 한 번에 하나씩 차근차근 결정하고, 대화하고, 행동하면 된다.

당신은 아직 끝나지 않았다. 그러니까 당신에게는 미래를 만들어 나갈 힘이 있다. 지금 닥친 이 하락기로 인해 커리어에 마침표가 찍힐 것 같아도 사실 이것은 긴 이야기의 한 챕터에 지나지 않는다. 그러니까 조급해

하지 말자. 어쩔 수 없는 부분은 놔두고, 어쩔 수 있는 부분에 집중하자. 당신의 손에는 아직 펜이 들려 있다.

팀의 감정 관리하기

당신이 폭풍우 속에서 배를 이끄는 선장이라면 팀원들은 승무원이다. 그들은 성공적인 항해를 위해 꼭 필요한 사람들이면서 또 한편으로는 파도가 선체를 때릴 때 죽을힘을 다해 난간을 붙드는 사람들이다. 그들의 눈에는 단지 폭풍우만 보일 뿐, 당신이 목표로 한 지평선이 보이지 않을 수 있다. 그들을 돕기 위해서는 그들의 생각과 감정을 이해하는 것이 우선이다. 그러려면 먼저 그들의 심정이 어떨지 이야기해야 한다.

생각을 정지시키는 공포

팀이 목표를 달성하지 못할 때, 업계에서 대량 해고 소식이 들려올 때, 시장에서 투자금이 고갈될 때처럼 발밑이 흔들리는 순간에 가장 먼저 드는 본능적 감정은 공포다. 공포는 마음이 아니라 온몸으로 경험하는 정서다. 공포는 뇌를 납치해서 우리가 생각하고, 대화하고, 결정하는 방식을 바꿔버린다. 우리 뇌에 공포가 침투하면 논리적이고 창의적인 사고를 담당하는 전전두피질이 투쟁-도주 반응을 담당하는 편도체라는 더 원시적인 부위에 주도권을 빼앗긴다. 우리 선조들이 날카로운 이빨을 드러낸 호랑이를 피해야 했을 때는 그런 반응이 유익했겠지만 현대의 직장에서는 오히려 방해가 되기 일쑤다.

한번 상상해보자. 팀원들이 회의 중에 처음으로 '정리해고'라는 말을 듣는다. 그들의 심장이 요동친다. 근육으로 피가 쏠린다. 뇌가 오직 한 가지 생각에 매달린다. '내가 실직자가 되는 건가?' 그때부터는 시야가 좁아진다. 공포에 사로잡혀 창의적으로 문제를 해결하는 능력이 저하된다. 어떻게 하면 팀의 목표를 달성할 수 있을지를 생각할 수 없고, 걸핏하면 링크드인에 들어가 채용 공고를 확인하고 동료의 별 뜻 없는 말을 파국의 전조로 확대 해석한다.

공포는 마비와 함께 고립을 부른다. 인간은 위협을 느끼면 뒷걸음질 친다. 괜히 말실수했다가 해고 대상이 될까 무서워 회의에서 말을 아낀다. 괜히 찍힐까 두려워 중요한 사항이나 문제를 숨긴다. 공포는 팀워크의 필수 요소인 투명성과 신뢰를 깨트린다.

또한 공포는 전염성이 강하다. 한 사람이 겁을 먹으면 공포가 들불처럼 팀 전체로 번진다. 불안해하며 '다음 감원 대상은 마케팅팀일 수도 있다는데요'라고 소곤대는 말이 조직 전체로 퍼진다. 그러면 사람들이 섣부른 짐작으로 전전긍긍하느라 문제 해결에 써야 할 에너지가 낭비된다.

깊은 슬픔

나쁜 소식이 임박한 것 같을 때 날카롭게 파고드는 아드레날린의 분출이 공포라면, 슬픔은 어려운 결정이 내려진 후 오랫동안 남는 감정이다. 회사가 어려울 때 슬픔은 두 가지 형태로 유발된다. 하나는 사람을 잃는 것이고 다른 하나는 서로가 공유하던 장밋빛 미래에 대한 희망을 잃는 것이다.

친한 동료가 팀을 떠났던 경험이 있다면 그때를 떠올려보자. 그 사람이 처리했던 업무를 누가 맡느냐보다 중요한 문제는 그 사람이 이제 옆에 없다는 사실이다. 매일같이 사소한 이야기를 나눴던, 그런 동료애가 그리워진다.

팀은 마치 조각보처럼 각 사람의 성품과 노력이 얽히고설켜 고유한 조직이 된다. 그래서 한 사람만 빠져도 조직 전체가 찢어지는 기분이 들 수 있다. 사람이 나가는 것뿐만 아니라 미래의 그림이 사라지는 것도 문제다. 하락기가 오면 조직은 전열을 재정비하면서 이전에 품었던 원대한 꿈을 축소할 수밖에 없다.

언젠가 하락기 때 내 밑에 있던 팀 중 한 곳에서 수개월 동안 매진했던 프로젝트를 중단해야 했던 적이 있다. 팀원들이 강한 자부심을 느끼며 혁신적인 앱을 개발하던 프로젝트였다. 비록 사용자가 많진 않았어도 반응이 뜨거웠고 우리 모두 그 앱이 혁신의 기수가 되리라 생각했다. 그러나 그럼에도 우리는 투자를 지속할 근거를 찾을 수 없었다. 프로젝트 중단을 통보받은 팀원들은 이해한다는 듯 고개를 끄덕였지만 실제로는 그렇지 않은 마음이 얼굴에 다 드러났다. 그 앱을 개발하는 것은 그들에게 프로젝트 이상의 의미가 있었다. 그것은 그들의 정체성과 저력을 보여주는 상징물이었다. 이후 몇 주 동안 나는 열렬했던 회의 분위기가 차갑게 식고, 팀원들이 아이디어를 건의하는 빈도가 줄며, 회사에 대한 환멸감이 점점 강하게 느껴지는 급격한 변화를 목격했다.

이런 상황에서 슬픔이 꼭 뚜렷하게 표출되진 않는다. 항상 사무실이 눈물바다가 되거나 침울한 표정으로 작별 인사를 하지도 않는다. 보통은 잠잠하다. 무거운 침묵 속에서 '이러려고 여기 온 게 아닌데'라는 의미의 한숨만 연신 터져 나올 뿐이다.

남겨진 자의 죄책감과 스트레스

정리해고의 첫 파도에서 살아남은 사람이나 팀은 복잡한 감정에 휩싸인다. 일단 '나는 살았어'라는 안도감이 든다. 하지만 그 안도감에는 죄책감('왜 저 사람들은 쫓겨났는데 나는 남았을까?')과 스트레스('이제 여러 사람 몫을 해내야 해')가 따른다. 죄책감은 주로 과잉보상(자신이 부족하다고 생각하는 부분을 채우려고 과도하게 노력하는 것 – 옮긴이)으로 이어진다. 일이 늘어나서 일을 더 많이 하는 것뿐만 아니라, '회사에 내가 계속 남아 있을 만한 사람이란 걸 증명해야 해. 팀원들을 실망시키면 안 돼'라는 압박감 때문에 스스로 업무량을 늘린다.

처음에는 그런 마음가짐이 열정으로 보일 수 있겠지만 하락기에 받는 스트레스는 평상시에 일이 많아서, 혹은 마감 즈음에 받는 스트레스와 성질이 다르다. 하락기의 스트레스는 자신의 어깨에 조직의 미래를 짊어진 것 같은 절체절명의 위기감으로 다가올 수 있다. 그러면 모든 업무가 중차대하게 느껴진다. 무엇 하나만 실수해도 파국이 닥칠 것만 같은 것이다. 그런데 과로는 결국 번아웃을 부른다. 더는 감당할 수 없는데도 모든 프로젝트에 응하고, 야밤에도 모든 이메일에 응답하고, 번번이 모든 요청을 수락하면서 자신을 갈아 넣는다.

또한 죄책감은 고립을 부른다. 사람들은 죄책감을 쉽게 털어놓지 못한다. 자신이 죄책감을 느껴서는 '안 된다'고 생각하기 때문이다. 자신은 감원의 칼바람에서 살아남은 '행운아'가 아닌가. 그런데 앓는 소리 하는 것은 배은망덕한 짓이다. 죄책감은 사치라고 생각하며 속으로만 앓고 공감과 연대의 기회를 걷어차 버린다.

영웅담의 필수 요소는 '신뢰'다

회사가 어려울 때 팀장이 공포, 슬픔, 스트레스에 휩싸인 팀원들의 감정을 어루만지고 도움을 주려면 어떻게 해야 할까?

팀의 본질, 즉 '신뢰'로 돌아가야 한다. 좋은 시절에는 신뢰가 자연스럽게 형성된다. 성과 달성 기념 행사, 보너스, 성장 기회 등이 모두 긍정적 보상으로 작용한다. 하지만 위기가 닥치면 신뢰는 시험대에 오른다. 하락기의 관리자에게는 신뢰 회복이 급선무다. 어떻게 해야 할까? 진정성에서 출발하자. 팀원들이 당신을 솔직한 사람, 자신들에게 애정이 있는 사람으로 인식해야 한다. 듣기 좋은 이야기를 지어내거나 불편한 진실을 외면해봤자 상황만 더 나빠질 뿐이다. 불신이 판치는 위기 상황에서 사람들이 허튼소리를 곧이곧대로 믿을 확률은 0에 가깝다. 그러면 어떻게 해야 현명하게 신뢰를 형성할 수 있을까?

1. 왜 지금과 같은 상황이 됐는지 설명한다

누구나 길을 잃은 기분이 들 때는 상황을 명확하게 설명해주는 이야기를 원한다. 당신은 팀원들에게 그런 이야기를 들려줄 수 있다. 그 이야기는 당신이 현재 알고 있는 사정에 부합하는 진실한 이야기여야 한다. 이 위기가 발생한 과정에서 당신이 어떤 불씨를 제공했는지 숨기지 말고 말해야 한다. 그 당시에 당신이 선의를 가지고 행동했고, 아무리 그 행동이 타당한 것이었다 하더라도 팀원들에게 그 행동이 어떻게 현재의 사태를 초래했는지 정직하게 설명하는 게 중요하다. 당신의 과오를 고백할 때 신뢰가 쌓인다.

- 이제 와서 보니 우리가 매출에 비해서 너무 빠르게 성장했던 것 같습니다. 그때는 시장에 대한 정보와 여러 조언을 종합해 봤을 때 그렇게 하는 게 맞는 것 같았지만 막상 불경기가 왔을 때 팀의 방향성을 신속하게 바꾸지 못했어요.

2. 로봇처럼 굴지 않는다

우리는 모두 인간이다. 팀장도 인간이다. 누가 요즘 어떻게 지내냐고 물어볼 때 실제로는 스트레스 때문에 밤잠을 설치고 답답해 미칠 것 같으면서 괜히 '씩씩한' 척, '별일 아닌' 척하지 말자. 그래봤자 거리감만 생길 뿐이다. 당신의 감정을 동네방네 이야기하고 다닐 필요는 없지만 당신도 다른 사람들과 한배를 타고 더 잔잔한 바다로 나아가기 위해 최선을 다하고 있는 입장이다. 그들과 전우애를 나누며 위로를 얻자.

- 어떻게 지내냐고요? 솔직히 스트레스 많이 받죠. 그래도 일단은 이 상황을 타개하는 것에 집중하려고요. 신경 써줘서 고마워요.
- 나도 지금 이런 상황이 싫어요. 나라고 답을 다 아는 건 아니지만 그래도 내가 아는 건 솔직히 말해주겠다고 약속할게요.

3. 껄끄러운 문제를 공론화한다

사람들이 걱정하며 궁금해할 만한 것('진짜로 정리해고 들어간대?', '회사에 돈 없대?')이 있으면 적극적으로 공론화하자. 껄끄럽다고 쉬쉬하면 불안감만 더 커진다. 어쩌면 '사람들이 정말로 이걸 궁금해하는지 아직 잘 모르겠으니까 누가 물어보면 그때 가서 답하자'라거나 '별것도 아닌데 괜히 공개적으로 언급했다가 문제만 더 키우는 걸지도 몰라' 같은 생각이 들 수도 있다. 보통 때라면 그런 생각도 일리가 있다. 하지만 신뢰가 약화된 상황에서는 사람들이 당신도 아무것도 모르는 것 아니냐거나 뭔가를 숨기고 있는 것 아니냐는 의구심을 품지 않도록 당신의 패를 먼저 보여주는 편이 낫다. 사람들의 심리를 예측하고 대응할 때 신뢰가 생긴다.

- 정리해고 때문에 걱정이 많은 것 잘 압니다. 현 시점에서 내가 말할 수 있는 건 아직 아무것도 결정된 게 없다는 거예요. 일단 지금 고려 중인 건…
- [경쟁사]의 부도 때문에 우려하는 말을 들었어요. 우리는 상황이 조금 다르긴 하지만 비슷한 문제에 봉착한 것은 사실입니다. 현재 자금으로 버틸 수 있는 기간은 18개월 정도입니다. 어떻게 하면 지속할 수 있을지 여러 시나리오를 검토 중입니다.

4. 질문과 건의를 요청한다

열린 대화는 신뢰의 필수 요소다. 팀원들에게 궁금한 것과 걱정스러운 것을 주저 없이 말하고 자유롭게 피드백을 달라고 부탁하자. 내가 아는 어떤 관리자는 조직이 중대한 변곡점을 지날 때 매일 팀원들에게 변동 사항을 전달하고 매주 팀원들의 질문에 답하는 시간을 만들었다고 했다.

그 시간은 무척 유익했고 그래서 위기를 헤쳐나간 후에도 여전히 그 시간을 유지하고 있다고 설명했다.

"팀원들과 '정말로' 한마음 한뜻이 된다는 게 무슨 의미인지 그때 처음 알았어요. 이제는 그 전으로 돌아가라고 해도 안 돌아갈 겁니다."

- 아마 궁금한 게 많을 거예요. 자유롭게 물어보세요. 지금 이 자리에서 답할 수 없는 건 다음번에라도 꼭 답을 가져오겠습니다.
- 열린 소통이 중요하니까 이번 주에 ○○건과 관련해 변동 사항이 있으면 전부 우리 채널에 공지하겠습니다. 여러분의 생각과 질문이 중요하니까 꼭 댓글 달아주세요.

5. 사람들의 감정을 수용한다

타인의 감정을 인정하는 것은 신뢰 형성에서 매우 중요한 부분이다. 사람들은 관리자가 자신의 염려, 분노, 슬픔을 헤아려주기를 원한다. 관리자가 정말로 자기 마음을 알아준다고 생각할 때 그들은 합심해서 다음 단계로 전진할 수 있다.

- 지금 너무 답답하고 기운이 빠진다는 것을 잘 알아요. 다들 열심히 했는데 이렇게 차질이 생기니까 속이 상할 테죠. 충분히 그렇게 느낄 수 있어요.
- ('~했으면 이 지경은 안 됐을 텐데 왜 안 그러셨어요?' 같은 질문을 받은 후) 그렇게 물어봐줘서 고맙습니다. 지금 화나고 실망한 것 알아요. 나라도 그렇게 느낄 테니까요. 어쩌면 방금 한 말처럼 우리가 ~했으면 상황이 더 나아졌을 수도 있겠죠. 하지만 이미 엎질러진 물이고 지금 우리가 할 수 있는 건….

6. 전략적으로 커뮤니케이션한다

항상 진실을 말하긴 해야 하지만 듣는 사람에 따라 어디까지 전달할 것인지를 잘 판단해야 한다. 솔직해진다는 것이 의식의 흐름을 있는 그대로 다 보여주라는 말은 아니다. 신뢰는 양방향 도로다. 연차가 높은 팀원처럼 더 믿을 수 있는 사람에게는 더 자세한 이야기를 들려주거나 허심탄회하게 생각을 말하는 것이 더 깊은 신뢰로 이어질 수 있다. 반대로 다소 거리가 있는 팀원에게는 추측과 불안을 가중하지 않을 만큼만 진실을 알려줘야 한다.

- (전원 회의에서) 현재 상황은 이렇습니다. 시장의 변동성은 커졌는데 우리 회사는 빠르게 회복하지 못할 것으로 전망합니다. 일단 회사의 재정 상황을 정확히 파악하고 적절한 대책을 마련하기 위해 노력 중입니다. 대책이 결정되는 대로 공지하겠습니다.
- (연차가 낮은 팀원이 '정리해고 들어가나요?'라고 물었을 때) 일단 모든 방안을 고려 중이에요. 당장 결정된 건 없고요.
- (회의에서 연차가 높은 팀원들에게) 일단 채용 동결, 정리해고, 프로젝트 중단 같은 방법을 모두 고려 중이에요. 일단 개인적으로 정리해고 쪽에 좀 더 무게를 두고 있는데, 왜냐하면 (중략) 그래도 아직 확실한 건 아니라서 의견을 좀 들어보고 싶어서 모이라고 했어요.

7. 팀원들에게 도움을 요청한다

끝으로 모든 것을 혼자서 해결할 수는 없다는 사실을 인정하자. 팀장은 슈퍼히어로가 아니다. 팀원들과 함께 문제를 해결하고 어려운 결정을 내려야 한다. 팀원들이 서로 격려하고 각자 맡은 일을 똑바로 처리해줘야 한다. 모든 사람이 각자 어떻게 도움이 될 수 있고 그들의 노력이 어떤 의미가 있는지 알게 하자. 필요한 것을 구체적으로 요구하고 그들의 수고에 고마움을 표하자. 난국을 타개하려면 모두 하나로 똘똘 뭉쳐야 한다.

- 이 위기는 모두 힘을 합쳐야만 벗어날 수 있습니다. 여러분의 도움이 절실합니다. 구체적으로 말하자면….
- 우선 가장 중요한 일부터 처리합시다. 각자 어떤 프로젝트가 가장 성공할 가능성이 크다고 생각하는지 알려주세요.

하락기에 신뢰를 형성하는 것은 단 한 번의 완벽한 연설이나 주도면밀한 조치로 가능한 일이 아니다. 신뢰는 솔직하게 현실을 직시하고 팀원들과 의기투합할 때 생긴다. 어려운 시기에 신뢰가 깊어지면 이후로 오랫동안 회자될 대역전극의 발판이 된다.

가차 없이 우선순위를 정하는 법

하락기의 관리자에게 특히 어려운 일은 하고 싶은 것을 다 할 수 없다는 사실을 받아들이는 것이다. 기존 계획에 수정이 필요하다. 시간, 사람, 돈, 에너지에 제약이 있는 상황에서 앞으로 나아가려면 가장 중요한 것에 매진해야 한다. 자원이 부족할 때는 집중력이 곧 초능력이다. 집중력을 잘 활용하는 방법을 알아보자.

결핍 마인드셋 받아들이기

자원이 풍족할 때는 실험이 허용된다. 과감히 한계에 도전하는 프로젝트나 당장 필요하지 않은 프로젝트를 수행하고 원대한 꿈을 꿔도 좋다. 하지만 하락기에 이것저것 너무 많이 하려는 것은 망하는 지름길이다. 결핍의 시기에는 초점을 선명히 해야 한다. 자원이 부족할수록 예리한 집중이 중요하다. '더 적은 일을 더 잘 하자'라는 말을 마음에 새기자.

예전에 내가 일하던 스타트업이 재정난에 빠졌을 때다. 당시 회사는 열 개 제품을 실험 중이었는데 모두 흥미로운 제품이긴 해도 어느 것 하나 뚜렷한 성과가 보이지 않았다. 돈줄이 말라가자 경영진은 어려운 결정을 내렸다. 10개 제품 중에서 신규 고객을 유치할 가능성이 가장 큰 두 개에만 집중하기로 한 것이다. 나머지 프로젝트를 모두 폐기하고 조직을 개편하는 게 쉽진 않았지만 그 결정 덕분에 사용자 증가율이 세 배로 뛰어서 회사가 살아날 수 있었다.

집중할 목표 정하기

가차 없이 우선순위를 정하려면 먼저 팀원들에게 간단한 질문을 던져보자. "우리가 향후 3개월/6개월/1년 안에 달성해야 할 가장 중요한 목표를 딱 하나만 꼽자면 무엇입니까?"

어떤 사람에게 재산의 20퍼센트를 버리라고 하면 몇 주, 몇 달 동안 고민에 고민을 거듭할 것이다. 하지만 이렇게 물으면 훨씬 쉽게 답이 나온다. "집에 불이 나서 제일 중요한 것 하나만 가지고 나와야 한다면 무엇을 가지고 나오겠습니까?" 어쩔 수 없이 단 하나만 선택해야 한다면 정말 중요한 것이 선명하게 드러난다.

내가 컨설팅했던 어느 기술 기업은 한 분기 동안 돈이 줄줄 새어나가서 큰일이라고 했다. 사정을 알아보니 스타트업 고객사들이 요청하는 사소한 기능을 추가하느라 많은 엔지니어가 다른 일을 못 하고 있었다. 그 덕분에 고객 만족도가 높아지는 효과가 있기는 했지만 그런 기능들이 회사의 생존에 큰 보탬이 되진 않았다. 결국 CEO는 "어떻게 흑자로 전환할 것인가?"라는 질문을 통해 회사의 초점을 조정하기로 했다. 그러자 대기업 고객사를 유치하는 데 주력해야 한다는 답이 나왔다. 당시로서는 그것이 가장 강력한 매출 증대 효과를 낼 만한 방법이었기 때문이다.

우선순위 결정 프레임워크 사용하기

하락기에는 '신중하게 우선순위를 정한다'처럼 모호한 말은 통하지 않는다. 무엇이든 명확하고 평가가 가능하도록 정의되어야 의사결정의 가이드라인으로 삼을 수 있다. 당신의 팀에서 말하는 '효과'나 '성공'의 의미는 무엇인가? 매출 증대? 원가 절감? 고객 유치? 이럴 때 우선순위 결정 프레임워크를 이용하면 구체적으로 용어를 정의하고 감정이 아닌 논리에 의거해 결정을 할 수 있다.

- **효과/노력 매트릭스**Impact-Effort Matrix: 쉽게 딸 수 있는 열매, 즉 적은 노력으로 큰 효과를 낼 수 있는 일을 찾게 해주는 간단한 프레임워크다. 내가 아는 마케팅팀은 이 매트릭스로 당시 진행 중이던 프로젝

트 20개를 평가했다. 그들은 효과를 '매출 기여도 예측치'로, 노력을 '필요 예산 및 인력'으로 정의했다. 모든 프로젝트를 2X2 매트릭스에 나열하자 리브랜딩 작업(고노력, 저효과, ROI 불분명)보다 웨비나 캠페인(고효과, 저노력, ROI 예측치 15만 달러)에 자원을 투입하는 편이 낫다는 결론이 나왔다.

- **라이스RICE 프레임워크:** 라이스 프레임워크는 도달율Reach, 영향도Impact, 신뢰도Confidence, 노력도Effort를 기준으로 각 프로젝트를 채점하는 기법이다. 요식업 프랜차이즈 기업에서 매출을 늘리기 위해 멤버십 프로그램 도입, 시즌 메뉴 출시, 배달 제휴업체 확대라는 세 가지 방안 중에서 하나를 선택해야 한다고 해보자.

- 도달율: 멤버십 프로그램의 타깃은 기존 고객 전체였고(도달율 높음) 시즌 메뉴는 일부 미식가(도달율 중간), 배달 제휴업체 확대는 특정 지역의 새로운 소비자(도달율 중간)에게 효과적일 것 같았다.
- 영향도: 멤버십 프로그램은 재방문율을 20퍼센트 증가시킬 것(영향도 높음)으로 예상되지만 시즌 메뉴는 매출 5퍼센트 증가(영향도 낮음)에 그칠 것으로 보였다. 배달 제휴업체 확대로는 매출이 10퍼센트 늘어날 것(영향도 중간)으로 전망했다.
- 신뢰도: 멤버십 프로그램은 경쟁사들이 비슷한 프로그램을 도입해서 성공한 것이 데이터로 확인되었으므로 신뢰도가 높았다. 시즌 메뉴는 수요가 불확실해서 신뢰도가 낮았고, 배달 제휴업체 확대는 시범 사업 성과가 반반이라 신뢰도가 중간이었다.

- 노력도: 시즌 메뉴는 조리사 훈련과 재료 조달에 자원을 많이 투입해야 했고(노력도 높음), 멤버십 프로그램은 중간 수준의 소프트웨어 개발이 필요했으며, 배달 제휴업체 확대는 이미 계약이 마무리 단계라 가장 적은 노력이 필요했다.

결과적으로 멤버십 프로그램이 가장 높은 점수를 얻으며 명확한 방향을 제시했다. 이렇게 각 프로젝트를 계량적으로 평가하자 의사결정이 더 쉬워졌을 뿐만 아니라 모든 사람이 그 결정의 타당성을 인정했다.

- **목표 및 핵심 결과OKR:** 만일 당신의 회사에서 목표를 설정할 때 OKR을 사용하고 있다면 모든 프로젝트가 설정된 목표와 핵심 결과로 이어지는지 검토해볼 때다. OKR에 웬만큼 부합하지 못하는 프로젝트는 모두 중단해야 한다. 어떤 B2C 스타트업의 최상위 OKR은 '월간활성사용자MAU 25퍼센트 증가'였다. 이 회사는 로드맵을 점검한 후 내부용 기술 업그레이드 프로젝트 몇 건을 중단하고 추천인 프로그램을 도입하는 데 집중하기로 했다. 그 결과로 활성사용자가 눈에 띄게 증가했다.

- **'비목표' 목록 작성하기:** 우선순위를 정하는 이유는 지금부터 해야 할 일뿐만 아니라 하지 '말아야' 할 일도 결정하기 위해서다. '비목표' 혹은 '중지' 목록을 만들면 당분간 보류해야 할 프로젝트가 명확하게 파악된다.

  예전에 내가 관리했던 팀에서 업무량이 자꾸만 늘어나서 감당하기 힘든 지경이 되었던 적이 있다. 당시 진행 중이던 프로젝트들을 확인해보니 1년 전에 출시한 신기능을 더 발전시키기 위해 상당한 시간과 공을 들이고 있었다. 그 기능이 유용하긴 했지만 '핵심 기능의 사용자 반응 개선'이라는 기조에는 맞지 않았다. 그래서 그 기능의 개발을 비목표로 설정하자 팀원들이 더 영향도가 높은 프로젝트에 매진할 수 있게 되었다.

참고로 한번 '비목표'나 '중지' 목록에 오른 항목이 영원히 거기 있어야 하는 것은 아니다. 다만 가장 중요한 일에 더 집중하기 위해 당분간은 미뤄놓을 뿐이다.

이상의 프레임워크를 사용하면 팀원들이 단순히 직감에 의존하지 않고 팀 전체가 동의하는 성공의 정의를 기준으로 분명하고 빠르게 우선순위를 정할 수 있게 된다. 이로써 중요한 것이 선명하게 드러나면 더 현명한 결정을 할 수 있는 것은 물론이고 지독하게 힘든 시기에도 신뢰와 추진력이 생긴다.

팀이 빠르게 움직일 수 있게 자율성 부여하기

관리자의 주도로 우선순위를 정했다고 해도 매일 실무를 처리하는 것은 팀원들이다. 우선순위대로 팀이 돌아가려면 팀원들이 가장 중요한 일에 집중하기 위해 자율성을 발휘할 수 있어야 한다. 불안정한 상황에서 일하는 것은 안정적인 상황에서 일하는 것과 엄연히 다르다. 위험성은 더 크지만 시간은 촉박하기 때문이다. 팀원들에게 다음과 같은 점을 주지시키자.

거절해도 괜찮다

팀원들은 모든 요청에 자신의 시간과 관심을 기울일 필요가 없다는 사실을 알아야 하고, 우선순위에 어긋나는 일을 거부하는 것을 팀장이 지지해주리라고 믿어야 한다. 그러려면 거절이 상대방을 거부하는 행위가 아니라 팀의 가장 중요한 일을 잘 할 수 있도록 역량을 보존하는 행위라는 인식이 확실히 자리 잡아야 한다. 팀원들에게 요청을 거부할 권리를 명확히 부여하고 그럴 때 사용할 말을 알려주자. 예를 들면 이런 것들이다.

- 좋은 생각이긴 한데 현재 우선순위에 부합하지 않아요. [일정 기간] 후에 다시 얘기할까요?
- 우리 팀의 주력 과제에 맞는지 일단 팀장님과 상의해본 후 결정하죠.

의견이 충돌하면 상부에 보고한다

아무리 우선순위가 명확하게 정해졌다고 해도 요구 사항이 상충하는 상황은 발생하기 마련이다. 분별력 있는 사람들이라면 되도록 원만한 합의로 문제를 해결하려고 할 것이다. 그런데 회사가 잘나갈 때는 수차례 논의를 통해 해법을 모색하는 것이 좋다고 해도 회사가 힘든 시기에는 그러고 있을 시간이 없다. 위기 때 의견이 충돌한다면 '상부 보고'가 상책이다. 논쟁을 중단하고 이렇게 말하는 것이다. "우리가 A안으로 갈지, B안으로 갈지 합의가 되지 않는 것 같은데 본부장님한테 보고하고 조속히 결정을 내립시다."

위기 상황에서 상부에 보고하는 것은 부끄러운 일이 아니라 현명한 행동이라는 인식을 확립하는 게 매우 중요하다. 내 친구 케빈은 자신이 관리하는 팀들에 여러 차례 말했다. "우리의 우선순위에 어긋나는 일을 요구받았을 때는 바로 나에게 가져오면 알아서 처리하겠습니다."

변하는 상황을 중간중간 잘 공유한다

우선순위를 명확하게 정했다고 끝이 아니다. 상황이 변하고, 새로운 정보가 생기고, 어제는 중요해 보였던 것이 내일은 무의미해지기도 한다. 그럴 때 관리자가 할 일은 스포츠 캐스터가 되는 것이다. 중계방송처럼 시시각각 변하는 상황을 잘 전달해서 모든 사람이 적절한 곳에 에너지를 쓰게 해야 한다.

모든 것이 급박하게 돌아가는 위기 국면에서는 빈번하게 방향 전환이 일어난다. 그러니까 팀원들이 괜히 엉뚱한 일에 힘을 쓰지 않도록 그때그때 가장 중요한 것이 무엇인지 명확히 알려줘야 한다.

내가 아는 어떤 관리자는 팀 회의를 시작할 때마다 팀이 현재 하고 있는 일을 나열하면서 "이게 지금도 우리의 목표에 부합하는 일인가요? 만일 아니라면 무엇이 바뀌었나요?"라고 물었다. 그러면 새로운 정보가 생길 때마다 팀이 신속하게 방향을 수정할 수 있었다. 팀 전체가 동일한 업무 현황판이나 OKR 보고서를 보면 무엇이 어떻게 돌아가고 있는지, 무엇이 잘되고 있고 무엇이 잘되지 않는지를 모든 사람이 더 명확히 인지하게 된다.

우선순위가 변경되는 일은 다반사로 일어나고, 그럴 때는 반드시 '왜' 바뀌었는지를 설명해줘야 한다. 투명성이 보장되지 않으면 그런 변화가 근거 없거나 뜬금없는 것으로 느껴져서 팀원의 신뢰와 집중력을 약화시킨다.

가령 팀에서 몇 주 동안 수행 중이던 프로젝트가 경쟁사의 동향에 대응해 전략을 수정할 필요가 생겨서 우선순위에서 밀려나게 되었다고 해보자. 그러면 그냥 우선순위가 바뀌었다고만 말하지 말고 이유를 설명해야 한다. "[경쟁사의 전략]을 분석한 결과, 우리 회사가 경쟁력을 유지하려면 [X]에 주력해야 한다는 결론이 나왔습니다. 그러려면 [Y]는 ~하기 때문에 우선순위에서 밀려날 수밖에 없습니다."

팀이 잘 돌아가려면 팀원들이 각자 맡은 일이 무엇인지만 알아서는 안 된다. 그것과 더불어 그 일이 왜 중요하고 회사의 장기적 성공에 어떻게 기여하는지도 알 수 있어야 한다.

정리해고하는 법

당연한 말부터 하자면 정리해고는 가혹하다. 어떻게 해도 가혹한 것은 어쩔 수 없다. 정리해고를 결정하는 사람이 되었든, 그 소식을 전하는 사람이 되었든 간에 관리자로 살면서 이처럼 힘든 일도 없을 것이다. 하지만 아무리 정리해고가 불가피하다고 해도 그 상황을 어떻게 처리하느냐에 따라 해고당하는 사람들뿐만 아니라 회사에 남는 사람들에게도 미치는 영향이 크게 달라진다.

그 방법을 단계별로 알아보자.

1단계: 이유를 파악한다

정리해고가 발생하는 이유는 경제 상황의 변화, 전략 수정, 베팅 실패 등으로 회사에 필요한 것이 달라졌기 때문이다. 정리해고는 직원에 대한 처벌이 아니고, 회사가 끝장났다는 증거도 아니다. 아무리 잘나가는 회사라고 해도 완벽히 미래를 예측하고 모든 보직을 영원히 유지하기란 불가능하다.

정리해고는 크게 두 가지 시나리오로 발생한다.

- **일정 비율로 감원:** 일반적으로 회사가 매출 감소나 현금 흐름 악화 같은 경제적 이유로 비용을 절감해야 할 때 발생한다.
- **새로운 전략에 맞춰 구조 조정:** 어떤 프로젝트나 부서가 회사의 새로운 방향성에 부합하지 않을 때 발생한다.

흔히 정리해고라고 하면 회사가 수렁에 빠졌다는 의미로 해석하지만 다른 시각으로 보면 회사가 앞으로 성공할 확률을 극대화하기 위한 조처라고도 생각할 수 있다. 그렇다면 당신은 지금 '왜' 정리해고가 필요한지 정확히 알아야 한다. 그래야 더 현명한 판단을 내리고 상황을 잘 전달할 수 있다.

2단계: 대상을 선정한다

제일 어려운 단계다. 누구를 남기고 누구를 내보낼지 결정해야 한다.

- **일정 비율 감원 시:** 우선 총감원율을 정해야 한다(예: 10퍼센트 감원). 그리고 어떤 직무가 회사의 장기적 성공에 필수인지 파악해야 한다. 앞으로 더 전문적인 팀이 필요할 것인가? 관리자를 줄여야 하는가? 고연차 직원과 저연차 직원의 비율은 적절한가? 이런 것을 생각해보면 더 효율적이고 더 강력한 조직을 만들기 위해 어디를 줄여야 하는지가 보인다.
- **전략 변경에 따른 감원 시:** 먼저 앞으로 필요 없는 프로젝트, 부서, 팀을 파악해야 한다. 예를 들어 대기업이 아닌 중소기업 위주의 사업으로 방향을 전환할 계획이라면 대기업을 상대하는 영업 조직은 이제 필요가 없다.

감원 대상을 선정할 때는 미래를 생각해야 한다. 장기적 관점에서 회사에 도움이 될 사람들을 남기는 게 목적이다. 지금 잘하는 사람이 아니라 앞으로 잘할 만한 능력, 마인드셋, 적응력을 가진 사람을 남겨야 한다. 이때는 정말 중요한 것을 볼 수 있도록 두 가지 차원에서 생각해보면 좋다.

- 회사의 차원에서 볼 때 어떤 프로젝트와 능력에 베팅하고 싶은가? 개개인의 차원을 떠나서 어떤 활동과 부서가 회사의 목표를 달성하는 데 가장 중요한가? 사업상 필요한 부분에 집중하면 더 명확하고 더 공정하게 감원 대상을 선정할 수 있다.
- 개개인의 차원에서 볼 때 회사에 가장 중요한 사람은 누구인가? 완전히 처

음부터 새롭게 조직을 꾸린다면 1순위로 합류시킬 사람은 누구인가? 2순위는 누구인가? 이런 식으로 정원이 찰 때까지 3순위, 4순위, 5순위, 10순위 등을 정해보자.

3단계: 빨리 실행한다

기업계에 불후의 명언이 있다. 정리해고를 질질 끌지 말라! 일단 하기로 했으면 속전속결로 처리해야 한다. 가능하면 단 며칠 만에 끝내면 좋다. 감원 규모와 대상을 정했다면 최대한 빨리 통보하자. 나는 임직원이 5만 명 정도 되는 회사가 신속성이 중요하다고 판단해 2~3주 만에 정리해고를 완료한 사례를 몇 번이나 봤다.

왜 그렇게 빨리 끝내야 할까? 불확실성이 불안감을 낳기 때문이다. 시간을 끌수록 사람들이 온갖 추측을 하며 스트레스를 받고 사기가 떨어진다. 팀원들에게 "우리 회사 정리해고 들어가나요?"라는 질문을 받았을 때 이미 결정이 내려졌는데도 아직 모른다고 거짓말하고 싶진 않을 것이다. 그러니 일단 결정이 내려졌으면 바로 실행해야 한다.

만일 당신이 관리자들을 관리하는 위치에 있다면 일반적으로 정리해고는 다음과 같은 과정을 거칠 것이다.

- **지도부 결정:** 가장 먼저 경영진이 정리해고의 목표, 전략, 방법을 결정한다. 감원 부서나 팀, 혹은 감원 비율이 정해진다.
- **중위 관리자에게 하달:** 지도부가 결정을 내렸으면 그다음 순위에 있는 관리자들에게 통보한다. 그들에게 정리해고의 이유와 주요 논점 등을 설명하고 감원 대상을 선정해줄 것을 요구한다.

- **하위 관리자에게 도구 제공:** 관리자들이 감원 대상자들과 대화할 때 도움이 되도록 대본이나 예상 질문에 대한 답변을 제공한다. 그들이 메시지를 잘 전달해야 정리해고가 원활하게 진행된다는 것을 확실히 알게 한다.

4단계: 지원 방안을 결정한다

정리해고 시에는 당연히 해고자에게 보상을 제공해야 하고, 그 외에 회사에 남을 사람들에게도 앞으로 성공할 확률이 높아지도록 지원해야 한다. 이때는 간단한 법칙이 있다. 필요한 것보다 '조금 더' 제공하는 것이다. 예를 들어 해고자에게 위로금으로 2개월 치 급여를 지급할지 3개월 치 급여를 지급할지 고민이 된다면 회사의 재정에 무리가 가지 않는 한 3개월 치 급여를 지급하는 편이 좋다. 배려와 호의는 그 순간만 아니라 장기적으로 좋은 영향을 미친다.

보상안은 명확하게 문서로 남겨야 한다. 위로금, 복지 혜택 연장 적용 기간, 기타 지원 사항을 한 곳에 정리해두자. 그러면 일관성 있는 커뮤니케이션이 가능해져서 개별 면담 시에 혼선이 생기는 것을 방지할 수 있다. 나중에 의문이 제기됐을 때 참고 자료가 되기도 한다.

관련 사항을 모두 문서로 정리해두면 실수를 할 가능성이 줄어들고 회사가 명확한 목적을 갖고 신중하게 정리해고를 진행한다는 인상을 줄 수 있다.

5단계: 최대한 명확하게 알린다

정리해고 시에는 무엇보다 명쾌하고 신속한 커뮤니케이션이 중요하다. 사람들을 불확실성의 안개 속에 갇혀 있게 해서는 안 된다. 역지사지로 당신이 정리해고에 대한 소문이 무성한 와중에 확실한 말은 아무것도 못 들은 입장이라고 생각해보자. 그러면 아침마다 오늘 쫓겨나는 것은 아닐까 걱정하며 침대에서 일어날 것이다. 이렇게 불확실한 상황이 지속되면 신뢰와 사기가 훼손된다. 해고자뿐만 아니라 조직에 남게 될 사람들에게도 그렇다.

그래서 불확실성을 최소화하는 게 중요하다. 정리해고를 발표할 때 일정과 절차를 즉각 안내해야 한다.

- 대상자에게 언제 통보되는가?
- 어떤 식으로 통보되는가?
- 통보 후 절차는 무엇인가?

- 내일 오전 8시까지 대상자 전원에게 이메일로 통보가 갈 겁니다.
- 23일 화요일에 전원 대면으로 통보하겠습니다.

작은 회사라면 대면 통보가 더 인간적이고 적절하게 느껴질 수 있다. 예를 들어 20명 정도 규모의 스타트업이라면 직원 회의를 소집해 전 직원에게 정리해고 계획을 안내한 후 개별적으로 면담하는 것이다.

큰 조직에서는 이메일을 통한 일괄 통보가 대체로 더 실용적이다. 모든 사람이 동시에 통보 받기 때문에 마음 졸이며 기다릴 필요가 없다. 가령 500인 기업이라면 9시에 단체 이메일로 전 직원에게 정리해고의 배경과 절차를 안내한다. 그리고 10시에 감원 대상자에게 개별 이메일을 보낸 후 일과 중에 개별 면담을 진행한다.

감원 대상이 되었다고 통보할 때는 단도직입적으로 말해야 한다. 사탕발림을 하거나 서론이 길면 안 된다. 이메일이라면 첫 문장에서, 면담이라면 15초 내에 그 사람이 해고된다고 명확히 알려줘야 한다. 예를 들면 "현재 경제 상황으로 인해 정리해고가 불가피하고, 유감스럽게도 감원 대상으로 선정되었음을 알립니다"라고 쓰는 것이다.

대면으로 통보했든 이메일로 통보했든 간에 이후 감원 대상자와 개별적으로 면담하는 게 중요하다. 그 시간은 더 인간적으로 위로하고, 질문에 답하고, 그간의 노고에 감사할 기회이다.

이때는 이런 방법을 사용하면 좋다.

- **상황을 인정한다:** 당사자의 심란한 기분을 알아주고 정리해고가 저성과로 인한 처벌이 아님을 알리자.

  - 지금 무척 힘들다는 것 알아요. 이번 결정이 당신의 성과나 가치를 반영한 게 아니란 걸 알아주면 좋겠어요.
  - 그동안 애써줘서 고마워요. 정말 큰 도움이 되었어요.

- **추후 절차를 자세히 안내한다:** 당사자가 잘 대비할 수 있도록 앞으로 어떤 과정을 밟게 될지 알리자.

  - 퇴사일은 [날짜]이고 [위로금/복지 혜택/지원 프로그램]을 받게 될 겁니다.
  - 후속 메일에 [장비 회수/커리어 지원 서비스/건강보험 유지 등]에 대한 설명이 있을 거예요.

- **경청하고 위로한다:** 당사자가 슬픔, 분노, 당혹감 등을 표출할 여지를 주자. 어떤 사람은 감정을 처리하는 데 시간이 걸리고 어떤 사람은 바로 감정을 분출하거나 자세한 내용을 물어볼 수 있다. 상대방이 어떤 식으로 나오든 방어적으로 나가지 말고 경청하자. 그저 그 심정을 알아주는 것만으로도 큰 힘이 된다.

- 너무 큰일이라 받아들이기 힘들 거예요. 지금이든 언제든 궁금한 게 있으면 무엇이든 물어봐요.
- 많이 힘들죠? 내가 어떤 식으로든 도울 일이 있으면 편하게 말해주세요.

정리해고는 물론 힘든 일이다. 하지만 관리자로서 당신의 저력을 보여주고 그동안 팀의 일원으로 수고해준 사람들에게 감사할 기회가 되기도 한다. 관리자가 뒤로 숨지 않고 관심과 연민을 표현하는 것은 떠나는 사람뿐만 아니라 앞으로 계속 같이 갈 사람에게도 큰 의미가 된다.

사기가 떨어지는 상황에 대처하기

조직이 어려울 때 관리자라면 "어떻게 사기를 높일 수 있을까?"라고 고민하기 마련이다. 하지만 먼저 '사기 향상'이 무엇인지부터 짚고 넘어가자. 사기 향상이란 모든 사람을 행복하게 만들거나 힘든 상황을 힘들지 않은 것처럼 말하는 게 아니다. 정말로 팀의 사기가 오르려면 팀원들이

'나는 신뢰 받고 있고 내 일은 중요해'라는 느낌을 받아야 한다. 그래서 관리자는 이 신뢰와 목적의식이라는 사기의 두 축을 지탱하고 강화해야 한다.

하락기에 흔히 발생하는 상황에서 불편한 소식을 어떻게 전하면 좋을지 알아보자.

1. 보너스 삭감 혹은 미지급

회사가 직원의 노고를 인정한다는 표시인 보너스를 줄이거나 아예 지급하지 않으면 직원들은 당연히 실망감이나 배신감을 느낀다. 이때 관리자는 그런 감정을 인정하면서도 더 큰 그림을 강조해야 한다.

• 해야 할 말

- 실망스러울 거예요. 보너스라는 게 회사가 직원에게 고마움을 표시하는 수단이잖아요. 이번 연도에 우리가 지급하려 했던 만큼 지급할 수 없게 되어서 나도 안타까워요. 그래도 이것이 가볍게 내린 결정이 아니라는 것을 알아주면 좋겠어요. 내년에 회사가 안정적으로 유지되려면 어쩔 수 없었어요.
- 보너스는 지급하지 않더라도 그간 수고한 것에 고마워하는 마음은 알아주길 바라요. 어떻게 하면 다른 방법으로 노고에 보답할 수 있을지 얘기해보죠.

• 해야 할 일

- 공개 칭찬, 포상 휴가, 커리어 계발을 위한 도전 기회 등 비금전적 보상을 제공하자.

- 회사의 재정 상황이 어떠하고 여건이 나아지면 어떻게 보너스를 지급할 예정인지 투명하게 밝히자.

2. 채용 동결

일반적으로 채용이 동결되면 팀원들이 추가 지원 없이 더 많은 일을 맡게 되어 업무 부담이 가중된다. 그러면 힘들게 고생만 하고 제대로 평가받지 못한다는 불만이 누적될 수 있다.

• **해야 할 말**

- 채용 동결 때문에 다들 힘든 것 알아요. 그래도 애써줘서 고마워요. 이상적인 상황은 아니지만 이 시기를 버티기 위한 고육지책이에요. 어떻게 우선순위를 조정하면 조금이나마 수월해질지 얘기해봅시다.

• **해야 할 일**

- 팀이 수행 중인 업무를 재검토해서 다시 우선순위를 정하자. 보류해도 되는 일을 명확히 파악하자.
- 팀원들의 고생을 인정하고 수시로 그들의 상태를 확인하자.

3. 임금 삭감

임금 삭감은 심리적 타격이 크다. 특히 자신의 가치가 훼손되었다는 느낌을 받기 쉽다. 이때는 투명성을 유지하면서 공감 능력을 발휘해야 한다.

• **해야 할 말**

- 임금 삭감을 받아들이기 힘들다는 것 잘 알아요. 하지만 정리해고처럼 더 심각한 사태를 막기 위한 조치예요. 왜 이렇게 할 수밖에 없는지, 그리고 앞으로 회사를 안정시키기 위해 어떤 절차를 밟고 있는지 솔직하게 말할게요.
- 임금을 삭감했다고 해서 여러분의 노고를 무시하는 게 아닙니다. 이럴 때 내가 도울 방법이 있다면 뭐든 말해주세요.

• **해야 할 일**

- 왜 그런 결정이 내려졌고 회사가 회복을 위해 어떤 노력을 기울이고 있는지 투명하게 밝히자.
- 가능하면 향후 어떤 식으로 임금을 회복시킬 계획인지 설명하자.

4. 보직 인사 보류

승진이나 보직 신설이 동결되면 직원들은 성장이 정체된 느낌을 받을 수 있다. 이때는 성장이 단순히 직함의 문제가 아니라는 것을 알게 해야 한다.

• **해야 할 말**

- 관리자가 되고 싶어하는 것 알아요. 그 이유도 잘 알겠고요. 그것이 자연스러운 수순이죠. 그런데 지금은 공석이 없어요. 하지만 현재 리더십을 키울 방법으로 몇 가지 생각해둔 게 있습니다.

• **해야 할 일**

- 멘토링, 특별 프로젝트, 부서간 협업을 통해 새로운 기술을 습득할 기회를 제공하자.
- 언제쯤 보직 인사가 재개될지 솔직하게 말하자.

5. 빈번한 전략 수정

자꾸만 우선순위가 바뀌면 팀원들은 무엇 하나 진득하게 하지 못하고 끌려다니는 느낌을 받는다. 이럴 때는 허심탄회한 커뮤니케이션을 통해 상황을 설명하고 의견을 듣는 게 중요하다.

• **해야 할 말**

- 계속 전략이 바뀌는 것처럼 느껴질 거예요. 최선의 결정을 내리기 위해 새로운 정보가 들어올 때마다 즉각적으로 대응하는 중이에요. 이번 변동 사항이 회사의 큰 그림에 어떻게 부합하는지 얘기해보죠.
- 나한테는 우리 팀을 위한 최선의 전략을 수립하는 게 최우선순위입니다. 하지만 내가 모든 답을 알고 있진 않죠. 그러니까 최선의 계획을 세울 수 있도록 여러분의 의견을 듣고 싶습니다.
- 여러분은 어떤 생각인지 알고 싶어요. 어떻게 하면 납득이 갈까요?

• **해야 할 일**

- 우선순위가 '왜' 계속 변하는지, 그리고 각각의 변동 사항이 어떻게 회사의 목표에 부합하는지 충분히 시간을 두고 설명하자.
- 계획을 수립할 때 팀원들의 의견을 수렴하자.

안정성을 유지할 수 있는 부분이 있다면 설령 그것이 아무리 사소한 프로세스라고 해도 안정성을 유지하자.

6. 목표 미달

팀이 목표를 달성하지 못하면 사기가 떨어질 수 있고, 특히 그간 목표 달성을 위해 열심히 노력했다면 심리적 타격을 더욱 심하게 받을 것이다. 이때 관리자는 팀원들이 실망감을 달래고 자신이 할 수 있는 일에 집중할 수 있도록 해야 한다.

- **해야 할 말**

- 우리가 목표를 달성하지 못해서 실망스러운 것 이해합니다. 여기서 우리가 배울 게 무엇이고 다음 분기에는 무엇을 조정하면 좋을지 얘기해봅시다.
- 여러분의 노고는 내가 잘 알아요. 비록 우리가 원했던 결과가 나오진 않았지만 미래의 성공을 위한 초석을 깔았다고 생각합시다. 어떤 면에서 그런가 하면….

- **해야 할 일**

- 회고 회의를 통해 잘잘못을 따지지 말고 교훈을 찾자.
- 이번에 얻은 교훈이 향후 계획을 수립할 때 어떤 영향을 미칠지 이야기하자.

팀의 사기는 신뢰와 목적의식에서 나오고 이 시기를 어떻게 헤쳐나가느냐에 따라 향후 팀의 강점이 결정된다. 관리자가 팀원들의 심정에 공감하고, 투명하게 정보를 공개하며, 팀 내에서 가능한 일에 집중하면 아무리 불안정한 상황에서도 사기를 유지할 수 있다.

낙폭이 클수록 반등도 강하다

2019년 12월에 중국에서 치명적인 신종 질병이 출현했다는 뉴스가 전 세계를 강타했다. 월초에 20명이었던 감염자가 월말에는 250명으로 늘어났으니 어마어마한 전염력이었다. 두 달 후 전 세계는 이제 코로나19로 명명된 바이러스에 벌벌 떨며 봉쇄에 들어갔다.

갑자기 여행이 금지되면서 숙박중개업체 에어비앤비는 매출이 90퍼센트 급감했다. 팬데믹 직전만 해도 기업가치가 300억 달러에 달하며 상장을 준비 중이었다. 하지만 이제 CEO 브라이언 체스키Brian Chesky는 막막한 심정으로 힘든 선택의 기로에 서 있었다.[1] 이후 몇 달은 가혹한 시간이었다. 정리해고로 많은 사람이 눈물을 흘렸고, 전사적 전략이 급격히 전환됐으며, 사람들이 언제 다시 여행을 할 수 있게 될지는 여전히 불투명했다.

5년 후, 에어비앤비의 시가총액은 800억 달러로 치솟았다.[2] 체스키는 코로나라는 비상상황이었기에 사람들이 어디서든 집에 있는 것처럼 편안함을 느끼게 한다는 기존의 강점은 유지하면서도 사업의 방향성을 다른 쪽으로 바꾸게 됐다고 말했다. 당시 에어비앤비는 집 근처의 숙소를 중개하는 것과 원격근무용 장기 임대 공간을 중개하는 것 위주로 사업을 전환했고, 팬데믹 상황에서도 기어이 주식을 상장했다. 조직 구조를 개편하고 의사결정 속도를 높이는 과정에서 체스키의 표현을 빌리자면 '창업자 모드'가 되살아났다. 즉, 구성원들이 본질에 집중하면서 기민하고도 효과적으로 협력할 수 있게 되었다.

당신과 당신의 팀도 그렇게 할 수 있다. 하락기를 버티려면 단단한 각오가 필요하지만 최강의 팀은 역경을 겪으면서 똘똘 뭉쳐서 더 강해진다. 사람들이 역전 드라마를 사랑하는 데는 다 이유가 있다. 관리자에게 하락기는 자신의 영웅담에서 새로운 챕터를 쓸 기회가 된다.

THE MAKING OF A MANAGER

CHAPTER 12

새로운 시대, 원격으로 일하는 법

"10분 전에 왜 온라인에 접속하지 않았나요?"

"업무량은 어떤가요?
이번 주에 당신을 힘나게 하거나
지치게 한 건 무엇인가요?"

MANAGING REMOTELY

가끔 할아버지와 식사하는 광경을 상상한다. 내가 한 번도 만난 적 없는 할아버지도 생전에 관리자였다. 상상 속에서 우리는 표면적으로 매우 유사한 경험을 이야기한다. 팀 내의 수많은 사람과 수많은 시간을 함께 보내고, 미래에 큰 불길로 번질 수 있는 작은 불씨를 탐지하고, 불확실한 날씨에 대비해 최적의 경로를 찾는 것에 대해 생각을 나눈다.

물론 우리 사이에는 큰 차이가 존재한다. 할아버지에게는 날씨와 경로가 '비유적' 의미가 아니었다. 할아버지는 거선의 선장이었다. 하지만 나는 집에서 편한 복장에 털슬리퍼를 신고 오로지 스크린으로 팀원들과 소통한다.

할아버지의 시대에서 약 50년의 세월이 흐르는 동안 눈부시게 기술이 발전하고 팬데믹으로 세태가 급변했다. 그 결과 이제는 모든 구성원이 같은 장소에 출근하는 게 아니라 일정 시간은 개인 장비와 네트워크를 통해 서로 떨어져서 일하는 조직이 점점 늘어나고 있다. 나도 그런 변화를 직접 겪었다. 원래는 주 5일을 출근하는 회사원이었지만 이제는 완벽한 원격 근무제로 스타트업을 설립하고 운영 중이다. 직원 중 대다수가 지구 반대편에 살고 있다. 한때 내가 당연하게 여겼던 규범이 어느 날 갑자기 소멸되고 새로운 시대가 열렸달까.

원격 관리는 단순히 '영상으로 회의하는 것'을 의미하지 않는다. 원격 관리는 이제 막 보급되기 시작해서 무엇이 특히 좋은 방법이라고 말하기 어렵다. 아직 실험은 필수다. 하지만 한 가지 분명한 점은 관리자가 의지만 있으면 원격 관리를 통해 더 강한 리더가 될 수 있다는 사실이다. 왜 그럴까? 원격으로 팀을 관리하려면 신뢰의 두 축인 커뮤니케이션과 유대감에 더 집중할 수밖에 없기 때문이다. 커뮤니케이션과 유대감 형성의 기술을 터득하면 앞으로 완전 원격제 조직이나 원격 · 출근 병행 조직, 심지어는 완전 출근제 조직을 관리할 때도 큰 도움이 될 것이다.

그러면 기초부터 알아보자. 원격 근무는 일반적인 근무 형태와 무엇이 다르고, 어떻게 하면 그런 차이점을 잘 이용해서 팀의 성공을 도모할 수 있을까?

원격 근무와 출근 근무의 비교

인터넷에서는 여전히 원격 근무의 실효성에 대한 격론이 한창이다. 여기서 굳이 그 논쟁에 한마디 더 보태진 않겠다. 내가 하고 싶은 말은 이상적인 원격 근무는 자유가 보장된다는 사실이다. 원격 근무를 채택하면 팀원들이 유연하게 일정을 짜고, 긴 출퇴근 시간을 아끼며, 일과 삶의 균형을 더 잘 잡을 수 있다. 그리고 조직에도 새로운 가능성이 열린다. 세계 곳곳에 있는 인재를 다양하게 기용해 새로운 관점과 기술을 수혈할 수 있다.

많은 관리자가 원격 근무를 도입한 후 자율성이 증진되는 것을 목격한다. 원격 근무가 잘 정착되면 아침 일찍 일할 사람은 아침 일찍, 밤늦게 일할 사람은 밤늦게 일하고, 또 누군가는 다른 대륙의 카페에서 일하는 등 저마다에게 알맞은 방식으로 근무할 수 있다.

내 일과만 봐도 그런 유연성을 확인할 수 있다. 정확히 오전 5시 43분에 알람이 울리면 욕실로 가서 이를 닦은 후 스웨터를 입고 커피를 내린다. 오전 6시면 모니터 앞에서 머그잔을 들고 지구 반대편의 팀원들에게 미소를 지으며 회의를 시작한다. 정오쯤 되면 운동을 하거나 친구를 만나서 점심을 먹는다. 어떤 날은 번화가의 카페에서 동료 몇 명과 함께 일한다. 아이가 아파서 학교를 결석하는 날은 회의 중간중간에 아이를 챙길 수 있다. 이런 유연성이 원격 근무의 큰 장점이다.

조직의 입장에서도 무시할 수 없는 이점이 있다. 사무실 운영 비용이 절감되고, 굳이 물가가 비싼 대도시에서 직원을 채용할 필요가 없으며, 직원 만족도도 높아진다. 그러다 보니 원격 근무가 하나의 업무 방식으로 완전히 자리 잡아 가는 추세다.

하지만 원격 근무가 무조건 좋기만 한 것은 아니다. 원격 근무의 장점인 유연성, 자율성, 전 세계적 확장성은 새로운 문제를 낳기도 한다.

1. 신뢰를 형성하기가 더 어렵다. 신뢰는 주로 함께 시간을 보낼 때 자연스럽게 형성된다. 같은 시간에 같은 공간에 있지 않으면 누가 몰입하고 있고 누가 문제상황에 봉착했는지 알기 어렵다. 우연히 불평불만을 듣거나 축 처진 어깨를 볼 수도 없다. 원격 근무 시에는 더 돈독한 관계를 형성하기 위해 무엇이 필요한지 파악하고 대응할 방법을 마련해야

한다.

2. 커뮤니케이션의 빈틈이 더 커진다. 사무실에서 함께 일할 때는 어깨를 토닥이거나 휴게실에서 잡담을 하는 것으로 빈틈이 메워진다. 하지만 원격 근무 시에는 사람들이 맥락을 놓치거나, 어조를 오해하거나, 중요한 대화에서 소외된 느낌을 받기 쉽다.

3. 고립감과 무기력감이 더 커진다. 원격 근무는 외롭게 느껴질 수 있다. 혼자서 자유롭게 일하다 보니 소속감이나 열의를 느끼기 어려울 수 있다. 관리자가 신경 쓰지 않으면 존재감을 잃고 잠재력을 낭비하는 사람이 생기기 쉽다.

원격 근무는 사무실에서 관리자가 무의식중에 의지하는 중요한 요소를 없앤다. 바로 여러 사람이 가까이 붙어 있음으로 해서 생산성과 유대감이 커지는 효과다. 나는 집에서 유연하게 일하는 것을 좋아하지만 가끔 골치 아픈 문제로 고민할 때 함께 이야기할 사람이 없는 게 아쉽기도 하다. 집에서 이것저것 신경 쓰느라 일에 집중하지 못할 때도 있다. 무엇이든 얻는 게 있으면 잃는 것도 있는 법이다.

바로 이 지점에서 탁월한 원격 관리자의 저력이 드러난다. 그들은 다 알아서 잘되리라고 생각하지 않는다. 그들은 명확한 커뮤니케이션을 위한 체계, 유대감 형성을 위한 의례, 신뢰 형성을 위한 습관을 만든다. 그들은 원격으로 조직을 관리하려면 업무 방식뿐만 아니라 마음가짐이 달라져야 한다는 사실을 알기 때문에 용의주도하게 관리한다.

이 원격 관리라는 과제를 받아들이는 사람은 단순히 원격 관리 능력만 향상되는 게 아니라 전반적인 관리 능력도 향상된다.

원거리에서 신뢰 형성하기

누차 말하지만 신뢰는 팀을 똘똘 뭉치게 하는 투명 접착제다. 신뢰 없이는 아무리 치밀하게 세운 계획도 차질이 생긴다. 그런데 신뢰가 형성되려면 서로를 온전한 인간으로 볼 수 있어야 한다.

처음에 일면식도 없는 사람들로 원격팀을 꾸렸을 때 나는 그들이 컴퓨터 화면에서 30분 간격으로 나타나는 작은 정사각형으로 보였다. 그러다 보니 나도 모르게 다소 격식을 차리며 딱딱하게 대했다. 불현듯 그 사실을 깨달은 것은 공동설립자 찬드라와 신입 팀원에 대해 이야기했을 때였다. "그 사람, 배드민턴 엄청 잘 쳐"라는 찬드라의 말에 나는 "진짜요?"라고 물을 수밖에 없었다. 나로서는 금시초문이었으니까! 사실을 말하자면 원격팀의 구성원들이 일을 하지 않을 때 뭘 하는지 전혀 몰랐다. 대면으로 조직을 관리할 때는 한 번도 없던 일이었다!

원격 근무 환경에서는 우리가 신뢰를 형성하기 위해 필요한 신호를 포착하기가 더 어렵다. 즉흥적으로 브레인스토밍을 하는 소리를 들을 수도 없고 큰일을 해낸 후 하이파이브하는 모습을 볼 수도 없다. 그러니 회의 중에 누가 잠잠히 있거나 풀이 죽은 것처럼 느껴질 때 그 의미를 해석하기가 훨씬 어렵다. '지금 논의 중인 아이디어가 마음에 안 드나? 아니면 그냥 하루 종일 모니터만 들여다보고 있으니까 피곤한 걸까?'

이렇게 서로 대면할 수 없으면 인식의 공백이 생기고 우리 뇌는 그런 공백을 온갖 가정으로 채우려 든다. 그런데 유감스럽게도 우리는 주로 비관적인 가정을 한다. 언젠가 고객사에서 우리 제품이 작동하지 않았을 때 그 문제에 관해 제일 잘 아는 엔지니어에게 메시지를 보냈다. "비상!!!" 하지만 15분이 지나도 답이 없었다. 나는 '왜 그러지? 왜 답장을 안 하는 거야? 나 몰라라 하는 건가?'라고 생각하며 점점 불안해졌다.

답장이 온 것은 한 시간 후였다. "죄송해요! 방금 봤어요. 열이 나서 자려고 누워 있었거든요." 알고 보니 그는 이미 다른 채널을 통해 그날은 컨디션이 안 좋아서 쉬어야겠다고 메시지를 보낸 후였다. 사무실에서 근무했다면 결근한 것을 바로 알았겠지만 그날 아침에는 그런 것을 알 수 없었다.

이런 오해가 빈번하게 발생한다. 많은 사람이 나를 찾아와서 동료의 메시지가 퉁명스러운 것을 보니 자기를 싫어하는 것 같다고 하지 않나(아니, 그냥 그 사람의 스타일일 뿐이다), 자신의 제안에 이모티콘 반응이 달리지 않으니까 무시당한 것 같다는 둥(아니, 그냥 제안을 올린 시간이 하필 사람들이 일을 하지 않는 시간대였을 뿐이다), 동료가 무례하게 지적한 것 같다는 둥(아니, 상대방은 그냥 솔직하게 질문했을 뿐이다) 하소연을 들려주었다. 신뢰라는 토대가 없으면 이렇게 사소한 의심이 눈덩이처럼 불어나 단절과 무기력을 부른다.

이처럼 자연스럽게 신뢰를 형성할 기회가 없을 때는 어떻게 해야 하는가? 다음과 같은 방법을 쓸 수 있다.

1. 근황 확인을 의례로 만든다

근황 확인은 솔직하게 상대방의 생각이나 감정을 묻는 행위라고 생각하면 좋다. 간단하지만 강력한 효과를 발휘한다. 일대일 대화나 팀 회의 시에 서로의 근황을 물어도 좋고, 이메일을 주고받을 때처럼 비동시적으로 커뮤니케이션할 때도 얼마든지 근황을 확인할 수 있다.

한두 사람과 대화할 때는 더 의미 있는 내용으로 이야기가 이어질 수 있도록 열린 질문을 하자. 여럿이 모였을 때나 동일한 시간에 함께 소통하는 게 아닐 경우에는 솔직하고 빠르게 답할 수 있는 질문을 활용하자.

• **한두 사람과 대화할 때**

- 요즘 어떤 생각을 하면서 살아요?
- 이번 주에 특별히 힘이 나거나 힘을 빠지게 하는 것이 뭔가요?
- 현재 계획이 성공할 가능성을 어느 정도로 봐요?
- 지금 하고 있는 프로젝트를 어떻게 생각해요?
- [동료 이름]과의 관계가 어떤가요?

• **단체 회의나 단체 스레드에서**

- 이번 주 우리 팀의 우선순위가 얼마나 명확하다고 생각하는지 1~5점으로 이야기해줄래요?
- 지난주에 있었던 중요한 일을 하나 꼽는다면 뭔가요?
- 이번 주에 가장 걱정되는 게 무엇이고 걱정의 강도를 1~5점으로 매긴다면 몇 점인가요?
- 지난번 프레젠테이션이 얼마나 유익했는지 1~5점으로 점수를 매긴다면 어느 정도예요?
- 현재 기분을 잘 표현해주는 노래가 뭔가요?

2. 인간적인 면을 보여준다

서로 약점을 내보일 때 신뢰가 더 깊어지지만 말처럼 쉽진 않고 특히 원격 근무 시에는 더욱 어렵다. 옆에서 타인의 존재를 느낄 수 없을 때는 '내가 너무 많은 걸 드러내고 있진 않나?' 하는 생각이 들 수도 있다. 하지만 그렇게 정제된 모습만 보여주고 싶은 마음을 극복해야 한다. '내가 하는 말은 모두 치밀하게 편집된 것이어야 해'라는 생각으로 조직을 이끌고 있다면 팀원들도 당신과 커뮤니케이션할 때 그런 태도를 취하라고 넌지시 말하는 것이나 마찬가지다.

당신도 답을 모른다고 말해도 괜찮고("하지만 지금 내가 생각하는 건 이래요"), 컨디션이 안 좋다고 말해도 괜찮고(모니터 앞에서 연달아 회의를 하는 건 정말 진이 빠지는 일이다!), 지난번 회의가 마음에 들지 않았다고(분위기가 축 처져 있어서) 말해도 괜찮다. 솔직하게 자신을 드러내자.

- 이번 프로젝트가 어떻게 될지 나도 잘 모르겠지만 여러분이 걱정하는 부분이 뭔지 알고 싶어요.
- 솔직히 이번 주에는 집중이 잘 되지 않네요. 당신은 어때요?
- 지난번 회의 때문에 혼선이 더 심해진 것 같아요. 당신도 그런가요?

당신이 솔직해지면 다른 사람들도 솔직해질 여지가 생긴다.

3. 아무리 작은 성과라도 축하한다

원격 근무는 아무도 응원해주지 않는 마라톤처럼 느껴질 수 있다. 그래서 아무리 작은 성과라도 서로 축하하는 습관이 중요하다. 누군가가 목표를 달성하거나, 신규 고객을 유치하거나, 골치 아픈 문제를 해결했을 때 모두 함께 축하하는 분위기를 만들자.

꼭 거창하게 할 필요는 없다. 그냥 문자메시지를 보내거나 화상 회의 때 축하하는 정도만 해도 충분하다.

- 테일러, 그 문제를 신속하게 해결해줘서 고마워요. 고객이 감동했다는 피드백을 받았어요.
- 이번에 신기능이 출시돼서 정말 기쁩니다! [해당 팀]에 감사해요. VIP 고객들이 상당한 시간을 절감할 수 있을 거예요.
- 찰리, 이게 오늘 아침 첫 회의인데 당신의 시제품을 본 게 카페인을 들이마시는 것보다 더 각성 효과가 크네요! 대담한 발상이 마음에 들어요.
- 이번 주에 누가 뭘 잘했더라 하고 칭찬할 것 있나요?

이런 식으로 서로 성과를 인정해주면 기분이 좋아지는 것은 물론이고 비록 우리가 몸은 떨어져 있어도 서로의 수고를 '알아보고' 고마워한다는 메시지가 전달된다.

4. 직접 만났을 때 유대감을 키운다

원격·출근 병행 체제에서 출근하는 날 만나든, 따로 밖에서 만나든, 하다못해 팀 친목 모임에서 만나든 간에 팀원을 직접 만날 일이 있으면 그 시간을 최대한 활용하자. 그럴 때 줄줄이 회의만 하거나 딱딱하게 일만 하면 안 된다. 그 대신 유대감을 형성할 수 있는 활동이 우선시되어야 한다.

나는 원격 팀원들과 아침을 먹는 것을 좋아한다. 무작위로 팀원들을 6~7개 조로 나눠서 하루에 한 조씩 고급 호텔 뷔페에서 만난다. 크루아상과 신선한 과일을 잔뜩 가져다 놓고 이야기를 나누다 보면 대화가 자연스럽게 산으로 간다. 서로 운동 루틴을 이야기하고(그 덕분에 나도 근력 운동을 시작했다), 버킷 리스트를 말하고(우주 여행! 레이스카 회사 설립! 100개국 방문!), 경쟁사 소식을 공유한다(일주일 만에 사람 하나 잘랐대요!).

같이 시간을 보낼 기회가 있으면 다음과 같은 활동을 생각해보자.

- **독립된 공간에서 식사하기:** 조용하고 독립된 공간에서 저녁을 먹는 게 몇 시간 동안 체계적인 활동을 하는 것보다 유대감을 키우는 데 더 효과적일 수 있다. 사람은 음식을 먹을 때 경계심이 풀린다.
- **일과 무관한 단체 활동하기:** 꼭 대단한 게 아니어도 괜찮다. 경치 좋은 곳을 함께 걷거나 어디 모여서 스피드 퀴즈 같은 것을 해도 충분하다.
- **쉴 틈 만들기:** 일정 중에 비는 시간이 있게 하자. 사람들이 잡담을 하고 커피를 마시며 자연스럽게 더 친해질 것이다.

내가 아는 사람은 원격팀으로만 회사를 운영하면서 1년에 한 번씩 야유회를 열었다. 이때 규칙은 맛있게 먹을 것, 자연을 느낄 것, 떠오르는 영감을 이야기할 것, 이렇게 세 가지뿐이었다. 그 모임을 통해 신뢰의 연료통이 채워지니까 팀원들이 집으로 돌아가 다시 컴퓨터 모니터 앞에 앉았을 때도 팀워크가 유지되었다.

명확하고 일관성 있게 커뮤니케이션하기

신뢰가 원격 근무의 주춧돌이라면 명확한 커뮤니케이션은 그 버팀목이다. 커뮤니케이션이 불분명하면 원격팀은 금세 혼선이 생기고 불만이 쌓인다.

다 함께 사무실에서 근무할 때는 커뮤니케이션이 좀 허술해도 괜찮다. 복도에서 마주쳤을 때 애매한 부분을 확인하면 된다. 점심 식사 때 질문하고 상황을 파악하면 된다. 하지만 원격 근무 시에는 이런 것이 불가능하다. 관리자가 명확하고 의도적으로 커뮤니케이션하지 않으면 금세 빈틈이 생겨서 팀원들이 엉뚱한 일이나 중복된 일을 하고 '지금 우리가 뭘 하고 있는 거지?'라며 의아해하는 사태가 발생한다.

원격 관리에 '과잉 커뮤니케이션'이란 존재하지 않는다. 확실히 말하고, 자주 말하고, 여러 경로로 말해야 한다. 구체적인 방법은 다음과 같다.

암묵적인 것을 명시적으로 말한다

원격 근무 시 당신이 분명히 말하지 않은 것은 아무도 모른다고 생각해야 한다. 설사 '이미' 말한 것이라고 해도 다시 말해야 한다. 원격 근무 때 대형 사고가 터지는 것은 사람들이 저마다 상황을 다르게 이해했기 때문이다.

예를 들어 언젠가 프리야라는 팀원에게서 동료 맥이 불성실하다는 불평을 들었다. "무슨 일이든 제가 계속 물어야 상황을 말해줘요. 최소한 알았다는 말은 몇 시간 안에 해줘야 할 거 아니에요."

며칠 후 맥이 프리야 때문에 힘들다고 상담을 요청했다. "사사건건 참견이에요. 그럴 때마다 '그냥 좀 냅둬요, 그 건은 이미 처리하고 있으니까!'라고 말하고 싶다니까요."

자세히 들어보니 맥은 성실하게 일하고 있었지만 커뮤니케이션에 대한 생각이 프리야와 달랐다. 어차피 빨리 끝날 일은 굳이 진행 상황을 알려줄 필요가 없다고 생각했다. 다 끝나고 알리면 되지 않느냐는 것이었다. 반면에 프리야는 즉각 확인했다는 응답을 받기를 원했다.

그래서 우리는 간단한 원칙을 세웠다. 맥이 어떤 일을 수락할 때 "지금 작업 중이에요. 내일까지 끝내겠습니다" 하는 식으로 빠르게 상황을 알리기로 한 것이다. 이 작은 변화로 불필요한 불만이 해소되고 팀워크가 향상되었다.

원격 근무 시에는 옆사람이 무엇을 하는지 보고 상황을 파악하는 것이 불가능하다. 그래서 암묵적인 규칙을 명시적 규칙으로 만들 때 팀워크가 향상된다.

다음과 같은 질문에 답이 될 가이드라인을 만들어두자.

- 통상적 '회의 시간'은 언제이고 팀원들이 언제 온라인에 접속해 있어야 하는가?
- 채팅 메시지에는 얼마 만에 답해야 하는가? '너무 늦다'의 기준은 무엇인가?
- 근무일에 장시간 자리를 비울 때는 어떻게 커뮤니케이션해야 하는가?
- 원격 근무 중 어떻게 피드백을 주고받아야 하는가?
- 비동시적으로 논의해도 될 것은 무엇이고 회의를 소집해야 할 것은 무엇인가?

- 아이디어가 떠올랐을 때 팀원들과 어떻게 공유할 것인가?

명확한 커뮤니케이션 리듬을 만든다

팀원들이 각자 다른 장소에서 일하고 업무 현황에 대해 들을 기회가 훨씬 적은 원격 근무 환경에서도 그들이 항상 팀 전체의 동향을 알 수 있게 하려면 어떻게 해야 할까? 용의주도하게 커뮤니케이션 리듬을 설계해 모든 사람이 언제 어디서 정보를 얻고, 현황을 공유하고, 질문할 수 있는지 알게 하면 된다.

나는 우리 원격팀과 함께 좌충우돌하면서 그런 사실을 깨달았다. 팀 내에 오해가 쌓여서 여러 차례 회의를 통해 해결해야 했던 적이 한두 번이 아니다. 출근 근무 시의 경험과 비교하면 팀이 굼벵이처럼 움직이는 것 같았다. 마침내 해결의 실마리를 찾은 사람은 우리 팀의 엔지니어 사트야지트였다. 그는 커뮤니케이션이 제일 큰 문제라고 판단했다. 그래서 팀원들에게 간단하면서도 체계적인 방식으로 업무 현황을 업데이트해 줄 것을 요구했고, 그렇게 우리의 일하는 방식이 달라졌다.

엔지니어들이 매일 프로젝트 트래커를 업데이트하면서 프로젝트 트래커가 프로젝트의 현황과 책임 소재를 확인하는 단일 정보원이 되었다. 사트야지트는 아키텍처와 관련된 중요한 결정 사항을 실행하기 전에 문서로 정리하게 함으로써 혼선이 생기고 재작업이 필요해지는 상황을 미연에 방지했다. 그리고 주간 현황 보고 시스템을 만들어 모든 사람이 프로젝트, 고객, 우선순위와 관련된 변동 사항을 알 수 있게 했다.

처음에는 할 일이 더 늘어난 것처럼 느껴졌다. 하지만 6개월 후 이런 리듬에 익숙해지자 혼란이 많이 해소되었다. 그 덕분에 언제, 무엇을, 왜 해야 하는지를 더 명확하게 알 수 있게 됐다는 데 팀 전체가 동의했다. 우리는 더 빠르고 더 자신 있게 움직일 수 있었다.

여기서 중요한 교훈은 무엇일까? 원격으로 관리할 때는 당신의 말이 곧 당신의 존재를 드러낸다는 것이다. 과하게 커뮤니케이션하자. 명확하게 커뮤니케이션하자. 일관되게 커뮤니케이션하자. 팀원들이 물리적으로 가까이서 일할 수 없는 환경에서는 팀워크를 위해 명확한 커뮤니케이션이 두 배로 중요하다는 사실을 명심하자.

원격팀에 도움이 되는 방법을 몇 가지 소개하자면 이렇다.

1. 매일 혹은 주간 스탠드업 회의: 팀 전체가 우선순위와 방해 요소를 파악하기 위해 짧고 체계적으로 각자 현황을 보고하는 회의(비동시적 혹은 실시간)

- **형태:** 각 팀원이 다음을 이야기한다.
  - 어제(혹은 지난주에) 한 일
  - 오늘(혹은 이번주에) 할 일
  - 방해 요소나 도움이 필요한 부분
- **요령**
  - 요점만 간단히 말한다. 자질구레한 이야기로 시간을 끌면 안 된다.
  - 만일 비동시적으로 진행한다면 상황을 공유하고 문제를 해결하기 위해 실시간 대화가 가능하도록 다같이 접속하는 일정한 시간대를 만들자.

2. 정례 전원 혹은 팀 회의: 경영진과 현황을 공유하고 우선순위를 확인

하며 유대감을 키우는 시간

- **형태:** 주간 혹은 격주간 실시간 회의(혹은 비동시적 영상 게시)
- **요령**
  - 불참자를 위해 회의를 녹화한다.
  - 열린 대화를 위해 질의응답 시간을 넣거나 익명으로 질문을 받는다.
  - 비동시적으로 진행할 때는 회의 직후 녹화 영상과 함께 중요 사항이 정리된 요약 문서를 제공한다.

3. **프로젝트별 커뮤니케이션 스레드:** 잡담을 배제하고 프로젝트에 관해서만 대화하는 공간

- **형태:** 프로젝트별 채팅 채널이나 문서
- **요령**
  - 현황 보고 책임자를 확실히 정한다.
  - 보고 주기를 정한다(예: 매주 현황 보고).
  - 주제와 관련된 대화만 한다. 그 외 대화는 다른 채널에서 한다.

4. **의사결정 기록 및 지식 저장소:** 사람들이 같은 질문을 반복하지 않도록 주요 결정 사항을 문서로 정리해두는 곳

- **형태:** 공동 문서

- **요령**
  - 무엇을 왜 결정했고 누가 관여했는지 요약한다.
  - 관련된 대화나 회의록을 링크한다.
  - 쉽게 검색하고 인용할 수 있게 한다.

5. 면담 시간 혹은 열린 질문 시간: 팀원들이 질문하고 피드백을 받고 우려되는 부분을 말하는 시간

- **형태:** 주간 혹은 격주간 자유 참여 화상 회의 혹은 채팅
- **요령**
  - '멍청한 질문은 없다'는 문화를 조성한다.
  - 공동 문서를 이용해 사람들이 미리 주제를 제출할 수 있게 한다.
  - 참여율이 저조하면 자유 질문 스레드를 통해 비동시적으로 실시하는 것을 고려해보자.

6. 비동시적 현황 보고 및 점검: 일일이 캐묻지 않고 가볍게 업무 현황을 확인하는 방법

- **형태:**
  - '금주의 성과' 게시물
  - 업무 현황판 공유
  - 주요 목표나 단계 달성 시 간략한 비동시적 보고

• **요령**

- 용건만 간단히 적는다. 글머리 기호를 이용해 정리하면 좋다.
- 보고 주기를 표준화해서 예측성을 키우자.

커뮤니케이션 방법이 잘 정리되면 사람들이 과도한 회의에 시달리지 않는다. 대신 커뮤니케이션의 명확성과 예측성이 커지고 각자 방해받지 않고 업무에 집중할 수 있다. 이를 위해 다음과 같은 원칙을 준수하면 좋다.

1. 기본적으로 비동시적 진행을 우선시한다. 실시간 회의는 당연한 것이 아니라 예외적인 것이 되어야 한다.
2. 무엇을 언제까지 해야 하는지 명확히 정한다. 어떤 목적으로 무엇을 이용하는지 확실히 알게 한다.
3. 평가하고 개선한다. 불필요하거나 비효율적인 방법은 적절히 개선하자.

원격 근무 시 커뮤니케이션이 수월해지면 팀원들이 수시로 "저기요, 이거 어떻게 되었죠?"라고 묻지 않고도 팀의 동향을 제때 인지하고 업무에 집중할 수 있어서 팀워크가 향상된다.

온라인에서 유대감과 문화 조성하기

우리가 운영하는 원격 회사의 초창기를 떠올리면 기억이 가물가물한 부분이 많다. 처음 몇 달이 어떻게 지나갔는지도 잘 모르겠다. 종일 모니터를 보면서 디자인을 검토하고 코드를 수정하고 시제품을 평가한 기억이 뒤죽박죽 섞여 있다. 어느 스타트업이나 처음에는 시장에 맞는 제품을 만들기 위해 그렇게 정신 없는 나날을 보낸다.

하지만 게임 나이트game night(사람들이 모여 보드게임, 카드게임, 비디오게임 등을 함께 즐기는 저녁 시간 – 옮긴이)만큼은 아직도 생생히 기억난다.

언젠가 늑대인간 보드게임을 할 때 우리 중에서 가장 조용하고 원칙을 중시하는 엔지니어가 가장 과감하고 뻔뻔한 거짓말쟁이로 변신했다. 또 한 번은 온라인으로 픽셔너리 텔레폰pictionary telephone(한 사람이 상황을 설명하는 문장을 제시하면 다음 사람이 그 설명에 따라 그림으로 그리고, 그다음 사람이 그 그림을 설명하는 문장을 만들면 또 다음 사람이 그림을 그리는 식으로 진행되는 게임 – 옮긴이)을 했을 때였다. '뚱뚱한 고양이가 조그만 땅돼지의 등에 앉아 있다'로 시작한 판이 나름 열심히 그렸지만 형편없는 그림 몇 개를 거치자 거북이들이 산 위를 날아다니는 그림으로 마무리되었다. 우리는 눈물을 쏙 뺄 만큼 웃었다. 지금도 그때 이야기를 하면서 서로의 기만술과 그림 실력을 갖고 놀려댄다.

그런 시간은 그냥 재미있는 것으로 끝나지 않고 우리 팀의 스토리에 포함되었다. 위대한 문명은 저마다 신화가 있다. 즉, 대대로 전해지며 그 문명의 정체성을 보여주는 이야기가 존재한다. 팀도 마찬가지다. 이야기는 문화를 만든다.

신뢰가 원격 근무의 주춧돌이고 커뮤니케이션이 그 버팀목이라면 유대감은 심장 박동이다. 유대감이 없으면 팀원들이 고립감을 느끼고 의욕이 떨어진다. 그러면 표면적으로는 함께 일하고 있어도 실제로는 함께 일하는 것이 아니다.

사무실에서 일할 때는 자연스럽게 유대감이 형성된다. 같이 커피를 마시고, 농담을 하고, 회의 후에 이런저런 이야기를 나눈다. 원격 근무 시에는 일부러 유도하지 않는 한 그런 활동이 자연스럽게 발생하지 않는다. 혼자 동떨어져 있는 느낌이 들면 일이 재미가 없고 의욕이 떨어진다. 그냥 억지로 해야 하는 일이 된다. 그러면 카메라를 잘 켜지 않는다. 피드백을 주지도 않고 듣지도 않는다. 점점 소속감이 사라지면서 최선을 다하고 싶은 마음도 없어진다.

반대로 팀과 하나가 된 느낌이 들면 모든 게 달라진다. 팀에 애정이 있으니까 적극적으로 참여한다. 당시에는 별것 아닌 것 같았어도 게임 나이트는 우리가 처음으로 공유하는 전통이 되었다. 회사의 앞날이 불투명했던 초창기에 그 시간을 통해 팀의 정체성을 느낄 수 있었다. '그래, 이런 것이 우리 팀이야!' 하는 느낌.

원격 관리자는 그렇게 팀의 정체성을 확립할 기회를 적극적으로 이용해야 한다. 우리 팀은 무엇을 하는가? 우리 팀은 무엇을 중시하는가? 우리가 반복해서 말하는 스토리는 무엇인가? 우리 팀에는 어떤 의례가 있는가?

여기에 정답은 없다. 자기 팀에 맞는 것이면 된다. 원격팀을 관리하면서 나는 열심히 온라인 의례의 사례를 수집했다. 그중에서 내가 좋아하는 몇 가지를 소개하자면 다음과 같다.

- **미디어 공유:** 현재 기분을 잘 표현하는 사진, 영상, 노래를 올린다.
- **동시 '몰입' 세션:** 똑같은 음악을 들으며 업무에 집중하는 시간

- **무드보드**moodboard **슬라이드**: 각자 그 주에 자신에게 영감을 준 것으로 구성한 슬라이드(무드보드는 어떤 주제나 스타일, 감정에 관한 시각자료를 한데 모은 것을 의미한다-옮긴이).
- **회의 전 건의**: 회의 전에 공유 화이트보드에 질문이나 안건을 게시함으로써 사람들이 스티커 메모로 그에 대한 의견을 제시할 수 있게 한다.
- **누가 했게요**: 작업물의 중요한 부분을 익명으로 게시한 후 누구의 성과인지 맞힌다.
- **타자 경진대회**: 누가 채팅의 달인인지 겨룬다.
- **팀 밈**: 회의 중에 몰래 팀원의 사진을 찍어서 밈으로 만든다.
- **관심사 채팅 채널**: #귀여운강아지사진, #자연산책 같은 주제로 대화한다.
- **비동시적 여론조사**: '당장 박살 내고 싶은 기능은?', '억지로 이직해야 한다면 가고 싶은 경쟁사는?' 등 무엇이든 물어볼 수 있다.
- **온라인 보드게임**: 오프라인에서 재미있게 한 보드게임은 대부분 온라인에도 있다.
- **팀 댄스**: 다 함께 춤을 추거나 자신의 춤 영상을 올린다.

일단 실험을 해보는 게 중요하다! 자신의 팀에 맞는 원격 의례를 찾는 과정 자체도 재미있을 것이다.

원격으로 팀을 관리하고 몇 달쯤 지났을 때 모처럼 동료 아니와 산책을 했다. 그날 우리는 텍스트로 타인의 생각을 해석하는 것과 이미 대여섯 명이 이야기하고 있는 채팅방에서 대화에 끼어들 틈을 찾는 게 너무 어렵다고 탄식했다.

“온라인에서는 커뮤니케이션이 훨씬 어려워요.”

아니의 말에 나도 동의했다. 하지만 바로 다음으로 아니는 내가 절대 잊을 수 없는 말을 했다.

“성공하는 기업은 성장하다 보면 반드시 커뮤니케이션 문제를 해결해야 하는 순간이 와요. 우리는 지금 원격으로 일하고 있으니까 더 일찍 커뮤니케이션 능력을 길러야 할 때가 오겠죠.”

이것이 원격 근무의 특성이다. 원격 근무는 잡다한 것을 없앤다. 정말로 중요한 것에만 집중하게 한다.

환경과 도구는 변할지라도 탁월한 관리자가 되기 위한 필수 조건은 절대로 변하지 않는다. 첫째, 명확한 목적이 있을 것. 둘째, 적재적소에 인력을 배치하고 그들이 최선의 성과를 내도록 자율권을 부여할 것. 셋째, 팀의 특성에 맞는 효율적 프로세스를 확립할 것.

이 세 가지에 집중하는 팀은 세계 어디서든 성공할 것이다.

THE MAKING OF A MANAGER

EPILOGUE

탁월한 팀장을 향한 여정은 아직 1퍼센트밖에 지나지 않았다

착각
"해냈어!
이제 나는 훌륭한 관리자야!
만세!"
끝
현실
......

THE JOURNEY IS 1% FINISHED

지금껏 관리자로 걸어온 길을 돌아보면 어린아이가 직선을 그리려고 한 것처럼 구불구불하고 갑자기 방향이 바뀌고 한참 엇나간 구간의 연속이었다. 지난날을 생각하면 내 미숙한 언행이 떠올라 움찔할 때가 얼마나 많은지 모른다. 늘 입 안에 감돌던 자괴감과 기대감, 혼란과 야심이 섞인 묘한 맛이 아직도 생생하다.

별것도 아닌 문제로 논쟁을 벌인다고 밤늦게까지 채팅창을 열어놓고 피가 거꾸로 솟는 것을 느끼며 점점 더 짧고 날카로운 문장을 날리던 때가 있었다. 일대일 면담을 하는데 중간에 얼음 장벽이 서 있기라도 한 것처럼 서로 말이 안 통할 때가 있었다. 회의 시간에 나만 옳고 다른 사람들은 다 틀렸다고 생각해서 뾰로통한 얼굴로 앉아 있던 때가 있었다. 왈칵 울음을 터트리는 사람 앞에서 고장 난 로봇처럼 말을 더듬던 때가 있었다. 한동안 상사만 만났다 하면 눈물이 쏟아지던 때가 있었다.

스스로가 미숙하고, 근시안적이고, 공감 능력이 부족하고, 우유부단하고, 참을성이 없는 사람처럼 느껴졌던 때가 얼마나 많았는지 모른다. 그래서 프로젝트가 난항을 겪었다. 오해의 골이 깊어졌다. 내가 아끼는 사람들이 실망하고 떠나갔다. 그래도 나는 운이 좋았다. 세상에서 가장 역동적이라고 해도 좋을 조직에서 이 시대 최고라고 할 리더들을 모시며 관리자로 사는 법을 배웠으니 말이다. 상사들은 나를 믿어줬다. 동료 관리자들은 더 좋은 관리자가 되는 법을 보여줬다. 팀원들은 내게 영감과 의욕을 불어넣었다.

이 글을 쓰는 지금 내 뒤에는 소중한 보물이 놓여 있다. 이전 팀 사람들에게 선물로 받은 액자다. 노란색 포스터의 곳곳에 내 삶에 크나큰 영향을 미친 사람들의 서명이 있고 그 사이에 검고 굵은 글씨로 이렇게 쓰여 있다. “이제 여정의 1퍼센트를 완료했을 뿐이다.”

또 10년이 지나서 돌아보면 지금 걷고 있는 이 길 역시 삐뚤빼뚤하게 보일 것이다. 아직 배워야 할 게 많고 내가 목표로 하는 관리자가 되려면 한참 멀었다. 하지만 시간과 의지와 성장 마인드셋을 갖고 앞에 펼쳐진 배움의 길을 당당히 걸어갈 것이다.

최근에 새 팀원과 일대일 면담을 했다. 그녀가 몇 주간 매니저로 있으면서 느낀 점에 대해 이야기를 나눴는데 주로 새로운 환경에 적응하느라 어려웠던 점, 예전에 있던 곳과 우리 회사의 차이점, 의미 있는 일을 할 기회에 대한 말들이 오갔다. 그러다 내 생애 최고의 칭찬을 들었다. “정말 훌륭한 팀을 만드셨어요. 제가 그 일원이 돼서 기뻐요.”

여러 사람이 하나 되어 일하는 모습은 정말로 보기 흐뭇한 광경이다. 협력이 잘되면 너와 나의 경계가 사라진다. 수십, 수백, 수천 명의 마음이 공통된 가치관을 따라 공통된 목적을 향해 힘차게 나아가는 게 느껴진다. 서로 맡은 역할을 잘 수행하면 팀이 번창한다. 그럴 때 우리는 우리가 떠난 후로도 유지되며 새로운 사람이 합류할 때마다 더욱더 강력해지는 팀을 만들게 된다.

당신의 앞길에 행운이 가득하길 빈다. 당당히 팀을 이끌며 함께 눈부신 성취를 이룩하길!

주석

CHAPTER 1_ 관리란 대체 무엇인가

1. Andrew S. Grove, High Output Management (New York: Vintage Books, 2015), 17. 한국어판: 《하이 아웃풋 매니지먼트》(청림출판, 2018).
2. Diane Coutu, "Why Teams Don't Work", Harvard Business Review, 2009년 5월, https://hbr.org/2009/05/why-teams-dont-work.
3. J. Richard Hackman, Leading Teams: Setting the Stage for Great Performances (Boston: Harvard Business School, 2002), ix. 한국어판: 《성공적인 팀의 다섯 가지 조건》(교보문고, 2006).
4. A. H. Maslow, "A Theory of Human Motivation", Psychological Review 50, no.4 (1943): 370-96.
5. John Rampton, "23 of the Most Amazingly Successful Introverts in History", Inc., 2015년 7월 20일, https://www.inc.com/john-rampton/23-amazingly-successful-introverts-throughout-history.html.
6. Simon Sinek, Leaders Eat Last (New York: Portfolio, 2017), 83. 한국어판: 《리더는 마지막에 먹는다》(36.5, 2014).

CHAPTER 3_ 작은 팀을 어떻게 이끌까?

1. Grove, High Output Management, 157.
2. Anton Chekhov, The Greatest Works of Anton Chekhov (Prague: e-artnow ebooks, 2015).
3. Mark Rabkin, "The Art of the Awkward 1:1", Medium, 2016년 11월 1일, 2018년 3월 9일 열람, https://medium.com/@mrabkin/the-art-of-the-awkward-1-1-f4e1dcbd1c5c 참고.
4. Brené Brown, Daring Greatly: How the Courage to Be Vulnerable Transforms the Way We Live, Love, Parent, and Lead (New York: Penguin Random House, 2015), 37. 한국어판: 《마음가면》(더퀘스트, 2016).
5. Marcus Buckingham, "What Great Managers Do", Harvard Business Review, 2005년 3월, https://hbr.org/2005/03/what-great-managers-do.
6. Robert I. Sutton, The No Asshole Rule: Building a Civilized Workplace and

Surviving One That Isn't (New York: Business Plus, 2010), 9. 한국어판:《또라이 제로 조직》(이실MBA, 2007).

7. Jack Welch, Jack: Straight from the Gut (New York: Warner Books, 2001), 161–62. 한국어판:《잭 웰치: 끝없는 도전과 용기》(청림출판, 2001).
8. Vivian Giang, "Why We Need to Stop Thinking of Getting Fired as a Bad Thing", Fast Company, 2016년 3월 16일, https://www.fastcompany.com/3057796/why-we-need-to-stop-thinking-of-getting-fired-as-a-bad-thing.

CHAPTER 4_ 좋은 피드백의 기술

1. Harvard Business Review, HBR Guide to Delivering Effective Feedback (Boston: Harvard Business Review Press, 2016), 11.
2. Kim Scott, Radical Candor: Be a Kick-Ass Boss without Losing Your Humanity (New York: St.Martin's Press, 2017), xi. 한국어판:《실리콘밸리의 팀장들》(청림출판, 2019).

CHAPTER 5_ 팀장을 위한 자기 관리법

1. Linda A. Hill, "Becoming the Boss", Harvard Business Review, 2007년 1월, https://hbr.org/2007/01/becoming-the-boss.
2. Justin Kruger, David Dunning, "Unskilled and Unaware of It: How Difficulties in Recognizing One's Own Incompetence Lead to Inflated Self-Assessments", Journal of Personality and Social Psychology, American Psychological Association 77 (6): 1121–34.
3. Carol Dweck, Mindset: The New Psychology of Success (New York: Random House, 2006). 한국어판:《마인드셋》(스몰빅라이프, 2017).
4. Alan Richardson, "Mental Practice: A Review and Discussion Part I", Research Quarterly, American Association for Health, Physical Education and Recreation 38, no.1 (1967).
5. Guang H. Yue, Kelly J. Cole, "Strength Increases from the Motor Program: Comparison of Training with Maximal Voluntary and Imagined Muscle", Journal of Neurophysiology 67, no.5 (1992): 1114–23.
6. Jack Nicklaus, Ken Bowden, Golf My Way: The Instructional Classic, Revised and Updated (London: Simon & Schuster, 2005), 79. 한국어판:《잭 니클러스 Golf

My Way 골프 마이웨이》(팩컴북스, 2010).
7. Reese Witherspoon, "Reese Witherspoon Shares Her Lean In Story", Lean In, 2018년 3월 12일 열람, https://leanin.org/stories/reese-witherspoon.
8. Linda Farris Kurtz, "Mutual Aid for Affective Disorders: The Manic Depressive and Depressive Association", American Journal of Orthopsychiatry 58, no.1 (1988): 152-55.
9. Robert A. Emmons, Thanks! How Practicing Gratitude Can Make You Happier (Boston: Houghton Mifflin, 2008), 27-35.
10. Reg Talbot, Cary Cooper, Steve Barrow, "Creativity and Stress", Creativity and Innovation Management 1, no.4 (1992): 183-93.
11. Karen Weintraub, "How Creativity Can Help Reduce Stress", Boston Globe, 2014년 4월 24일, https://www.bostonglobe.com/lifestyle/health-wellness/2015/04/24/how-creativity-can-help-reduce-stress/iEJta3lapaaFxZY6wfv5UK/story.html.
12. Giada Di Stefano, Francesca Gino, Gary P. Pisano, Bradley R. Staats, "Making Experience Count: The Role of Reflection in Individual Learning", Harvard Business School NOM Unit Working Paper No.14-093; Harvard Business School Technology & Operations Mgt.Unit Working Paper No.14-093; HEC Paris Research Paper No.SPE-2016-1181, 2016년 6월 14일.

CHAPTER 6_ 훌륭한 회의란?

1. Oriana Bandiera, Luigi Guiso, Andrea Prat, Raffaella Sadun, "What Do CEOs Do?", No.11-081, Harvard Business School Working Paper, 2011년 2월 25일, https://hbswk.hbs.edu/item/what-do-ceos-do.
2. Michael Mankins, "This Weekly Meeting Took Up 300,000 Hours a Year", Harvard Business Review, 2014년 4월 29일, https://hbr.org/2014/04/how-a-weekly-meeting-took-up-300000-hours-a-year.
3. Leo Tolstoy, Anna Karenina (New York: Random House, 2000).
4. Jeff Bezos, "2016 Letter to Shareholders", About Amazon, Amazon.com, 2017년 4월 17일, https://www.amazon.com/p/feature/z6o9g6sysxur57t.
5. Tomas Chamorro-Premuzic, "Why Group Brainstorming Is a Waste of Time", Harvard Business Review, 2015년 3월 25일, https://hbr.org/2015/03/why-group-brainstorming-is-a-waste-of-time.

6. Leslie A. Perlow, Constance Noonan Hadley, Eunice Eun, "Stop the Meeting Madness", Harvard Business Review, 2017년 7/8월, https://hbr.org/2017/07/stop-the-meeting-madness.
7. Nale Lehmann-Willenbrock, Steven G. Rogelberg, Joseph A. Allen, John E. Kello, "The Critical Importance of Meetings to Leader and Organizational Success: Evidence-Based Insights and Implications for Key Stakeholders", Organizational Dynamics 47, no.1 (2017): 32-36.

CHAPTER 7_ 누구를 뽑아야 할까?

1. Patty McCord, "How to Hire", Harvard Business Review, 2018년 1/2월, https://hbr.org/2018/01/how-to-hire.
2. Adam Bryant, "In Head-Hunting, Big Data May Not Be Such a Big Deal", New York Times, 2013년 6월 19일.
3. Claudia Goldin, Cecilia Rouse, "Orchestrating Impartiality: The Impact of 'Blind' Auditions on Female Musicians", American Economic Review 90, no.4 (2000): 715-41.
4. Bryant, "Head-Hunting".
5. Kevin Ryan, "Gilt Groupe's CEO on Building a Team of A Players", Harvard Business Review, 2012년 1월, https://hbr.org/2012/01/gilt-groupes-ceo-on-building-a-team-of-a-players.
6. Vivian Hunt, Dennis Layton, Sara Prince, "Diversity Matters", McKinsey & Company, 2015년 2월 2일, https://assets.mckinsey.com/~/media/857F440109AA4D13A54D9C496D86ED58.ashx.
7. Credit Suisse Research Institute, Gender Diversity and Corporate Performance, 2012.
8. Katherine W. Phillips, Katie A. Liljenquist, Margaret A. Neale, "Is the Pain Worth the Gain? The Advantages and Liabilities of Agreeing with Socially Distinct Newcomers", Personality and Social Psychology Bulletin 35, no.3 (2009): 336-50.
9. "'Give Away Your Legos' and Other Commandments for Scaling Startups", First Round Review, http://firstround.com/review/give-away-your-legos-and-other-commandments-for-scaling-startups.

CHAPTER 8_ 무엇이 성과를 내는 팀을 만드는가

1. Paul Dickson, Words from the White House: Words and Phrases Coined or Popularized by America's Presidents (New York: Walker & Company, 2013), 43.
2. William M. Blair, "President Draws Planning Moral: Recalls Army Days to Show Value of Preparedness in Time of Crisis", New York Times, 1957년 11월 15일, https://www.nytimes.com/1957/11/15/archives/president-draws-planning-moral-recalls-army-days-to-show-value-of.html.
3. Richard Koch, The 80/20 Principle: The Secret to Achieving More with Less (New York: Currency, 1998), 145. 한국어판:《80/20 법칙》(21세기북스, 2018).
4. "America's Most Admired Companies: Steve Jobs Speaks Out", Fortune, 2008년 3월 7일, http://archive.fortune.com/galleries/2008/fortune/0803/gallery.jobsqna.fortune/6.html.
5. Cyril Northcote Parkinson, "Parkinson's Law", Economist, 1955년 11월 19일, https://www.economist.com/news/1955/11/19/parkinsons-law.
6. Daniel Kahneman, Amos Tversky, "Intuitive Prediction: Biases and Corrective Procedures", TIMS Studies in Management Science 12 (1979): 313–27.
7. Mark Horstman, Michael Auzenne, "Horstman's Law of Project Management", Manager Tools, 2018년 3월 18일 열람, https://www.manager-tools.com/2009/01/horstman's-law-project-management-part-1-hall-fame-guidance.
8. Bezos, "2016 Letter to Shareholders".
9. Matt Bonesteel, "The Best Things Yogi Berra Ever Said", Washington Post, 2015년 9월 24일, https://www.washingtonpost.com/news/early-lead/wp/2015/09/23/the-best-things-yogi-berra-ever-said.
10. Patrick Hull, "Be Visionary. Think Big.", Forbes, 2012년 12월 19일, 2018년 3월 18일 열람, https://www.forbes.com/sites/patrickhull/2012/12/19/be-visionary-think-big/#ee5d8723c175.
11. "What Are Toyota's Mission and Vision Statements?", FAQs: Frequently Asked Questions for All Things Toyota, Toyota, 2018년 3월 18일 열람, http://toyota.custhelp.com/app/answers/detail/a_id/7654/~/what-are-toyotas-mission-and-vision-statements.
12. Heraclitus, Fragments, Brooks Haxton(New York: Penguin Classics, 2003).

CHAPTER 9_ 성장하는 팀을 어떻게 이끌어야 하는가

1. 유발 하라리와 아룬 래스의 인터뷰, All Things Considered, 2015년 2월 7일, https://www.npr.org/2015/02/07/383276672/from-hunter-gatherers-to-space-explorers-a-70-000-year-story.
2. Grove, High Output Management, 177.

CHAPTER 11_ 하락기에는 팀을 어떻게 관리하는가

1. Jordan Harbinger, host, Jordan Harbinger Show, episode 566, "Brian Chesky: Lessons Airbnb Learned to Survive the Pandemic," 2021년 9월 27일, 1:25:09, https://www.jordanharbinger.com/brian-chesky-lessons-airbnb-learned-to-survive-the-pandemic.
2. Statista Research Department, "Market Capitalization of Airbnb from 2020 to 2024," Statista, 2025년 2월 26일, https://www.statista.com/statistics/339845/company-value-and-equity-funding-of-airbnb.

팀장의 탄생

초판 발행 · 2020년 9월 14일
개정판 1쇄 발행 · 2026년 2월 6일

지은이 · 줄리 주오
옮긴이 · 김고명
발행인 · 이종원
발행처 · (주)도서출판 길벗
브랜드 · 더퀘스트
출판사 등록일 · 1990년 12월 24일
주소 · 서울시 마포구 월드컵로 10길 56(서교동)
대표전화 · 02)332-0931 | 팩스 · 02)323-0586
홈페이지 · www.gilbut.co.kr | 이메일 · gilbut@gilbut.co.kr

편집 · 오수영(cookie@gilbut.co.kr) | **제작** · 이준호, 손일순, 이진혁
마케팅 · 정경원, 정지연, 이지원, 이지현 | **유통혁신** · 한준희
영업관리 · 김명자 | **독자지원** · 윤정아

교정 · 최진 | **디자인** · 김희림 | **CTP 출력 및 인쇄** · 금강인쇄 | **제본** · 금강인쇄

ISBN 979-11-407-1709-5 (03320)
(길벗 도서번호 090265)

정가 22,000원